PRUEBA PRECONSTITUIDA, DERECHO DE DEFENSA Y VULNERABILIDAD

PRUEBA PRECONSTITUIDA, DERECHO DE DEFENSA Y VULNERABILIDAD

Raquel Borges Blázquez

Prólogo

Elena Martínez García

COLEX 2024

Esta monografía ha sido redactada en el marco del PID2021-123170OB-I00

© Editorial Colex, S.L.
Calle Costa Rica, número 5, 3.º B (local comercial)
A Coruña, 15004, A Coruña (Galicia)
info@colex.es
www.colex.es

I.S.B.N.: 978-84-1194-760-2
Depósito legal: C 1844-2024

A Alejandro,
mi *pequeña gran revolución.*

SUMARIO

CAPÍTULO III

EL DERECHO A LA TUTELA JUDICIAL EFECTIVA DE LAS PERSONAS VULNERABLES

EPÍLOGO

BIBLIOGRAFÍA

ANEXO
EXTRACTOS DE SENTENCIAS

AGRADECIMIENTOS

Elena Martínez García me dijo en la entrega de premios extraordinarios de doctorado, «hay muchos maestros y maestras de la vida que están cerca de nosotros. Gente que nos enseña y hace crecer. Solo hay que verlos». Ella siempre ha estado cerca: como profesora del grado, como directora de tesis y como maestra. Gracias por tanto. Por enseñarme, inspirarme y ayudarme a crecer. Por el camino andado y por el que queda por recorrer. Por tus palabras y por tu ejemplo.

Dicen que si quieres llegar rápido camines solo, pero que si quieres llegar lejos vayas acompañado. Desde que pisé por primera vez las aulas de la *Facultat de Dret* el azar puso en mi camino a compañeros y amigos que me han acompañado en la búsqueda de mi Ítaca. Como dijo el poeta, «cuando emprendas tu viaje a Ítaca pide que el camino sea largo, lleno de aventuras, lleno de experiencias». Si echo la vista atrás, yo, con vosotros en el camino, ya he ganado. A todos, quiero agradeceros acompañarme todos estos años. En especial, a Rocío, Clara, Alejandra, Toni y Ricardo, por conectarme con la práctica diaria de juzgados y tribunales. A Fran y Darío, por ser compendios y confidentes. Y quiero pediros que sigamos creciendo juntos, como personas y como juristas.

Este agradecimiento quiero hacerlo extensivo al Departamento que me ha visto crecer y formarme como profesional. Y a los compañeros de trabajo que se convirtieron en compañeros de vida. A Víctor y Adrián, porque juntos sigamos conquistando cimas literal y metafóricamente. Porque siempre nos quede una montaña que escalar y un reto que desbloquear. A Marita, por tu alegría sincera, tu honestidad y tus palabras de aliento. Y a Andrea, por tu ilusión y tu inconformismo. Porque sigas construyendo un mundo más justo por medio del lenguaje jurídico.

Pero sobre todo se lo debo a mi familia. Esta vez más que nunca, por hacerlo posible. A mis padres, a Luis (ahora el tete) y a Mariajo, por querer y cuidar tanto a Alejandro. Pero también a mis suegros. Porque sois todos vosotros los que hacéis que la conciliación sea real y efectiva. A Carlos, por ofrecerme este verano la habitación propia de Virginia Woolf, para poder trabajar antes de que nuestra *pequeña gran revolución* abra los ojos. Y, por supuesto, a Alejandro, *porque estoy feliz como nunca había estado* y porque la música indie suena todavía mejor si la cantas tú.

PRÓLOGO

La vulnerabilidad es un concepto que está de moda. La RAE lo define como «debilidad, fragilidad, inseguridad, flaqueza». Ya el Derecho Romano recogía su existencia, pero es verdad que, para el Estado –los poderes públicos- no era una prioridad su tutela y su reconocimiento como subjetividades objeto de tutela con sus frágiles realidades. Indudablemente, algo está cambiando en el mundo global que vivimos, cuando la mirada del legislador se posa sobre los sujetos hasta ahora excluidos. Dice Alphonse Bertillon que uno mira lo que ve y ve lo que tiene en la cabeza. Y en nuestras cabezas, no en todas, hay un avance claro hacia una nueva era llena de retos para el poder legislativo, ejecutivo y judicial.

La profesora Raquel Borges Blázquez se adentra en uno de los múltiples márgenes del Derecho que ahora pasan a ser parte de la tutela prioritaria que da el Estado a las personas que son vulnerables al sistema. Con precisión, aborda una de las obligaciones del Estado a la hora de otorgar la tutela judicial efectiva, como es, dotar de efectividad a este derecho fundamental, partiendo de las especiales características que pueden tener las víctimas de un delito, no siendo todas iguales y, por tanto, teniendo diferentes niveles de necesidad, en ese deber de protección y precaución que debe tener el Estado para entender que actúa con la diligencia debida que le es exigible. Al tiempo, cohonestar esta especial o reforzada protección, asegurando su intervención procesal y su declaración, con el derecho de defensa del acusado, exige de los órganos jurisdiccionales una intervención activa equilibradora y respetuosa de los dos derechos en cuestión. En conclusión, los deberes de las y los Jueces deben asegurar su abstención de todo aquello que pueda dañar a cualquiera de las dos partes, al tiempo de cumplir con las obligaciones de hacer y garantizar el contenido esencial y real de sus derechos.

La preconstitución de la prueba es uno de esos elementos que contribuye a la protección reforzada de las víctimas vulnerables: en este terreno la autora de esta estupenda monografía pone los lindes a esta zona fronteriza entre el derecho a la protección de la víctima y el derecho de defensa del acusado, con especial incidencia en el concepto de inmediación en la práctica de la prueba. No plantearnos estas bases, puede hacernos disimuladamente aceptar un alto grado de violencia institucional y, en la era de la diligencia debida del Estado, en un momento de reconstrucción de las bases del Estado Social y Democrático de Derecho, ya nada es lineal o unidireccional, sino que la igualdad, diversidad y sostenibilidad también son obligaciones positivas para el poder ejecutivo, legislativo y el judicial.

Es probable que este libro que prologo sorprenda a la persona lectora, dado que nos lleva a las fronteras del derecho procesal y nos apunta hacia un cambio de paradigma hacia una Justicia más humana y sostenible. Dicen que somos lo que fuimos y seremos lo que hagamos a partir de ahora. Por tanto, pensar en una clave diferente, como se hace en esta obra, es sentar las bases para un cambio hacia un mundo mejor, donde *el café para todos* propio de una visión andro antropocéntrica sea permeable a las necesidades y personas excluidas hasta ahora del objeto de tutela, o mejor, como sujetos de tutela.

Sobre la autora podría escribir muchas líneas dado que nuestros caminos confluyen desde hace mucho tiempo. Un día, la alumna ejemplar que fue, se convirtió en discípula y ésta pronto volará sola. Es ley de vida. Nada nos pertenece, todo es impermanente, efímero, pasajero y sujeto a cambios. El camino que se dibuja día a día y codo con codo, junto a las personas es el sentido que ha tenido ese encuentro y el valor que se ha sabido añadir a ese tramo del trayecto. Solo puedo tener palabras de agradecimiento para esa jovencita que quiso que le ayudara a crecer y que hoy está a punto de emprender su aventura en solitario. La frase de Alphonse Bertillon con la que iniciaba estas líneas es muy adecuada para entender por qué el respeto y el acompañamiento en el aprendizaje ha sido un regalo mutuo. Gracias Raquel y mucha suerte en este nuevo tramo de tu personal Ítaca.

Valencia, 25 de noviembre 2024

Elena Martínez García

ABREVIATURAS

AP	Audiencia Provincial
ATS	Auto del Tribunal Supremo
CC	Código Civil
CDFUE	Carta de Derechos Fundamentales de la Unión Europea
CE	Constitución Española
CEDH	Convenio Europeo de Derechos Humanos
CGPJ	Consejo General del Poder Judicial
CP	Código Penal
EVD	Estatuto de Víctimas del Delito
INE	Instituto Nacional de Estadística
JVSM	Juzgado de Violencia Sobre la Mujer
LAJ	Letrado de la Administración de Justicia
LEC	Ley de Enjuiciamiento Civil
LECrim	Ley de Enjuiciamiento Criminal
LO	Ley Orgánica
LOPJ	Ley Orgánica del Poder Judicial
LORPM	Ley Orgánica de Responsabilidad Penal del Menor
LOVG	Ley Orgánica de Violencia de Género
ODS	Objetivo de Desarrollo Sostenible
ONG	Organización No Gubernamental
PIDCP	Pacto Internacional de Derechos Civiles y Políticos
RAE	Real Academia Española
SAP	Sentencia de la Audiencia Provincial
STC	Sentencia del Tribunal Constitucional

STEDH	Sentencia del Tribunal Europeo de Derechos Humanos
STJUE	Sentencia del Tribunal de Justicia de la Unión Europea
STS	Sentencia del Tribunal Supremo
TC	Tribunal Constitucional
TEDH	Tribunal Europeo de Derechos Humanos
TICs	Tecnologías de la Información y Comunicación
TJUE	Tribunal de Justicia de la Unión Europea
TS	Tribunal Supremo

INTRODUCCIÓN

I. Contexto y objetivos

La vulnerabilidad es una situación que, en cierto modo, modifica las condiciones de partida de las víctimas en el proceso penal y que debe ser tenida en cuenta para garantizar la tutela judicial efectiva. Así, ante esta situación seré objetiva pero no permaneceré neutral.

El sujeto pasivo de este estudio son los menores de edad. La protección del menor tiene un anclaje de derechos humanos en tratados y convenios internacionales, directivas, reglamentos, nuestra constitución y leyes en la materia que tienen por objeto evitar una revictimización secundaria[1]. Y la normativa de *hard law* debe ser interpretada y aplicada por nuestros juzgadores, como tendremos ocasión de estudiar a raíz del Caso Pupino[2]. Junto con los menores de edad es necesario estudiar a las personas con discapacidad necesitadas de especial protección pues, en determinados supuestos, el legislador ha decidido otorgarles el mismo tratamiento mientras que, en otros supuestos, diferencia entre la vulnerabilidad por minoría de edad y por discapacidad.

A lo largo de la monografía se estudiará la tensión existente entre la necesidad de una igualdad real dentro y fuera del proceso —donde las situaciones jurídicas desiguales de partida deberán ser tratadas de forma desigual— y las garantías jurídicas inherentes al derecho de defensa. Así, una diferenciación de trato es precisamente la preconstitución probatoria para las víctimas vulnerables. Preconstitución que, además, puede variar en la forma de realizarse. El avance de la tecnología nos presenta escenarios que van más allá de la inmediación real y física, permitiendo una suerte de inmediación diferida ya sea usando medios

1 Si bien este término será estudiado en profundidad en el capítulo III, es necesario ofrecer una definición somera. La victimización secundaria es aquella que sufre la víctima al entrar en contacto con la maquinaria procesal penal para la persecución del delito y castigo del culpable. Esta surge fruto de una inadecuada atención (reiteración de declaraciones innecesarias, atención inadecuada, largas esperas frente a su agresor...) siendo, por tanto, victimizada nuevamente, esta vez desde las instituciones estatales.

2 Esta cuestión será estudiada en el capítulo III apartado II.

electrónicos o empleando cámaras Gesell o salas amables para diferenciar el espacio físico que habitará la víctima y el que habitarán los agentes del proceso implicados. Cabe incluso plantear el uso de gafas de realidad virtual para que la inmediación sea real pero la víctima no la perciba como tal.

La pregunta de investigación es si la prueba preconstituida atenta contra los principios de inmediación y contradicción y, consecuentemente, al derecho de defensa que rige en el proceso penal. Para ello, en el estudio de la prueba preconstituida interpretaremos el articulado de la LECrim acorde con la realidad social en la que debe ser aplicado *ex* artículos 1 y 3 CC, asumiendo que derecho de defensa y derechos de las víctimas son las dos caras de la misma moneda. El binomio que aquí se presenta es el derecho a la tutela judicial efectiva[3] de las personas vulnerables (garantías positivas exigibles para su realización efectiva) y el derecho de defensa (garantías positivas exigibles reales). Sobre éste se lanzan las siguientes preguntas de investigación: ¿Dónde establecemos el límite entre el derecho a la protección de la víctima y el derecho de defensa del acusado?, ¿afectaría la prueba preconstituida al núcleo duro del derecho de defensa?, ¿contribuiría la preconstitución probatoria a la agilización procesal?

Así, antes de presentarles mi investigación, me gustaría traer cita de extracto de la STS 579/2019[4] pues este planteamiento va a ser el *leitmotiv* en el estudio de la prueba preconstituida eliminando el lenguaje belicista o beligerante que trae consigo las palabras «enfrentamiento», «contienda» y «confrontación» y asumiendo una suma de intereses en juego que deben ser protegidos siempre y cuando los derechos de una parte (las víctimas) no afecten al derecho fundamental a la defensa de la otra parte (los acusados):

> «No puede realizarse en este caso un "enfrentamiento" entre la victimización secundaria de los menores por declarar en el plenario en oposición con el principio de contradicción y el derecho de defensa de interrogar a los menores en el juicio. **No se trata de una confrontación entre derechos de víctima y acusado. Se trata de realizar el ejercicio de ambos derechos por sus cauces correctos y sin provocar merma alguna en los mismos por un uso incorrecto de uno de ellos que cause perjuicio al otro, pudiendo destacar que cuando se lleve a cabo un uso motivado y fundado del derecho de las víctimas a no declarar en el plenario por haberse conformado la prueba preconstituida** y con posterior informe técnico que aprecie la victimización y auto del juez que lo acuerde **no se entenderá invadido y afectado el derecho de la defensa a interrogar a los menores en el plenario**» (las negritas son propias).

---

3 Refiere Esteve Pardo la tutela judicial efectiva como uno de los derechos fundamentales que «están siendo también asaltados por el contrato, pues el ejercicio de estos derechos, que puede llegar materialmente a su renuncia pura y simple, se está convirtiendo en materia de negociación y contratación». Esteve Pardo, José, *El camino a la desigualdad. Del imperio de la ley a la expansión del contrato*, Marcial Pons, Madrid, 2023, p. 16.

4 STS 579/2019 de 26 de noviembre de 2019 (ECLI: ES:TS:2019:3857).

II. Contextualización del fenómeno objeto de estudio

Una sociedad cada vez más plural nos muestra como aquello que considerábamos que aplicaba a la mayoría en realidad era una norma jurídica creada e interpretada en masculino singular, obviando otras realidades que requerían de respuestas diferenciadas. La normativa legal y su interpretación se han centrado de forma sistemática en lo masculino singular, descuidando las particularidades de las personas, en especial las mujeres, los menores de edad, las víctimas con discapacidad y las personas mayores. Además, estas vulnerabilidades no son cajones estancos, sino que pueden darse discriminaciones múltiples fruto de la suma de estas variables o de sumarlas a otros tipos de vulnerabilidad como la pobreza, la migración o la raza. Ser conscientes de esta desigualdad de partida y adoptar una perspectiva enfocada en las vulnerabilidades con un marcado corte crítico deviene en la herramienta de interpretación necesaria para enfocar los conceptos objeto de estudio: derechos fundamentales, esencia del proceso y evolución del concepto de vulnerabilidad. Contemplamos el «choque de intereses entre la igualdad y la libertad de la víctima, con la soledad del juez o jueza en la toma de decisiones jurídicas que exceden de los elementos propios del derecho e introduce elementos de la sociología y psicología, para los que no se está preparado»[5].Y es necesaria una reinterpretación de conceptos para que, en lugar de colisión, sea un *Big Bang,* iniciándose así un nuevo universo procesal penal en el que deben conjugarse los principios clásicos con nuevas variables respecto de la vulnerabilidad y el uso de las nuevas tecnologías.

Refiere Armenta Deu, «las transformaciones que registran el proceso civil y el proceso penal en las últimas décadas han alterado de manera relevante y muy significativa el papel que en ellos desempeñan sus protagonistas, como si se tratara de actores llamados a nuevas interpretaciones de personajes o a representar otros nuevos según exigencias del guion. Un guion que encontramos escrito en las más recientes reformas legales, ya aprobadas, y en los anteproyectos y proyectos de nuevas leyes que recurrentemente circulan a la espera de su aprobación definitiva pero que, en cualquier caso, perfilan aún más los rasgos y modos de desenvolverse de los actores. Todos ellos, sin excepción, se han visto requeridos a cambiar sus actuaciones en el proceso: jueces, abogados, acusadores, actores (en el más estricto sentido procesal), víctimas, fiscales, encausados»[6].

---

5 Martínez García, Elena, «La igualdad y la violencia de género: elementos para la reflexión en España y en Europa» en *Género y Derecho Penal* (dir. José Hurtado Pozo), Instituto Pacífico, 2017, pp. 142-143.

6 Armenta Deu, Teresa, *Jueces, fiscales y víctimas en un proceso en transformación*, Marcial Pons, Madrid, 2023, p. 15.

Hasta ahora hemos creado un proceso penal androcentrista centrado en el masculino singular. Pero no en cualquier tipo de masculino, en lo que el antropólogo Joseph Henrich denomina «WEIRD» *(western, educated, industrialized, rich and democratic)* cuyas iniciales vendrían a significar «occidental», «formado», «industrializado», «rico» y «democrático». Considerando la diversidad de la población, estos sujetos en realidad son, como sugiere la palabra *weird*, una rareza[7]. Así, este proceso penal ha juzgado igual a situaciones y personas desiguales. Y ha obviado las diferenciaciones existentes entre las víctimas. En esta monografía se les presentan dos elementos que deberán ir de la mano en la búsqueda de un nuevo paradigma procesal penal: las víctimas vulnerables y el uso de la tecnología. ¿Es capaz la tecnología, actual y futura, de modificar los cimientos de la teoría de la prueba?, ¿los derechos humanos de la víctima vulnerable traen consigo una readaptación del proceso? El objetivo de la Justicia en mayúsculas, como su propio nombre indica, es acabar con la desigualdad acompañándose y ayudándose de las transformaciones digitales que trae la tecnología como herramienta.

Debemos preguntarnos cuál es el equilibrio justo entre la preconstitución probatoria y el derecho de defensa, así como los parámetros en los que nos movemos en esta nueva sociedad, cada día más digital. El denominado derecho de defensa trasciende del derecho subjetivo de la persona investigada, pues estamos defendiendo el derecho a un juicio justo con todas las garantías y, con éste, la esencia del Estado de derecho. Por ello debemos pensar a cuántos escenarios podría llevarnos la tecnología y cuáles de estos estamos dispuestos a aceptar. La grabación de la imagen y sonido permite la reproducción el día de la vista oral, las cámaras Gesell mantienen la inmediación que requiere la práctica de la prueba, pero evitan el contacto visual entre víctima y agresor, las gafas de realidad virtual podrían hacer que una víctima declare en un escenario idílico y transportarla lejos de la sala de justicia en la que se encuentra... Pero el debate de fondo es más complejo. Desde las Universidades es nuestra responsabilidad cuestionar si la tecnología es un parche a una legislación del siglo pasado que remendamos y maquillamos o si es solución en sí misma.

Como el lector podrá observar en el apartado tercero del primer capítulo, el tiempo que dura un proceso penal en nuestro país hace que el testimonio se diluya con el paso del tiempo[8]. De entre estos testimonios, las víctimas meno-

---

7 Nieva Fenoll, Jordi, «Neurociencia y juicio jurisdiccional: pasado y presente. ¿Futuro?», *Civil Procedure Review*, vol. 7, núm. 3, 2016, p. 133.

8 Según estadísticas del CGPJ, el año 2023 un procedimiento abreviado en España ante órganos unipersonales duró una media de 11,1 meses. En el caso de las Audiencias Provinciales, la primera instancia de un procedimiento abreviado duró una media de 11,6 meses y 15,3 meses la primera instancia de un sumario: https://www.poderjudicial.es/cgpj/es/Temas/Transparencia/Estimacion-de-los-tiempos-medios-de-duracion-de-los-procedimientos-judiciales/https://www.poderjudicial.es/cgpj/es/Temas/Transparencia/Estimacion-de-los-tiempos-medios-de-duracion-de-los-procedimientos-judiciales/

res de edad son especialmente vulnerables a la alteración de los recuerdos fruto de sus características evolutivas. Al respecto, la prueba preconstituida viene a dar respuesta a dos problemas ya planteados: la revictimización y la contaminación de los recuerdos. Pero no es ésta la única forma de humanizar la justicia. La creación de una «*tutela express*» para víctimas vulnerables podría reducir la victimización secundaria sin prescindir de la contradicción el día del juicio oral. Para ello, podrían crearse tribunales especializados o establecer criterios objetivos y tasados que den prioridad a una serie de causas de vulnerabilidad. Esto permitiría al juez dedicar todos sus recursos al caso concreto y en un lapso corto de tiempo (pongamos tres meses) realizar la diligencia de investigación y la prueba el día del juicio oral, sin necesidad de preconstituir prueba.

Como pudimos comprobar a raíz de la LO 1/2004, de lucha contra la violencia de género, nuestro legislador trata de resolver problemas sociales desde la justicia sin dotarla de medios para ello. Afectamos el proceso penal cada vez que observamos una desigualdad social, pero, tal vez, destinar más medios económicos a un sistema de justicia saturado evitaría las continuas modificaciones del proceso penal. Asumiendo que todo delito trae consigo una victimización debemos fijar el límite entre 1) las cuestiones intrínsecas al hecho de ser víctima de un delito y 2) las cuestiones extrínsecas fruto de un sistema saturado para así diferenciar entre sufrimientos de la víctima necesarios y una eventual violencia institucional. Porque la violencia institucional no solo incluye las manifestaciones de violencia en las que el Estado es directamente responsable por su acción u omisión, engloba también aquellos actos que muestran una pauta de discriminación o de obstáculo en el ejercicio y el goce de los derechos[9].

Adoptaremos una perspectiva de vulnerabilidad necesaria para cambiar el enfoque en el actual sistema de justicia penal y desmantelar las desigualdades que, bajo una supuesta «igualdad ante la ley», discriminan por tratar igual situaciones desiguales. Es esta desigualdad de partida la que, en el binomio «*justicia express*» preconstitución probatoria, me hace posicionarme a favor de la preconstitución probatoria de las víctimas vulnerables por diversos motivos. Porque la «*justicia express*» hoy en día deviene en utopía porque los medios son limitados. Y porque me muestro más partidaria de la supresión de una declaración que de la reiteración de la declaración en un corto espacio de tiempo en el caso de víctimas vulnerables. Una justicia más rápida pudiera, y debiera, ser una solución para lo que más adelante denominaré vulnerabilidad *ad hoc* o al contexto concreto (mujer víctima de una agresión sexual por un conocido) pero en el caso de las víctimas vulnerables *per se* (los menores de edad), como expondré, para evitar su revictimización

---

9 BODELÓN, Encarna, «Violencia institucional y violencia de género», *Anales de la Cátedra Francisco Suárez*, núm. 48, 2014, p. 133.

más allá de lo proporcionalmente soportable es mejor optar por la preconstitución probatoria que, además, mantiene un testimonio más fiel a la realidad.

Esta justicia rápida, utópica, requeriría de otros profesionales que acompañasen al juzgador para garantizar que la víctima no sufre una revictimización tras la segunda declaración, diferenciando en qué casos se opta por la justicia rápida y en qué otros casos se opta por la preconstitución probatoria. Por ello, considero, deviene más sencillo emplear las instituciones que ya tenemos en nuestro ordenamiento adaptadas a la realidad social actual. Ante la falta de medios para llevar a cabo reformas procesales de tal calibre (juzgados especializados para agilizar el proceso con equipos multidisciplinares incardinados en éstos) así como las dificultades dogmáticas de su justificación respecto del derecho al juez legal predeterminado por la ley (como pudo verse en la gran cantidad de recursos y cuestiones de inconstitucionalidad que trajo consigo la creación de los JVSM), considero que resulta más sencillo utilizar el articulado respecto de prueba preconstituida, ya existente en la LECrim, para las víctimas vulnerables y no afectar a las reglas de competencia del proceso.

En estas páginas se muestra un análisis jurisprudencial tanto de la jurisprudencia de nuestros tribunales nacionales como de tribunales supranacionales, con los correspondientes vaivenes respecto de la preconstitución probatoria, pero intentando identificar patrones y regularidades que se mantengan supérstites para, desde el método inductivo, llegar a la generalización de la propuesta. Deviene necesaria una propuesta *de lege ferenda* que acabe con la inseguridad jurídica y que indique en qué casos la preconstitución probatoria es una respuesta válida tanto para la víctima como para el agresor, que no verá mermados sus derechos de defensa.

Previo a la propuesta, hemos de estudiar a los sujetos y sus correspondientes derechos (el acusado y el derecho de defensa, la víctima y la tutela judicial efectiva) y asumir que forman parte de un todo: un proceso con sus propios principios. Es necesario un estudio en profundidad de la institución de la prueba. Observamos como la necesidad de una contradicción total, negando cualquier virtualidad a las declaraciones en instrucción, surge como ruptura con un sistema procesal anterior que buscaba acabar con los excesos de sistemas inquisitivos pasados. Esta postura fue coherente y necesaria en los inicios democráticos, pero la preconstitución probatoria de la prueba testifical actual dista de la preconstitución en la que pensó el legislador al redactar la LECrim y frente a cuyos excesos se opuso la jurisprudencia mayor (TS y TC) de los años ochenta y noventa. La posibilidad de reproducción en el juicio oral de la testifical nos ofrece una inmediación que hace cuarenta años era imposible imaginar. Si la sociedad ha cambiado, también deberían hacerlo las causas para la preconstitución probatoria teniendo en cuenta las siguientes variables: la búsqueda de la verdad material o certeza, los avances tecnológicos, el derecho de defensa y la victimización secundaria.

Solo el estudio de las estructuras sistémicas puede ofrecernos bases sólidas para responder a la cuestión de si es el proceso el que revictimiza o si la victimización secundaria se da por una falta de medios. Para ello deberemos desglosar las dinámicas esenciales e intrínsecas del proceso penal asumiendo que éste es un sistema complejo, adaptativo y dinámico. Es necesario posicionarse a favor de un cambio del sistema de justicia, donde se invierta más dinero para agilizar la tutela judicial efectiva, porque de lo contrario deviene en tutela judicial pero no efectiva a causa de las dilaciones procesales. «No resolver a tiempo por la Judicatura es tanto como resolver mal o dejar sin resolver»[10]. Pero también para entender a las víctimas. Al respecto, en este entendimiento de las víctimas, tal vez la justicia necesitase de equipos multidisciplinares que acumulen saberes jurídicos y extrajurídicos. Un sistema de justicia donde el juzgador disponga de trabajadores sociales, psicólogos y criminólogos trabajando con las víctimas para empoderarlas y evitar que el sistema las revictimice. Esta última cuestión debe ponerse sobre la mesa, también para la preconstitución probatoria. No podemos afectar al proceso penal por una mera cuestión económica (en este caso, de economía procesal), debe tener un sustento psicológico y victimológico que cristalice en una norma jurídica indicando en qué casos sí y en qué casos no optaremos por la preconstitución probatoria.

Indica Armenta Deu que la víctima ha interpretado diversos papeles con el tiempo: «Tradicionalmente ha sido actora principal, o muy destacada, en nuestro proceso penal, sobre todo por su actuación, normalmente de contraste y equilibrio, en la acusación. Pero la reacción que ha generado en el público ha sido muy emotiva y contradictoria, oscilando entre la victimofilia y la victimofobia. La primera requería para la víctima una atención central y prioritaria. Pero se advierte también una tendencia opuesta, porque se teme una sobreactuación emotiva de la víctima movida por un afán de venganza y que podía incrementar así la presión represiva del Estado»[11]. Pero no hemos realizado un estudio en profundidad sobre la tutela judicial efectiva[12] ni respecto de las desigualdades de partida en las víctimas vulnerables que modifican sus condiciones de acceso y de entendimiento en el proceso. Al respecto, comparto con Varona Martínez, el sistema procesal penal actual sigue sin comprender qué es una víctima y todavía menos qué es una víctima vulnerable. Esta falta de entendimiento conlleva prácticas inadecuadas y daños adicionales a la víctima vulnerable que debe interactuar con el sistema de justicia actual[13].

10 Martínez García, Elena, *Juzgar en el siglo XXI,* Tirant lo Blanch, Valencia, 2024, p. 89.

11 Armenta Deu, Teresa, *Jueces, fiscales y víctimas en un proceso en transformación*, *op. cit.*, p. 18.

12 Carrasco Durán, Manuel, «La definición constitucional del derecho a la tutela judicial efectiva», *UNED Revista de Derecho Político*, núm. 107, 2020, p. 15.

13 Pereda, Noemí y Andreu, Laura, «La protección de los niños y niñas ante la victimiza-

Una última cuestión debe ponerse de manifiesto sobre el papel a propósito del avance de las tecnologías: la posibilidad de reescribir el concepto de inmediación para aceptar una inmediación virtual[14] en lugar de física. Todas estas cuestiones se irán desgranando a lo largo de la monografía, justificando por qué el paradigma de justicia ha cambiado y, junto con éste, la manera de hacer justicia. La Justicia del siglo XXI hace necesaria una reinterpretación de la preconstitución probatoria a la luz de los artículos 1 y 3 CC. Esta reinterpretación nos hace afirmar que existen causas caducas y que la tecnología nos permite otros modos de preconstituir prueba. No obstante, la preconstitución es la excepción a la norma. Por ello es necesario estudiar el derecho a la defensa del acusado, sentando sus bases normativas. Solo así podremos afirmar que es posible una preconstitución probatoria de víctimas vulnerables sin afectar al derecho de defensa, objetivo principal de esta investigación.

Además, debemos diferenciar entre vulnerabilidades porque cada causa traerá consigo unos efectos en el proceso. Existen vulnerabilidades extrínsecas y vulnerabilidades intrínsecas y el legislador debe diferenciar entre éstas porque, de lo contrario, caeríamos, de nuevo, en el error de tratar de igual manera situaciones que son desiguales. Desmontado el pensamiento androcéntrico no puede pretenderse tratar a las víctimas vulnerables como un todo indivisible. Cada categoría de víctimas tendrá sus peculiaridades que darán lugar a diferentes protecciones.

Sentadas las bases, es posible diferenciar entre problemas estructurales del propio proceso y que, por tanto, deben modificarse a la luz de los nuevos saberes y las nuevas tecnologías, y problemas coyunturales que se podrían solucionar con una mayor inversión en justicia o con una automatización de procesos para aprovechar mejor los recursos finitos de que disponemos.

III. Metodología

La metodología seguida para el desarrollo de esta investigación se basa en la investigación doctrinal tradicional, que implica la revisión de doctrina, legislación, jurisprudencia y datos estadísticos con el fin de analizar la situación actual de un determinado instrumento procesal y construir una argumentación coherente dentro de la disciplina para elaborar propuestas de mejora en la regulación de la prueba preconstituida en colectivos vulnerables. Se usa,

---

ción secundaria: propuestas de actuación profesional» en *La protección de las víctimas en el Espacio Europeo* (dirs. Juan Carlos Vegas Aguilar y Silvia Sempere Faus), Tirant lo Blanch, Valencia, 2023, p. 116.

14 STS núm. 331/2019, de 27 de junio de 2019 (ECLI:ES:TS:2019:2163); ATS núm. 297/2012, de 2 de febrero de 2012 (ECLI:ES:TS:2012:1791A); ATS núm. 913/2022, de 20 de octubre de 2022 (ECLI:ES:TS:2022:15488A); STS núm. 362/2023, de 17 de mayo de 2023 (ECLI:ES:TS:2023:2093).

por tanto, el método inductivo para probar la validez de la siguiente hipótesis: la prueba preconstituida en víctimas vulnerables, practicada con todas las garantías que requiere nuestra LECrim, no atenta contra el derecho de defensa, reduce la revictimización secundaria y, además, nos acerca más al concepto de verdad material o certeza.

Además, el carácter del objeto de estudio requiere de una multidisciplinariedad en el estudio que precisa que, en determinados apartados, deba acudirse a la psicología, la criminología o la sociología pues el contexto social, tecnológico y jurídico actual es el que podría dar lugar a un cambio de paradigma en conceptos clásicos del sistema procesal penal. Por tanto, las fuentes utilizadas para llevar a cabo la presente investigación pueden clasificarse en los siguientes grupos: literatura científica, informes oficiales, legislación y jurisprudencia, variando la importancia de cada una de ellas en función de los distintos campos de estudio y fases de la investigación.

IV. Estructura

La monografía está construida sobre tres pilares que dan nombre a los capítulos y al propio título: la prueba preconstituida, el derecho de defensa y la protección de las víctimas vulnerables. En el primer capítulo se realiza un estudio doctrinal y legislativo de la prueba en el proceso penal y, en concreto, de la prueba preconstituida y la prueba anticipada como excepción a la norma de la inmediación probatoria que trae consigo el proceso acusatorio. En el segundo capítulo se estudia el concepto del derecho de defensa con una perspectiva multinivel (nacional e internacional) para responder a si la prueba preconstituida para víctimas vulnerables afecta al derecho fundamental recogido tanto en el artículo 24 CE como en el artículo 6 CEDH. En el tercer capítulo se estudia el concepto de víctima vulnerable doctrinal, legislativa y jurisprudencialmente.

Por último, una vez abordadas las cuestiones anteriormente expuestas, se presentarán diversas conclusiones y propuestas en relación con la premisa ya apuntada: aceptada la prueba preconstituida como excepción a la norma en determinados supuestos y, asumiendo que en las víctimas menores de edad se dan una serie de condicionantes que las sitúan en una situación de mayor vulnerabilidad, se expondrán propuestas *de lege ferenda* para ampliar la protección del colectivo de menores de edad que, además, pueden aunar dentro de sí diversas vulnerabilidades como la minoría de edad y la condición de víctima de violencia de género. Además, se incluirán las víctimas especialmente vulnerables como colectivo para la preconstitución probatoria.

Así, la organización de la monografía se debe a la estructura tradicional mediante una investigación inductiva con el objetivo de constatar la siguiente premisa general: la preconstitución probatoria en víctimas vulnerables no afecta al núcleo duro del derecho de defensa. Para esto, se combina el estudio de doctrina y jurisprudencia respecto de la preconstitución probatoria para, en línea con los cambios sociales y los avances tecnológicos, poder establecer unos patrones en base a los cuales proponer una modificación de *lege ferenda*. Sirven así los dos primeros capítulos para diferenciar los fundamentos básicos e intocables de la preconstitución probatoria y el derecho de defensa de aquellas cuestiones que, con el avance de la ciencia, pueden y deben reinterpretarse.

Dice JOSEPH CONRAD que «el autor solo escribe la mitad del libro. De la otra mitad debe ocuparse el lector». Al respecto, este libro tiene dos formas de ser leído, siendo el lector quién decidirá cómo realizarlo. El rigor jurídico-científico requiere de una contextualización histórico-jurídica para comprender el binomio tutela de víctimas y defensa de los acusados. Para ello ha sido necesario acudir a doctrina procesalista pero también a gran cantidad de sentencias de tribunales nacionales y supranacionales. El estudio de sentencias nos ha mostrado que no siempre se ha seguido una línea uniforme en lo que a preconstitución probatoria respecta, siendo que nuestros tribunales han dictado sentencias vanguardistas hace casi veinte años (por todas: STS 626/2006) y más tradicionales y apegadas a la inmediación física hace apenas seis años (por todas: STS 247/2018) dificultando, en cierto modo, la identificación de patrones. El marco normativo respecto de la preconstitución probatoria cambió en 2021 pero, como se expondrá en el momento oportuno, considero que se quedó corto limitándose a un elenco de delitos y estableciendo los 14 años como edad máxima para la preconstitución probatoria, obviando otras realidades y otras vulnerabilidades.

El tercer capítulo es propositivo, pero necesita de un estudio previo con rigor científico para sustentar sus afirmaciones. Así, como indicaba, estos primeros dos capítulos encuentran una segunda forma de leerse y es por medio de los anexos adjuntos al final del libro. En estas tablas el lector encontrará los párrafos claves de las sentencias del TS, el TC y el TEDH respecto del binomio derecho de defensa y tutela de las víctimas. No todas las sentencias versarán sobre preconstitución probatoria, pues se han tenido que tratar otras cuestiones como la perspectiva de género o la dispensa a declarar. Pero todas fijan su punto de mira en los derechos del acusado, para indicar si ha habido vulneración, o no, de éstos. Al respecto, la tipificación delictiva del caso —dado que escapa del objetivo de la investigación— se remite a la empleada por la sentencia. Además, respecto de lo indicado por la defensa, únicamente se incluyen aquellas alegaciones que afectan al binomio tutela del vulnerable-derecho de defensa del acusado, dejando fuera otras cuestiones sustantivas que, en algunos supuestos, han sido alegadas y que en nada afectan al objeto de estudio.

Como podrán ver en las sentencias, en la década de los noventa el TS era más proclive a aceptar la preconstitución probatoria o la recuperación de cuestiones del sumario vía artículo 730 LECrim. Este apego a la fase sumarial, en cambio, fue duramente criticado por nuestro TC desde sus primeras sentencias. Sin embargo, observamos que cuando se solicitan preconstituciones probatorias en atención al interés superior del menor o en agresiones sexuales en las últimas décadas, el TS deniega muchas de estas preconstituciones alegando que prueba es solo la que se practica el día del juicio oral. Aquí, en mi opinión, se sumaron dos factores: por un lado, un mayor entendimiento del derecho de defensa del acusado y de las garantías que éste debe revestir (artículo 6 CEDH) y, por otro lado, un desconocimiento de las vulnerabilidades específicas de este tipo de víctimas. Así, fue necesaria una reforma procesal para aceptar la preconstitución probatoria, en determinados delitos, de menores de 14 años. Pero esta reforma dejó fuera otras realidades que también podrían ser objeto de tutela: las víctimas de violencia de género o de agresiones sexuales, entre otras. Todas estas cuestiones podrán observarlas en los anexos donde disponen de las sentencias ordenadas por tribunales y cronológicamente.

La estructura, por tanto, es doble. El libro queda estructurado por instituciones jurídico-procesales que se estudian de manera independiente: la prueba preconstituida, el derecho de defensa y la tutela del vulnerable. Cada una de estas instituciones bebe de su propia doctrina y jurisprudencia aplicada al caso. En cambio, los anexos de jurisprudencia siguen un orden cronológico. Esto se debe a que derecho de defensa y tutela del vulnerable son los dos lados de una balanza que sitúa en medio a la prueba preconstituida. Consecuentemente, el juzgador debe emplear los tres institutos en su sentencia. Así, el índice de la monografía se basa en el estudio detallado de cada una de las instituciones para poder establecer conclusiones propositivas, pero podría haber sido también un estudio cronológico de los cambios jurisprudenciales, que también nos muestra una necesidad de establecer parámetros claros porque el concepto de interés superior del menor y la tutela de los vulnerables los requieren. De lo contrario, un concepto indeterminado queda al arbitrio de los poderes públicos siendo que, dependiendo hacia donde inclinen la balanza (derecho de defensa vs tutela del vulnerable), la respuesta variará radicalmente en la aceptación de la preconstitución probatoria.

Por ello, invito al lector a que me acompañe a lo largo de los capítulos y/o que haga uso del anexo jurisprudencial reseñado para extraer sus propias conclusiones respecto del derecho de defensa, para finalizar en el capítulo tercero donde se presenta una apuesta decidida a favor de la preconstitución probatoria de víctimas vulnerables que cristalizará en las conclusiones.

CAPÍTULO I

LA PRUEBA PRECONSTITUIDA

I. Concepto de prueba

Define la prueba muy gráficamente GUASP DELGADO al denominarla «sistema respiratorio» del derecho procesal frente a otras instituciones «que son la médula, el cerebro o el corazón del derecho procesal» siendo la prueba «lo único, en efecto, que puede garantizar el contacto del proceso con el mundo exterior que lo circunda, con el conjunto de verdades que de un modo u otro han de ser recogidas por el proceso para que éste desempeñe eficazmente su función»[15]. Refiere DÖHRING que el objetivo y la estructura misma del proceso van dirigidos a «lograr la verdad completa»[16]. Esta afirmación trae consigo un problema al que la filosofía no ha sido capaz de responder: ¿es posible alcanzar la verdad plena? PLATÓN diferencia entre el mundo sensible y el mundo inteligible[17] siendo que los prisioneros pasaron la vida viendo sombras frente al fuego y dándolas por ciertas. Genera así el filósofo griego una metáfora sobre las personas atadas a sus percepciones, confundiendo las sombras (conocimiento subjetivo) con el conocimiento verdadero del mundo de las ideas. De la lectura de la obra de DÖHRING puede afirmarse que el autor reconoce la dificultad filosófica que entraña el concepto mismo de verdad, pero el proceso requiere de certezas sobre las que juzgar. Por ello, se aleja de las teorías filosóficas para, en el plano práctico, afirmar que «la determinación del estado de los hechos en el proceso tiene que partir siempre de la base (y esto no debería en realidad dar lugar a discrepancias)

15 GUASP DELGADO, Jaime, «La prueba en el proceso civil español», *Revista de la Universidad de Oviedo*, núm. 6, 1944, p. 22.

16 DÖHRING, Erich, *La prueba. Su práctica y apreciación*, Ediciones Jurídicas Europa-América, Buenos Aires, 1972, p. 6.

17 PLATÓN, *La República,* Diálogo, Valencia, 2009.

de que, en principio, es posible captar la verdad»[18]. Es ésta, la prueba, una institución «enclavada como todas las jurídicas no en el reino de la naturaleza sino en el de la cultura» y, por tanto, el concepto bebe de nociones de sentido en vez de nociones causales por lo que respecta a su función[19].

La importancia de la prueba en el proceso es vital porque, como indica MONTERO AROCA, para alcanzar un resultado favorable no es suficiente con tener razón, hace falta demostrarlo[20]. Pero a pesar de ser una de las instituciones más importantes del proceso, no existe una definición de prueba pues la doctrina no es unánime y, aunque la esencia del concepto la entienden del mismo modo, difieren en algunas de sus características. Además, como no podía ser de otro modo, el concepto de prueba ha ido avanzando conforme avanzaba también la sociedad, aunque fueron los autores clásicos los que delimitaron las bases del concepto sobre las que los autores actuales definen la prueba[21]. Para aproximarnos al concepto que mantienen los procesalistas actuales tomaremos como definición la aportada por GÓMEZ COLOMER, «probar es decidir que unos hechos son acordes con la realidad»[22]. Siendo que las alegaciones no son suficientes sin algo que las sustente, MONTERO AROCA la define como la «actividad posterior para confirmar las afirmaciones de hecho realizadas por las partes en sus alegaciones»[23]. Para GUZMÁN FLUJA «la prueba es todo medio o instrumento que permite introducir en el proceso y hacer llegar al juez los elementos necesarios para poder decidir sobre el juicio de hecho»[24]. En términos similares se pronuncia GUASP DELGADO, al afirmar que «la prueba no es, pues, sino la demostración de la existencia de un hecho o de la verdad de una afirmación, definición típica, aunque defectuosa porque sus dos términos podrían ser reconducidos a uno y porque hablar de demostración para aclarar lo que es la prueba apenas si resulta más que un cambio de palabras con dudoso valor explicativo»[25].

Antes de continuar, conviene realizar un breve repaso de la doctrina clásica para comprender las bases de la teoría de la prueba actual. En la doctrina clásica alemana Wach y Döhring emplean el concepto de verdad for-

---

18 DÖHRING, Erich, *La prueba. Su práctica y apreciación*, *op. cit.*, p. 6.

19 GUASP DELGADO, Jaime, «La prueba en el proceso civil español», *op. cit.*, p. 23.

20 MONTERO AROCA, Juan, «La prueba. Nociones generales (I)» en: *Derecho Jurisdiccional II*, Tirant Lo Blanch, 2017, p. 216.

21 JAMARDO LORENZO, Andrea, *La preconstitución de la prueba en el proceso penal,* Trabajo Final de Grado, 2016, p. 10

22 GÓMEZ COLOMER, Juan Luis, «La prueba. Aspectos comunes» en *Proceso Civil* (coords. Juan Luis GÓMEZ COLOMER y Silvia BARONA VILAR), Tirant lo Blanch, 2023, p. 220.

23 MONTERO AROCA, Juan, «La prueba. Nociones generales (I)», *op. cit.,* p. 216.

24 GUZMÁN FLUJA, Vicente Carlos, *Anticipación y preconstitución de la prueba en el proceso penal*, Tirant Lo Blanch, Valencia, 2006, p. 33.

25 GUASP DELGADO, Jaime, «La prueba en el proceso civil español», *op. cit.*, p. 23.

mal en los cimientos de la definición de la prueba[26]. Siendo el objetivo del proceso la búsqueda de la verdad y, conscientes ambos de la dificultad de su consecución, distinguen entre la verdad formal que se adquiere con la prueba en el proceso y la verdad material o real, que existe fuera del proceso. En el proceso, la prueba irá dirigida a acreditar los hechos que se discuten (verdad formal) pero no tiene por qué ser coincidente con la verdad real (verdad material), aunque sería lo ideal[27]. Así, observamos como para el pensamiento alemán el objetivo probatorio es el de alcanzar la verdad por medio de la prueba de los hechos que se discuten siendo ésta una verdad formal[28]. Al respecto, MONTERO AROCA, indica que, aunque tradicionalmente el objetivo de la prueba era el «descubrimiento de la verdad», esto era solo un mito o quimera en materia de prueba y «la humildad ha exigido acabar con este mito»[29]. Indica el autor que la distinción entre clases de verdad «era y es absurda, pero fue sostenida por la doctrina (sobre todo la alemana) durante décadas y, especialmente permitió a los procesalistas penales diferenciar la prueba penal de la civil»[30].

Por lo que a la doctrina italiana respecta, Calamandrei, Carlelutti, Chovenda o Redendi no aceptan la distinción entre verdad material y verdad formal[31] porque, como muestra CARNELUTTI, «la verdad es como el agua: o es pura o no es verdad. Cuando la búsqueda de la verdad material está limitada de tal modo que ésta no pueda ser conocida en todo caso y con cualquier medio, el resultado, sea más o menos riguroso el límite, es siempre el de que no se trata ya de una búsqueda de la verdad material, sino de un proceso de fijación formal de hechos»[32]. Sentencia MONTERO AROCA que «el mito de la verdad formal fue destruido por Carnelutti, simplemente evidenciando que la verdad no puede ser más que una, de modo que, o la verdad formal coincide con la verdad material, y no es más que verdad, o discrepa de ella y no es sino una no verdad» sosteniendo que mantener la existencia de clases de verdades se debe a la persistencia de un mito y una doctrina que debiera estar superada, aunque los tribunales la utilicen en ocasiones[33]. CARNELUTTI no niega la teoría alemana, indica que si en un ordenamiento jurídico existen dos tipos de procesos para la fijación de hechos controvertidos, es posible que una vez se prueben «según la realidad y otras conforme a una fijación for-

---

26 JAMARDO LORENZO, Andrea, *La preconstitución de la prueba en el proceso penal*, *op. cit.*, p. 11.

27 *Idem*

28 *Idem*

29 MONTERO AROCA, Juan, «La prueba. Nociones generales (I)» *op. cit.*, pp. 217-218.

30 *Ibidem,* p. 219.

31 ALBALADEJO GARCÍA, Manuel, *Comentarios al Código Civil y compilaciones forales,* Edersa, vol. II, 1981, p. 8.

32 CARNELUTTI, Francesco, *La prueba civil,* Ediciones Depalma, Buenos aires, 1982, p. 25.

33 MONTERO AROCA, Juan, «La prueba. Nociones generales (I)» *op. cit.,* p. 219.

mal o convencional» y en este caso «una correcta construcción sistemática de la materia debe diferenciar fundamentalmente en este caso los dos tipos de proceso y puede asimismo utilizar para la distinción la antítesis metafórica entre verdad material y verdad formal»[34]. Al respecto, indica GUASP que Carnelutti ha revalorizado la tesis formalista con su obra *La prova civile* pues con ella se volvió al estudio de instituciones jurídicas que, parecían, superadas[35].

Como explica JAMARDO LORENZO, los clásicos italianos se alejan del pensamiento alemán e introducen el concepto de «hechos controvertidos» diferenciando así entre hechos no controvertidos (afirmados por la totalidad de las partes y que se tienen por ciertos), inexistentes (no se introducen por las partes y se tienen por inexistentes, aunque sean reales) y controvertidos (los hechos que son objeto de prueba y sobre los cuales el juez o tribunal deberá manifestarse en la sentencia)[36]. Sentencia la autora que los autores italianos no traen consigo una ruptura absoluta respecto del pensamiento alemán, sino que lo complementan reinterpretando los caracteres del proceso[37]. La doctrina actual italiana, con autores como TARUFFO, mantiene las ideas defendidas por sus predecesores y reitera la necesidad de que la prueba jurídica se someta a unas normas que impidan que los efectos probatorios obtenidos sin respeto a éstas puedan emplearse[38].

El concepto de prueba en la doctrina española, así como el que emplean los juristas prácticos tiene claras influencias italianas[39]. Pero, plantea GUASP DELGADO, nuestra ciencia procesal no dispone de estudios monográficos sobre prueba que aclaren cuestiones específicas que plantea nuestro derecho positivo como los realizados por Heusler o Carnelutti y nuestros autores siguen bebiendo de influencias de grandes obras «pero de concepción demasiado anticuada» como Betham, Ricci, Bonnier y Lessona o Mittermaier y Ellero en proceso penal[40]. Comparto con GÓMEZ COLOMER que nuestros jueces y tribunales quieren que triunfe la verdad con mayúsculas, pero admitir nuestras limitaciones de concepto como seres humanos sumadas a las de la propia estructura del proceso dan lugar a diferenciaciones menos absolutas como la que realiza el autor entre verdad y certeza[41]. Siendo la verdad un concepto absoluto, la certeza no lo es tanto y «lo que se quiere decir es que la prueba solo pretende comprobar si los hechos sucedieron tal y como los alega una parte»[42].

34 CARNELUTTI, Francesco, *La prueba civil, op. cit,* p. 23.

35 GUASP DELGADO, Jaime, «La prueba en el proceso civil español», *op. cit.*, p. 24.

36 JAMARDO LORENZO, Andrea, *La preconstitución de la prueba en el proceso penal, op. cit.*, p. 11.

37 *Ibidem,* p. 12.

38 TARUFFO, Michele, *La prueba de los hechos*, Trotta, 2002. pp. 327-346.

39 JAMARDO LORENZO, Andrea, *La preconstitución de la prueba en el proceso penal, op. cit.,* p. 13.

40 GUASP DELGADO, Jaime, «La prueba en el proceso civil español», *op. cit.*, p. 22-23.

41 GÓMEZ COLOMER, Juan Luis, «La prueba. Aspectos comunes», *op. cit.*, pp. 220-221.

42 *Idem*

II. La prueba en el proceso penal

El concepto de prueba se formula para la jurisdicción civil, y cuando definimos la prueba en el proceso penal, debemos partir del concepto civil y adaptar la definición a las características de la jurisdicción penal siendo la doctrina la que ha perfilado este concepto[43]. De entre éstas, tomaremos como definición la aportada por BARONA VILAR: «la prueba puede definirse como la actividad procesal, de las partes y del Juez, por la que se pretende lograr el convencimiento psicológico del juzgador acerca de la verdad de los datos allegados al proceso»[44]. Como norma general, solo será prueba la practicada el día del juicio oral siendo principios rectores de esta fase del procedimiento la oralidad y sus principios consecuencia: contradicción, inmediación y publicidad[45]. La prueba en fase de juicio oral debe practicarse con las garantías constitucionales y legales recogidas en nuestro ordenamiento: contradicción, inmediación, oralidad, y publicidad. De entre estas garantías, son las dos primeras las que nos interesan para dar respuesta a la pregunta de investigación. Siguiendo a la profesora BARONA VILAR[46] estas garantías se definen del siguiente modo[47]:

- La contradicción implica que el acusado deberá estar presente durante la actividad probatoria junto con su defensa letrada. Esta participación ha dado lugar a que el artículo 6.3d) CEDH y el artículo 14.3 PIDCP sentencien que toda persona acusada de un delito tiene derecho a interrogar o hacer interrogar a los testigos[48].
- La oralidad, y la inmediación como principio consecuencia[49], son dos principios que quedan limitados en la práctica de determinadas pruebas (piezas de convicción, informes periciales...) y el juzgador tiene acceso a través de la documentación que se presenta el día de la vista para las actuaciones que son irrepetibles[50].

La finalidad de la prueba es convencer al órgano judicial sentenciador (unipersonal o colegiado) de la existencia y tipicidad de los hechos imputados,

43 JAMARDO LORENZO, Andrea, *La preconstitución de la prueba en el proceso penal*, *op. cit.*, p. 16.

44 BARONA VILAR, Silvia, «La prueba» en *Proceso Penal* (coords. Juan Luis GÓMEZ COLOMER y Silvia BARONA VILAR), Tirant lo Blanch, Valencia, p. 403.

45 MONTERO AROCA, Juan, «Los principios del procedimiento» en *Derecho Jurisdiccional I*, Tirant lo Blanch, Valencia, 2017, p. 299.

46 BARONA VILAR, Silvia, «La prueba», *op. cit.*, pp. 408-409.

47 Esta cuestión se desarrollará en el apartado III.2 de este capítulo.

48 *Ibidem*, p. 408.

49 Refiere MONTERO AROCA que la inmediación, la concentración y la publicidad son tres principios consecuencia de la oralidad en: MONTERO AROCA, Juan, «Los principios del procedimiento», *op. cit.*, p. 298,

50 *Idem*

la posible concurrencia de circunstancias modificativas de la responsabilidad criminal, la pena a imponer y la posible responsabilidad civil[51]. Así, exigir que la prueba se practique en el juicio oral es de las mayores garantías que el sistema ofrece al encausado porque supone una necesaria separación entre fase de instrucción y fase de enjuiciamiento haciendo hincapié en que las diligencias no tienen valor probatorio «facilitando una vigencia real del derecho de defensa que, en caso contrario, se vería ampliamente desprestigiado»[52]. Por lo que respecta a la declaración de testigos, prueba que estudiaremos en esta monografía, ésta ha sufrido cambios para ir adaptando su regulación a los avances sociales y procesales[53].

1. Diferencia entre prueba y diligencia de investigación

Indica el artículo 299 LECrim: «constituyen el sumario las actuaciones encaminadas a preparar el juicio y practicadas para averiguar y hacer constar la perpetración de los delitos con todas las circunstancias que puedan influir en su calificación y la culpabilidad de los delincuentes, asegurando sus personas y las responsabilidades pecuniarias de los mismos». Parafraseando la STC 137/1988[54], la principal diferencia entre la diligencia de investigación y la prueba es la finalidad de éstas. Las diligencias de investigación son actos que buscan averiguar si se ha cometido el delito e identificar al delincuente y su finalidad «no es la fijación definitiva de los hechos para que éstos transciendan a la resolución judicial, sino la de permitir la apertura del juicio oral, proporcionando a tal efecto los elementos necesarios para la acusación y defensa y para la dirección del debate contradictorio atribuido al juzgador».

Observamos como el tribunal señala aquí una labor de investigación del órgano judicial que no podemos encontrar en el juicio oral al responder éste al principio acusatorio. En palabras del alto Tribunal, «frente al sistema inquisitivo precedente, introdujo en nuestro ordenamiento procesal los principios de publicidad, oralidad e inmediación, que en la actualidad no solo constituyen elementos consustanciales del sistema acusatorio en que se inscribe nuestro proceso, sino que tienen el valor que les otorga el reconocimiento constitucional efectuado en el art. 120.1 y 2 de la Norma fundamental».

51 Rodríguez Fernández, Ricardo, «Prueba preconstituida y prueba anticipada: análisis jurisprudencial», *Diario La Ley*, núm. 8487, 2015, p. 2.

52 Jamardo Lorenzo, Andrea, «La preconstitución de la prueba en el proceso penal», *Diario La Ley,* núm. 8906, 2017, p. 11.

53 Sánchez Rubio, Ana, «La toma de declaración a través de la cámara Gesell como medio para evitar la doble victimización», *Estudios Penales y Criminológicos*, núm. 42, 2022, p. 2.

54 STC 137/1988 (ECLI:ES:TC:1988:137).

Como indica CASTILLEJO MANZANARES, «se deben imponer limitaciones a la investigación de forma tal que se restrinja a las diligencias imprescindibles, evitándose por todos los medios que en el juicio se pueda tener presente cualquier actuación instructora, salvo que se trate de una prueba anticipada o de preconstitución probatoria»[55]. Pero no es posible entender el proceso penal como una dicotomía absoluta, así, coincido con RUIZ VADILLO que no puede entenderse la regla de que solo es prueba la practicada en juicio de una manera tan tajante que traiga consigo la negación de toda actividad probatoria previa realizada en diligencias policiales o sumariales, si estas son reproducidas en el juicio oral para, así, otorgarles la contradicción[56].

2. Búsqueda de la verdad en fase de instrucción y en fase de enjuiciamiento

Refiere muy acertadamente RODRÍGUEZ FERNÁNDEZ que el juicio oral no es «una reproducción hermética de las diligencias de investigación realizadas en fase instructora»[57]. La separación entre la fase de instrucción y la fase de enjuiciamiento o juicio oral busca garantizar que las garantías procesales del encausado no serán vulneradas, pues existe una diferencia entre los principios procesales (inquisitivo y acusatorio) que rigen cada una de las partes del proceso al tener diversas finalidades (investigar y probar)[58].

La regla general, por tanto, es que solo constituye prueba la practicada en el juicio oral al ser ésta la única fase que garantiza la contradicción y la inmediación, así como la oralidad y la publicidad. Pero esta regla admite excepciones (STS, 2.ª, 4 de mayo de 1995)[59] y, entre éstas, encontramos la preconstitución probatoria ya sea como prueba anticipada o como prueba preconstituida. No queda de más reiterar que, como la propia STS indica, son excepciones. Define la RAE la palabra excepción como «cosa que se aparta de la regla o condición general de las demás de su especie». La especie en este caso será la inmediación probatoria, es decir, que el juez o tribunal que deba fallar sea ante quién se practique la prueba suficiente e idónea, porque como insiste ASENCIO MELLADO, «no es una mera formalidad sino elemento esencial en el marco de un proceso penal que se autocalifica de acusatorio»[60].

---

55 CASTILLEJO MANZANARES, «Hacia un nuevo Proceso Penal: investigación y juicio de acusación», *Estudios penales y criminológicos*, núm. 29, 2009.

56 RUIZ VADILLO, Enrique, *Cuadernos de Derecho Judicial: La prueba en el proceso penal*, CGPJ, 1992, p. 66.

57 RODRÍGUEZ FERNÁNDEZ, Ricardo, «Prueba preconstituida y prueba anticipada», *op. cit.*, p. 2.

58 JAMARDO LORENZO, Andrea, «La preconstitución de la prueba en el proceso penal», *op. cit.*, p. 4.

59 STS, 7289/1995, de 4 de mayo de 1995 (ECLI:ES:TS:1995:7284).

60 ASENCIO MELLADO, José María, *Prueba prohibida y prueba preconstituida*, Trivium, Madrid, 1989, p. 179.

Una lectura del artículo 299 LECrim muestra la finalidad investigadora o inquisitiva del sumario. Si bien, y en coherencia con el derecho de defensa y la presunción de inocencia, a esto debería añadirse que esta preparación no siempre será fructuosa porque dependerá del resultado de las diligencias de investigación. Solamente se abrirá juicio oral si existen suficientes indicios para considerar la posible culpabilidad del encausado. Los principios del juicio oral son diferentes a los principios de la fase instructora, porque cada fase tiene unos objetivos y aplicar unos principios comunes perjudicaría el desarrollo de las diversas fases, siendo las garantías de la prueba sus propios principios rectores: oralidad, publicidad, contradicción e inmediación[61]. La prueba preconstituida puede tener estos principios también en el momento de su práctica ante el juez de instrucción y la reproducción en vídeo el día del juicio oral traería consigo la oralidad y la publicidad. La cuestión es si la inmediación y la contradicción pueden verse resentidas o restringidas para afectar al derecho de defensa.

3. Los principios de inmediación y contradicción, su razón de ser

La inmediación va más allá de la presencialidad. Implica que quién dicta la sentencia debe haber estado presente en la práctica de la prueba. Pero en materia penal hay supuestos en los que el ordenamiento jurídico indica que la ausencia de la inmediación no afecta a la validez de la actuación. Esta cuestión se suscitó cuando se comenzó a cuestionar la viabilidad de la testifical por medio de la videoconferencia (artículo 229.3 LOPJ). Las sentencias que se dictaron generaron una doctrina que sostiene que la videoconferencia no garantiza la contradicción. Por ejemplo, la STS 161/2015, de 17 de marzo[62], indica que «en el actual estado de cosas, el entendimiento histórico-convencional del principio de inmediación sigue siendo considerado un valor que preservar, sólo sacrificable cuando concurran razones que, debidamente ponderadas por el órgano jurisdiccional, puedan prevalecer sobre las ventajas de la proximidad física y personal entre las fuentes de prueba y el Tribunal que ha de valorarlas». Y refiere que la videoconferencia debe ser empleada con «cautelas que solo justificarían su empleo cuando se acreditara la concurrencia de razones de utilidad, seguridad, orden público o, con carácter general, la constatación de un gravamen o perjuicio para quien haya de declarar con ese formato». Casi diez años después, y una pandemia de por medio, la realidad social ha cambiado y, con ella, debería cambiar también la realidad jurídica.

61 JAMARDO LORENZO, Andrea, «La preconstitución de la prueba en el proceso penal», *op. cit.*, p. 4.

62 STS 161/2015, de 17 de marzo de 2015 (ECLI:ES:TS:2015:812).

Nuestro legislador siguió las pautas europeas. La Directiva 2014/41/CE regula en el artículo 24.5 a 7 las condiciones para utilizarla. Los textos europeos y nacionales recogen la posibilidad de que la videoconferencia se convierta en un instrumento por medio del cual poder practicar prueba, si bien se la considera una manera subsidiaria[63]. En este sentido, el artículo 731 bis LECrim «El tribunal, de oficio o a instancia de parte, por razones de utilidad, seguridad o de orden público, así como en aquellos supuestos en que la comparecencia de quien haya de intervenir en cualquier tipo de procedimiento penal como imputado, testigo, perito, o en otra condición resulte gravosa o perjudicial, y, especialmente, cuando se trate de un menor, podrá acordar que su actuación se realice a través de videoconferencia u otro sistema similar que permita la comunicación bidireccional y simultánea de la imagen y el sonido, de acuerdo con lo dispuesto en el apartado 3 del artículo 299 de la Ley Orgánica del Poder Judicial». Como indica nuestro Tribunal Supremo, «Además, el Estatuto de la Corte Penal Internacional aprobado en Roma el 17 de julio de 1998, cuya ratificación ha sido autorizada mediante LO 6/2000, de 4 de octubre (BOE de 5 de octubre de 2000) incorpora entre sus previsiones algunos preceptos que abren la puerta a la práctica de actos procesales conforme a las nuevas tecnologías»[64].

Un proceso penal acusatorio requiere de dos principios: la contradicción y la igualdad. La contradicción se manifiesta al configurar el proceso como medio dialéctico entre una pretensión y una resistencia[65]. La regla general es que solo es prueba aquella que se realiza en el juicio oral, pero tanto la jurisprudencia de nuestro Tribunal Constitucional como Tribunal Supremo matizan esta afirmación (la negrita es propia): «**los únicos medios de prueba válidos para desvirtuar la presunción de inocencia son los utilizados en el juicio oral y los preconstituidos que sean de imposible o muy difícil reproducción**, siempre que en todo caso se hayan observado las garantías necesarias para la defensa. **Esta segunda idea no debe entenderse en un sentido tan radical que conduzca a negar toda eficacia probatoria a las diligencias policiales y sumariales practicadas con las formalidades** que la Constitución y el ordenamiento procesal establecen en garantía de la libre declaración y defensa de los ciudadanos, sino que requieren para reconocerles esa eficacia que sean reproducidas en el acto de la vista en condiciones que permitan a la defensa del acusado someterlas a contradicción»[66].

63 BARONA VILAR, Silvia, *Algoritmización del Derecho y de la Justicia. De la Inteligencia Artificial a la Smart Justice*, Tirant lo Blanch, Valencia, 2021, p. 400.

64 STS 2163/2019, de 27 de junio de 2019 (ECLI:ES:TS:2019:2163); ATS 15488/2022, de 20 de octubre de 2022 (ECLI:ES:TS:2022:15488A).

65 ASENCIO MELLADO, José María, «El proceso penal con todas las garantías», *op. cit.*, p. 238.

66 STC 182/1989 (ECLI:ES:TC:1989:182).

El principio de contradicción parte de la necesidad de argumentar la oposición entre la acusación y la defensa para obtener la convicción que necesita el tribunal sentenciador y es consecuencia del clásico principio *audiatur et altera pars*[67]. Este principio se reconoce en un triple nivel: en el artículo 6 CEDH, en el artículo 24.2 CE y en la legislación ordinaria y se da en todas las fases del proceso, pero no con la misma fuerza, siendo en el juicio oral donde resulta imprescindible. En este sentido, MORENO CATENA, su vigencia debe darse en la identificación del material probatorio, en el control de la formación de las pruebas y en el debate de las pruebas[68].

Recién instaurada la democracia, reflexionaba ORTELLS RAMOS respecto de la función de la prueba en juicio: «Según una postura, la práctica de la prueba en el juicio tiene la función propia y autónoma de convencer al Tribunal de los hechos aportados por la acusación y la defensa, reservándose al sumario una función subordinada, en el doble sentido de proporcionar datos para la aportación de hechos e indicación de las fuentes de prueba y de servir, en supuestos excepcionales, para sustituir la práctica imposible de un medio de prueba; según la otra posición, la práctica de la prueba en el juicio tiene una función correctora y complementaria de la investigación sumarial, de lo que deriva que esta última es, por principio, apreciable junto a la prueba del juicio para dictar sentencia»[69]. Esta segunda concepción recuerda al sistema inquisitivo y resulta difícil de conciliar con el sistema acusatorio que la LECrim buscaba implantar.

La necesidad de una contradicción total y de que únicamente sea prueba aquella que se practica en el juicio oral (inmediación) surge como ruptura con el sistema procesal penal anterior[70]. Consecuentemente, la prácticamente absoluta restricción de la prueba a aquélla que se practica el día de la vista tenía sentido en su momento. Porque, como indica VEGAS TORRES, los tribunales seguían fallando conforme a los materiales proporcionados en el sumario y el TS avalaba esa práctica alegando que los folios del sumario eran prueba documental y ni siquiera era necesaria su lectura en el acto de juicio[71]. A título de ejemplo, en STS, sala segunda, de 10-11-72[72] sostiene el tribunal que «no puede pretenderse, salvo caso de contradicciones entre lo

67 ASENCIO MELLADO, José María, *Prueba prohibida y prueba preconstituida*, *op. cit.*, p. 164.

68 MORENO CATENA, Víctor y CORTÉS DOMÍNGUEZ, Valentín, *Derecho Procesal Penal*, Tirant Lo Blanch, Valencia, 2023, p. 414.

69 ORTELLS RAMOS, Manuel, «Eficacia probatoria del acto de investigación sumarial. Estudio de los artículos 730 y 714 de la Ley de Enjuiciamiento Criminal», *Revista General de Derecho*, 1980-1981, p. 1393.

70 Al respecto, puede leerse: BARONA VILAR, Silvia, *Proceso penal desde la historia*, Tirant lo Blanch, Valencia, 2017.

71 VEGAS TORRES, Jaime, «La presunción de inocencia y el escenario de la prueba penal», *Persona y Derecho*, núm. 55, 2006, p. 748.

72 STS, de 10 de noviembre de 1972.

manifestado en el juicio oral y lo contenido en tales folios, su lectura al Tribunal, pues supone su repetición innecesaria e innocua de la prueba que los folios contengan, supone ordinariamente una pérdida de tiempo, que a nada conduce, como no sea a la dilatación innecesaria del juicio».

No obstante, la doctrina científica mayoritaria de entonces sí que diferenciaba entre actos de investigación y probatoria. Afirmaba HERCE QUEMADA «los elementos recogidos en el sumario no pasan, con alguna salvedad, como definitivos al juicio oral [...] los medios de investigación del instructor no son verdaderas pruebas (salvo los supuestos de prueba anticipada practicada en el sumario)»[73]. GOMEZ ORBANEJA sentenciaba que precisamente porque en instrucción «no pasa al juicio absolutamente nada como adquirido» se podía prescindir de los principios de publicidad y contradicción. PIETRO CASTRO y GUTIÉRREZ DE CABIEDES denominan a los actos de investigación «base de la acusación provisional, pero nada más»[74]. El sector minoritario[75] al que se refiere ORTELLS RAMOS se situaba en sintonía con las tesis jurisprudenciales del momento y previas a la famosa STC 31/1981[76] y justificaban la validez de las investigaciones sumariales en la búsqueda de la verdad material o el uso del artículo 726 LECrim para que el sumario acceda al juicio como prueba documental[77].

Pero, en contra del TS y de los tribunales menores de la época, es de justicia reconocer que la jurisprudencia del TC siempre tuvo claro que prueba solo es la producida en el juicio oral al ser este el «único momento procesal en que está asegurado que la producción de la prueba va a tener lugar en condiciones de plena vigencia de las garantías esenciales de oralidad, contradicción, inmediación y publicidad»[78]. Y a mediados de los años noventa el TS adopta esta línea. Pero no solo ellos, «los tribunales penales de instancia han asumido también las exigencias del derecho a la presunción de inocencia y no se producen ya, al menos con la frecuencia con la que sucedía en los años anteriores, condenas basadas exclusivamente en el sumario y con desprecio de la prueba del juicio oral»[79]. Esta doctrina hoy en día sigue vigente y observamos como sentencias más recientes siguen citando las primeras sen-

73 GÓMEZ ORBANEJA, Emilio y HERCE QUEMADA, Vicente, *Derecho procesal penal*, Artes Gráficas y Ediciones S.A., Madrid, 1986.

74 PRIETO-CASTRO, Leonardo y GUTIÉRREZ DE CABIEDES, Eduardo, *Derecho Procesal Penal*, Madrid, 1989, p. 223.

75 Entre otros: QUINTANO RIPOLLÉS, SÁEZ JIMÉNEZ, JIMÉNEZ ASENJO y SILVA MENERO.

76 STC 31/1981 (ECLI:ES:TC:1981:31).

77 VEGAS TORRES, Jaime, «La presunción de inocencia y el escenario de la prueba penal», *op. cit.*, p. 751.

78 *Ibidem*, p .752.

79 *Ibidem*, p .762.

tencias del TC (entre otras: STC 31/1981, 161/1990, 283/1994, 328/1994)[80], que refieren las diligencias de instrucción no pueden constituir prueba de cargo, son actos de investigación con una finalidad diferente que es preparar el juicio oral de acuerdo con lo indicado en el artículo 299 LECrim. En el mismo sentido, el TS comienza a estimar recursos basándose en denegación de la prueba por reproducción de sumariales[81] y esta doctrina sigue vigente y se emplea en sentencias actuales.

Tras el punto de inflexión que supuso la STC 31/1981, el mismo tribunal cinco años después, en STC 80/1986[82], indicó que la regla general de que solo sea prueba la que se practica en el juicio oral admite excepciones que deberán ser interpretadas restrictivamente. Son estas excepciones las que trataremos de explorar a lo largo de la investigación, teniendo en cuenta los avances técnicos y en conocimiento y entendimiento de víctimas, así como la realidad social de nuestro Estado de derecho tras casi cincuenta años de democracia frente a la realidad en el momento en que ORTELLS RAMOS firmaba las líneas previamente transcritas, dos años después de la entrada en vigor de nuestra Constitución. Vaya por delante que considero que tanto el legislador, la doctrina científica y el TC hicieron bien restringiendo la prueba solamente a la que sucede el día del juicio oral porque buscaban acabar con los excesos de épocas pasadas (investigaciones secretas, inquisitivas, testigos anónimos, deficiente contradicción de las pruebas por parte de la defensa...) pero que es momento de replantearse otras formas de contradicción e inmediación apoyándonos en los avances de las TICs y de la victimología. Afirma VARONA MARTÍNEZ que la victimología «como interés académico, ha ido más allá de las disciplinas de la Psicología, el Derecho, la Criminología o la Sociología, para incluir la Historia, la Pedagogía, la Educación social, el Trabajo social, las Ciencias de la Información y Comunicación, las Ciencias ambientales, la Enfermería, la Medicina, la Antropología, la Ciencia política, la Filosofía, la Neurociencia, las Matemáticas, la Estadística, la Economía e incluso las Artes»[83]. Y son estos saberes los que deben incluirse en la deci-

---

80 STC 31/1981 (ECLI:ES:TC:1981:31), STC 161/1990 (ECLI:ES:TC:1990:161), STC 283/1994 (ECLI:ES:TC:1994:283), STC 328/1994 (ECLI:ES:TC:1994:328).

81 STS Roj:12157/1989, de 14 de marzo de 1989 (ECLI:ES:TS:1989:12157), STS Roj: 12032/1989, de 21 de abril de 1989 (ECLI:ES:TS:1989:12032), STS Roj: 7982/1989, de 28 de abril de 1989 (ECLI:ES:TS:1989:7928), STS Roj: 13319/1990, de 26 de marzo de 1990 (ECLI:ES:TS:1990:13319), STS Roj: 3927/1990, de 23 de mayo de 1990 (ECLI:ES:TS:1990:3927), STS Roj: 14952/1990, de 28 de junio de 1990 (ECLI:ES:TS:1990:14952), STS Roj: 16313/1990, de 27 de septiembre de 1990 (ECLI:ES:TS:1990:16313), ATS Roj: 2357/1990, de 31 de octubre de 1990 (ECLI:ES:TS:1990:2357A); STS Roj: 7803/1990, de 31 de octubre de 1990 (ECLI:ES:TS:1990:7803).

82 STC 80/1986 (ECLI:ES:TC:1986:80).

83 VARONA MARTÍNEZ, Gema María, «La enseñanza académica de la Victimología en el mundo», *Revista de Victimología,* núm. 6, 2007, p. 110.

sión respecto de la preconstitución probatoria, porque el Derecho cambia y avanza junto con los descubrimientos científicos y el saber acumulado.

La necesidad de romper con el pasado que hemos visto en tantas ocasiones a lo largo de la historia reciente —y no tan reciente— se observa también en los principios sobre los que se construye este nuevo proceso penal ya en los inicios constitucionales. Y fue necesario que el legislador afirmase tan tajantemente que solamente sería prueba aquella que se realizara en el juicio oral por la contradicción, pero también por la publicidad como medio de control de un poder que no había conocido cortapisas.

Pero cuarenta y cinco años después de las palabras del profesor ORTELLS RAMOS, con un proceso penal garantista perfectamente asentado, con unas técnicas de grabación del sonido y de la imagen que no existían en los inicios constitucionales y con la ciencia de la victimología mucho más desarrollada, considero que es el momento de abrir la caja de pandora respecto del uso de la prueba preconstituida y, garantizando siempre el derecho de defensa como derecho básico recogido tanto en textos nacionales (artículo 24 CE) como internacionales (por todos: artículo 6 CEDH), valorar la posibilidad de emplear la prueba preconstituida en víctimas en cualquier situación de vulnerabilidad (al respecto, deberá indicarse vía legislativa y jurisprudencialmente qué se entiende por vulnerabilidad y cómo puede ser probado) para evitar una victimización secundaria generada por el sistema de justicia y también para asegurar que el testimonio que recibe el juzgado sentenciador es lo más cercano posible a aquello que realmente ocurrió. Y es que no debemos olvidar que «la ley procesal, desde el plano de la racionalidad, entre otras cosas debe ser coherente e instrumental o funcionalmente válida. [...] La funcionalidad, entendida como adecuación a los fines, implica, teniendo en cuenta estos, que permite una actuación de la ley en el caso particular, la tutela efectiva de los derechos interesados, a través de la formulación de decisiones justas»[84].

Como VEGAS TORRES hace constar, la LECrim en su exposición de motivos enumeró los «vicios capitales» del procedimiento anterior a ésta y menciona que la propia naturaleza de las cosas, caducas, sumada a la lógica del sistema inquisitivo previo, nuestros jueces dieron poca importancia a las pruebas practicadas en el plenario llegando a formar su juicio con el resultado de las diligencias sumariales[85]. Solamente «un proceso informado por principios dialécticos, que garanticen la contradicción y la igualdad entre las partes, un proceso respetuoso con los derechos fundamentales, especialmente el de defensa —pilar del contradictorio y definidor por excelencia del concepto

---

84 COLMENERO GUERRA, José Antonio, «Ciudadanía y Justicia. Eficacia y legitimidad de la administración de justicia», *Nuevas Políticas Públicas. Anuario multidisciplinar para la modernización de las Administraciones Públicas*, 2009, p. 124.

85 VEGAS TORRES, Jaime, «La presunción de inocencia y el escenario de la prueba penal», *op. cit.*, p. 745.

mismo de proceso— es susceptible de proporcionar la verdad»[86] siendo que el sistema general de la LECrim se sustenta en el principio general de producción de la prueba el día del juicio oral[87].

En este sentido se ha pronunciado el TS para negar la reproducción de la testifical de los menores, con la legislación previa a la LO 8/2021: «Es sobre la base del principio de contradicción sobre lo que se construye el debate sobre este dilema acerca de si los menores deben reproducir su declaración en el plenario cuando se preconstituyó su prueba, ya que este derecho se ubica sobre el derecho de defensa de la persona acusada. Y es que, como apunta la mejor doctrina, **por más que en la prueba preconstituida se garantizase la contradicción, se trata de una contradicción limitada y no equivalente a la propia del juicio oral. La plena contradicción sólo es posible en el juicio oral, pues sólo en ese momento se dispone de la hipótesis acusatoria formalizada** y se conoce el contenido de los elementos investigativos empleados para construirla, así como el listado de los medios de prueba propuestos para verificarla. La contradicción en la prueba sumarial preconstituida es de distinta clase, pues se produce cuando existe una simple inculpación, generalmente vaga, por cuanto el acto investigativo esencial tanto para delimitar debidamente dicha inculpación como para apoyarla tendrá lugar precisamente en este acto de preconstitución. No se conocen aun, por ello, el resultado de otras diligencias de investigación que se practicarán en el futuro, ni, en consecuencia, datos o circunstancias relevantes cuya introducción en el interrogatorio del menor podría haber resultado relevante»[88] (La negrita es propia).

Observamos como los jueces piden que toda actividad probatoria sea realizada en el juicio oral como reacción al proceso inquisitivo previo a la constitución. Tiene lógica esta petición, pero en la actualidad con los medios electrónicos, nuestro conocimiento sobre la victimología y el EVD considero que podemos iniciar el debate sobre preconstituir determinadas testificales si mantenemos su visionado y contradicción en el juicio oral bajo determinados requisitos. Siendo mi objetivo el de romper una lanza a favor de la prueba preconstituida, también soy consciente de las limitaciones que tiene practicar un interrogatorio en fase investigadora porque solo con la panorámica completa podemos preguntar todo y no será hasta el día de la vista que dispongamos de toda la información necesaria. La cuestión de fondo deberá dar respuesta a los siguientes interrogantes: ¿qué sucede si las preguntas de la defensa no varían tras la investigación?, y, en el caso de introducirse nuevas cuestiones, ¿sería posible hacer referencia a éstas sin necesidad de un segundo interrogatorio?, ¿es capaz la defensa de mostrar las contradicciones

86 Asencio Mellado, José María, «El proceso penal con todas las garantías», *op. cit.*, p. 236.

87 Vegas Torres, Jaime, «La presunción de inocencia y el escenario de la prueba penal», *op. cit.*, p. 746.

88 STS 579/2019 de 26 de noviembre de 2019 (ECLI: ES:TS:2019:3857).

del primer interrogatorio respecto del resto de pruebas e indicios sin necesidad de sentar a la víctima vulnerable otra vez en el banquillo?, ¿justifica la protección del vulnerable en el proceso penal la renuncia a la contradicción directa el día de la vista?, ¿permite la tecnología reinterpretar el principio de contradicción por medio del visionado de la declaración sumarial ante el juez de instrucción y realizada como prueba preconstituida?

III. Especial referencia a la prueba testifical: la reina destronada

Refiere ETXEBARRIA GURIDI que, tradicionalmente, la prueba reina en el proceso civil era el documento porque, normalmente, se preconstituye la relación jurídica material con carácter previo (por si surge un conflicto en la relación entre las partes), pero como en el proceso penal no existe relación jurídico material previa entre las partes, el protagonismo correspondía a la testifical. Esto era «tradicionalmente» porque comparto con el autor que con la proliferación de las diligencias y pruebas tecnológicas y científicas la testifical ha perdido fuerza y deja la declaración de la víctima en un segundo plano[89]. Comparto con SÁNCHEZ RUBIO, una de las pruebas que de manera más precisa aporta y contribuye al proceso en la búsqueda y obtención de la verdad es la pericial de carácter científico. En concreto, con un 99,99 % de fiabilidad, la prueba de ADN se ha ganado el calificativo de «prueba reina» y reemplazado a la testifical[90]. Es cierto que la tipicidad delictiva de aquellos casos en los que se preconstituye prueba hace que suceda en la semiclandestinidad y la víctima sigue constituyendo la única o principal prueba de cargo. En este contexto, debemos pedirle al ordenamiento que articule «adecuados mecanismos jurídicos que garanticen que la efectividad en la persecución y sanción de tales hechos no ha de serlo a costa de un absoluto desprecio de los derechos de las víctimas»[91].

El avance de la ciencia nos trae buenas y malas noticias. La mala noticia es que ha podido comprobarse que la memoria[92] no es una cámara de

89 ETXEBERRÍA GURIDI, José Francisco, «Protagonismo probatorio de la víctima en el proceso penal: inconvenientes y ¿posibles soluciones? (al hilo del Convenio de Estambul)», *Revista Boliviana de Derecho*, núm. 33, 2022, p. 328.

90 SÁNCHEZ RUBIO, Ana, «El uso del test P300 en el proceso penal español: algunos aspectos controvertidos», *Revista Electrónica de Ciencia Penal y Criminológica*, 2016, p. 19.

91 ETXEBERRÍA GURIDI, José Francisco, «Protagonismo probatorio de la víctima en el proceso penal: inconvenientes y ¿posibles soluciones? (al hilo del Convenio de Estambul)», *op. cit.*, p. 239.

92 Refiere VARONA MARTÍNEZ, «si la memoria es selectiva, podemos preguntarnos cuál es su relación con la verdad. La diferencia entre verdad y memoria estriba en el cuándo: la verdad es conocimiento (histórico, judicial, o mediante comisiones de verdad) de la victimización y la memoria supone su reconocimiento. Algunas víctimas consideran la memoria

vídeo que reproduzca sin variación, y las veces necesarias, un hecho y que los recuerdos están en continua transformación por procesos de deterioro fruto del paso del tiempo y por interferencias de informaciones ajenas. «El indicio cognitivo (el recuerdo) se deteriora transcurrido un plazo de tiempo, y se reconstruye cada vez que el testigo (víctima o imputado) recuerda los hechos, con la posibilidad de que contamine con información del entorno, las preguntas formuladas, los medios de comunicación o los comentarios de otros»[93]. Junto con esto, entran otras variables a considerar como el posible estrés postraumático y la victimización secundaria[94]. Las buenas noticias son que los avances tecnológicos hacen, por un lado, que la prueba testifical, pierda su categoría de «reina» que sostuvo durante muchísimo tiempo y, por otro lado, que pueda practicarse de manera preconstituida con las garantías de los artículos 449 bis, 449 ter y 777 LECrim. Podemos afirmar que la prueba testifical ha sido destronada por las pruebas científicas.

Refiere DÖHRING muy acertadamente que el relato del testigo exige, *per se*, un sano escepticismo[95]. La psicología ha estudiado el poder de un recuerdo y, conforme pasa el tiempo, éste se va alejando de la verdad material o real. El testigo olvida algunos detalles y otros detalles los une a los sentimientos que le causó el hecho que se investiga o juzga[96]. Consecuentemente, la capacidad de reproducir exactamente los recuerdos y las percepciones va disminuyendo conforme se interroga al declarante porque se le fuerza repetidamente a recordar lo vivido, haciendo que se entremezclen sus recuerdos del suceso con sus impresiones de anteriores tomas de declaración[97].

Los testigos, a veces, hacen uso de atajos mentales para recordar cuestiones concretas que el tiempo habría terminado por borrar siendo que la propia memoria tiende a crear puentes mnemónicos para acordarse, es decir, recurren a un hecho extrínseco para mantener la memoria de un determinado recuerdo[98] (recuerdo que ese día llovía porque fue el día que falleció

---

tan importante como otras formas de justicia vinculadas a los tribunales». VARONA MARTÍNEZ, Gema María, «El concepto de memoria desde la victimología: cinco conclusiones provisionales sobre las relaciones entre memoria, justicia y políticas. Victimales en las dinámicas de graves victimizaciones ocultas, directas e indirectas», *Eguzkilore,* núm. 28, 2014, p. 192.

93 SOTOCA, Andrés; MUÑOZ, José Manuel; GONZÁLEZ, José Luis y MANZANERO, Antonio L., «La prueba preconstituida en casos de abuso sexual infantil: aportaciones desde la psicología jurídica», *La Ley Penal*, núm. 102, 2013, p. 4

94 Trataremos estas cuestiones en el capítulo III.

95 DÖHRING, ERICH, *La prueba. Su práctica y apreciación*, *op. cit.*, p. 93.

96 SOTOCA, Andrés; MUÑOZ, José Manuel; GONZÁLEZ, José Luis y MANZANERO, Antonio L., «La prueba preconstituida en casos de abuso sexual infantil: aportaciones desde la psicología jurídica», *op. cit.,* p. 4.

97 DÖHRING, ERICH, *La prueba. Su práctica y apreciación, op. cit.*, p. 98.

98 *Ibidem,* p. 99.

mi abuela, era martes porque iba de camino a clase de yoga, fue el 11 de febrero de 2024 porque ese día mi hijo cumplió dos años) y otras veces son incapaces de contestar a preguntas concretas porque, como testigo ajeno al proceso, ha olvidado un hecho que no le resultó importante en su vida o porque, como víctima-testigo sufre estrés post traumático, ha rememorado el recuerdo reescribiéndolo en su cabeza, entre otras situaciones.

La psicología parece indicar que el testimonio más fiable sería el ofrecido en instrucción, por estar más próximo en el tiempo al día que sucedió y menos contaminado por actos externos que forman parte del proceso. Además, hoy en día las técnicas de grabación, si se realizan conforme a lo dispuesto en el artículo 449 bis LECrim, pueden ser reproducidas el día del juicio oral y dar lugar a una suerte de contradicción indirecta donde el abogado de la defensa puede poner en duda las declaraciones de la víctima. Así, comparto plenamente la tesis de MUERZA ESPARZA[99], y es que en el caso de víctimas vulnerables solamente debería hacerse que volvieran a declarar en el caso de que hechos nuevos o de nueva noticia modifiquen, en cierto modo, las preguntas que puede hacer el abogado de la defensa siendo que deberá ser el tribunal sentenciador el que deberá valorar si es necesario llamar de nuevo a la víctima o si no lo es. Esto enlaza, además, con la eficiencia procesal[100] que, si bien no debe ser principio del proceso penal, es una cuestión a tener en cuenta.

La contaminación en los recuerdos se acentúa en testigos vulnerables, por el paso del tiempo o en sucesos muy mediáticos y no es posible recuperar los recuerdos originales cuando se registran transformados en la memoria ni existen pruebas válidas para someter a examen la credibilidad del testimonio[101]. Al respecto, STS 632/2014: «**la psicología del testimonio nos advierte sobre la mayor permeabilidad del testimonio de los menores al influjo de preguntas sugestivas.** El menor tiene menos recursos para sustraerse a la tendencia tanto de dar la razón al adulto interrogador cuando percibe gestos de asentimiento o de complacencia con su declaración, como de retractarse cuando percibe que sus respuestas no son del agrado de quien le entrevista. Está muy inclinado a ajustarse a la versión que espera que ofrezca» continúa la sentencia «la técnica del interrogatorio de un menor requiere ciertas habilidades de las que normalmente carecen los profesionales del ámbito forense. Debe primarse la narración libre en los primeros momentos y ser muy escrupuloso para expulsar cualquier atisbo de sugerencia o sobreentendidos. **Cuando el primer inte-**

99 MUERZA ESPARZA, Julio, «Sobre los límites a la prueba preconstituida en el proceso penal», *Revista General de Derecho Procesal*, núm. 39, 2016, p. 22.

100 Real Decreto-ley 6/2023, de 19 de diciembre, por el que se aprueban medidas urgentes para la ejecución del Plan de Recuperación, Transformación y Resiliencia en materia de servicio público de justicia, función pública, régimen local y mecenazgo.

101 SOTOCA, Andrés; MUÑOZ, José Manuel; GONZÁLEZ, José Luis y MANZANERO, Antonio L., «La prueba preconstituida en casos de abuso sexual infantil: aportaciones desde la psicología jurídica», *op. cit.*, p. 4.

rrogatorio del menor no se ajusta a los parámetros deseables puede quedar contaminada la prueba: el menor repetirá la versión que ha adquirido a sus ojos el marchamo de versión «oficial», la que satisface las expectativas que el investigador ha depositado en él» (la negrita es propia).

Los menores y los mayores no percibimos el tiempo del mismo modo y la demora en la toma de decisiones judiciales puede tener efectos adversos en la evolución de los niños y por ello debería darse prioridad a estos procedimientos para ultimarlos en el menor tiempo posible[102]. Así, como indicó el Defensor del Pueblo, la posible victimización secundaria no puede ser el único dato para avalar la nueva solución legal de preconstitución de la prueba en menores porque preconstituyendo evitamos difuminar la huella de la memoria y, por tanto, una mayor calidad del testimonio que también beneficia los derechos del acusado[103].

La preconstitución de la prueba puede traer consigo ventajas. Al respecto, el TS alude a razones «no sólo victimológicas sino epistémicas» que aconsejan dicha práctica, ya que se elude el riesgo de empobrecimiento de los testimonios ocasionado por el transcurso del tiempo o de contaminación, a los que se muestran especialmente permeables los testimonios de niños de corta edad»[104]. Suscribo plenamente las palabras de Arangüena Fanego al afirmar que preconstituir la prueba no solo reduce la victimización secundaria, también evita el empobrecimiento de los testimonios por el paso del tiempo o la contaminación que sufren, sobre todo, los de menores de corta edad y discapacitados[105]. Como indican los datos del CGPJ, la primera instancia penal dura entre 11 y 15 meses[106]. La preconstitución probatoria contribuiría, por tanto, a evitar la victimización secundaria (tutela de la víctima vulnerable) y obtener un testimonio más cercano a la verdad material o certeza (defensa del acusado y derecho a un juicio justo). La misma policía judicial practica pruebas preconstituidas cuando en el ámbito de las diligencias policiales de prevención o informativas existen razones de urgencia que imposibilitan la intervención de la autoridad judicial y quedan reconocidas en nuestro ordenamiento jurídico por la recogida urgente del denominado cuerpo del delito[107]. Tenemos ampliamente aceptadas una serie de pruebas

102 Martínez García, Clara y Del Moral Blasco, Carmela, *Guía para la evaluación y determinación del interés superior del menor,* Save the Children, 2017, p. 14.

103 Defensor del Pueblo, *Estudio sobre La escucha del menor, víctima o testigo*, mayo, 2015, p. 45.

104 STS 579/2019 de 26 de noviembre de 2019 (ECLI: ES:TS:2019:3857).

105 Arangüena Fanego, Coral, «Declaración de personas vulnerables y preconstitución de la prueba en el proceso penal», *Revista Brasileira de Direito Processual Penal*, vol. 8, núm. 3, 2022, p. 1097.

106 https://www.poderjudicial.es/cgpj/es/Temas/Transparencia/Estimacion-de-los-tiempos-medios-de-duracion-de-los-procedimientos-judiciales/.

107 Gimeno Sendra, Vicente, «La prueba preconstituida de la policía judicial», *Revista Catalana de Seguretat Pública*, 2010, p. 39.

preconstituidas, pero no sucede lo mismo con la testifical. En esta monografía se propone que valoremos la aceptación de la preconstitución testifical de la víctima vulnerable basándonos en los avances de la tecnología audiovisual y el mayor conocimiento de la ciencia de la victimología.

1. Prueba preconstituida y prueba anticipada

Sentadas las bases de la prueba, en los últimos apartados del capítulo trataremos las excepciones a la regla general de que solo es prueba la practicada en el juicio oral. Nos referimos, por tanto, a la prueba preconstituida y la prueba anticipada. Así, estudiaremos, por un lado, su regulación actual y, por otro lado, las ventajas que traería consigo el uso de este instrumento procesal. Comparto con Álvarez Buján que nuestra LECrim no ofrece una regulación de la prueba preconstituida y anticipada adaptada a la realidad del siglo XXI y resulta «parca y confusa, amén de desordenada»[108]. Si bien, antes de continuar, considero que es necesario distinguir entre aquellos actos que son irrepetibles de manera «estructuralmente congénita» (una intervención telefónica, un secuestro de comunicaciones) y otra irrepetibilidad por un efecto sobrevenido pero que afecta a casos que son reproducibles como los interrogatorios o careos[109].

Definiremos la prueba preconstituida en el sentido en que lo realiza el sector mayoritario y que ha consolidado nuestra jurisprudencia[110]. La diferencia principal entre la prueba preconstituida y la prueba anticipada es ante quién se celebrará su práctica. La prueba preconstituida se practica con todas las garantías del derecho de defensa ante el juez instructor y se puede hacer valer como prueba de cargo tras su lectura o reproducción el día de la vista. La prueba anticipada se realiza por el mismo tribunal que celebrará el plenario, pero con anterioridad al inicio de las sesiones de la vista[111]. Al respecto, Nieva Fenoll refiere que carece de sentido distinguir entre prueba anticipada y preconstituida porque no debería generar ninguna consecuencia práctica la diferencia entre ambas ya que, para el autor, «se trata simplemente de actuaciones probatorias, de mayor o menor entidad y consideración, que se celebran antes de la fase de práctica de la prueba»[112].

---

108 Álvarez Buján, María Victoria, «Reflexiones críticas en torno a la prueba en el proceso penal español: especial referencia a la prueba preconstituida y a la prueba anticipada», *Boletín de Información*, Gobierno de España, núm. 2180, 2015, p. 33.

109 Asencio Mellado, José María, *Prueba prohibida y prueba preconstituida*, *op. cit.*, p. 172.

110 Arangüena Fanego, Coral, «Declaración de personas vulnerables y preconstitución de la prueba en el proceso penal», *op. cit.*, p. 1104.

111 Magro Servet, Vicente, «Preceptividad de la práctica de la prueba preconstituida con víctimas en el proceso penal», *La Ley Penal*, núm. 92, p. 3.

112 Nieva Fenoll, Jordi, «La prueba preconstituida: un concepto erróneo e imposible», *Diario La Ley*, núm. 10532, 2024, p. 9.

Define Muerza Esparza la prueba anticipada como aquella que el órgano jurisdiccional encargado del enjuiciamiento realiza en un momento anterior al inicio del juicio oral, pero con las mismas reglas y principios de publicidad, contradicción e inmediación. En cambio, en la prueba preconstituida la práctica se realiza ante el órgano de instrucción «con lo cual la inmediación desaparece al menos como inmediación espaciotemporal y queda reducida a la percepción del soporte en que aquella se documente»[113]. Así, la prueba preconstituida trae causa en diligencias cuya repetición el día del juicio oral es imposible por razón de su naturaleza (la inspección del lugar del crimen o el levantamiento de cadáver) o prevé una reproducción difícil por razones que, aunque no se deben a la naturaleza de la prueba, permiten anticipar la dificultad de su práctica el día del juicio (la testifical de testigo con enfermedad terminal o de avanzada edad)[114].

Pero la diferencia no siempre es tan clara. Iglesias Canle considera «absurdo adjetivar con el participio preconstituida el sustantivo prueba pues una actividad no se puede preconstituir. Lo que sí se puede es dejar constancia de que se ha realizado y el modo como se ha hecho, en un soporte apto para albergar datos (documentos, fotos, vídeos, etc.) pero ello no es cosa distinta a la creación de una fuente de prueba»[115]. Nieva Fenoll la denomina «simple invento solamente terminológico»[116]. Refiere Magro Servet que la prueba preconstituida con todas las garantías a veces ha sido denominada «anticipada en sentido impropio» (STS 626/2016)[117] para dejar así el término de «preconstituida» solamente a las diligencias sumariales que, por razón de su naturaleza (levantamiento de cadáver, inspección ocular, análisis de drogas), son de imposible repetición en el juicio. Con independencia de la terminología que quiere emplearse, aquí se encuentran las testificales que en fase sumarial se prevé que su repetición el día de la vista será imposible o difícil por razones ajenas a la naturaleza de la prueba[118]. Simplifica la situación Nieva Fenoll proponiendo que únicamente se hable de práctica probatoria de manera previa o anticipada a su momento procesal, pero no de «preconstitución» porque la palabra parece indicar que intenta asegurar un determinado resultado siendo que no es cierto, porque los datos que se desprendan de la preconstituida (una entre-

113 Muerza Esparza, Julio, «Sobre los límites a la prueba preconstituida en el proceso penal», *op. cit.*, p. 2.

114 *Ibidem,* p. 3.

115 Iglesias Canle, Inés Celia, «La denominada prueba pericial preconstituida. La nueva redacción del art. 788.2 LECrim», *Actualidad jurídica Aranzadi,* núm. 605, 2003, p. 1.

116 Nieva Fenoll, Jordi, «La prueba preconstituida: un concepto erróneo e imposible», *op. cit.*, p. 4.

117 STS 686/2016, de 26 de julio de 2016 (ECLI:ES:TS:2016:3920).

118 Magro Servet, Vicente, «Preceptividad de la práctica de la prueba preconstituida con víctimas en el proceso penal», *op. cit.*, p. 7.

vista, una exploración o un interrogatorio), podrán ser relevantes o irrelevantes dependiendo del valor que le otorgue en juez sentenciador[119].

Adelantando la pregunta de investigación, ¿sería posible considerar la victimización secundaria[120] como razón que haga que la prueba sea de «difícil» reproducción el día de la vista? Las reglas de Brasilia nos responden afirmativamente si incluimos el factor vulnerabilidad. Si acudimos a la regla número 37, ubicada en el capítulo II sobre acceso a la justicia y defensa de derechos se pronuncia en los siguientes términos sobre la práctica de la prueba anticipada: «Se recomienda la adaptación de los procedimientos para permitir la práctica anticipada de la prueba en la que participe la persona en condición de vulnerabilidad, para evitar la reiteración de declaraciones, e incluso la práctica de la prueba antes del agravamiento de la discapacidad o de la enfermedad. A estos efectos, puede resultar necesaria la grabación en soporte audiovisual del acto procesal en el que participe la persona en condición de vulnerabilidad, de tal manera que pueda reproducirse en las sucesivas instancias judiciales».

Indica ÁLVAREZ BUJÁN que una nueva regulación óptima en la materia se sustentaría en la idea de restringir la preconstitución a la irrepetibilidad de la diligencia y la anticipación a la imposibilidad de practicarla en el momento procesal oportuno pues, de lo contrario, se podría invertir la regla general y la excepción «llegando a desvirtuarse el principio acusatorio y peligrando con ello el derecho a la tutela judicial efectiva recogido en el artículo 24 de la CE»[121]. Me encuentro parcialmente conforme con esta afirmación pues creo que la victimología debe jugar un papel en la preconstitución probatoria. En cambio, sí que estoy conforme con la autora cuando indica que la preconstituida y la anticipada no pueden basarse en la máxima de celeridad y economía procesal porque esto no justificaría una merma de derechos y garantías del justiciable. Tampoco cabe su preconstitución basándonos en el interés público en la persecución de delitos, como parece indicar la AP Barcelona en sentencia de 19 de marzo de 2015[122], porque este principio deberá subordinarse a la proporcionalidad y, consecuentemente, al derecho de defensa que es garantía de un Estado democrático y de derecho[123]. No obstante, una lectura en profundidad de la sentencia nos muestra que no era éste su único argumento para justificar la preconstitución probatoria

---

119 NIEVA FENOLL, Jordi, «La prueba preconstituida: un concepto erróneo e imposible», *op. cit.*, p. 10.

120 Esta cuestión ha sido definida someramente en la introducción al ejercicio (pie de página número 1) y se desarrollará en el capítulo III apartado I.3.

121 ÁLVAREZ BUJÁN, María Victoria, «Reflexiones críticas en torno a la prueba en el proceso penal español: especial referencia a la prueba preconstituida y a la prueba anticipada», *op. cit.*, p. 40.

122 Esta sentencia será explicada en el próximo apartado.

123 *Ibidem*, p. 50.

de una declaración de víctima extranjera[124]. Porque el derecho de defensa no está defendiendo al acusado, está defendiendo la democracia.

2. Contradicción e inmediación, ¿dónde quedan?

La contradicción garantiza la igualdad de armas para evitar la indefensión como manifestación del artículo 24 CE y la inmediación es presupuesto que debe conducir la práctica de la prueba para garantizar el contacto directo del juzgador con los sujetos y objeto procesales[125]. La concentración y la publicidad son el complemento para el cumplimiento del principio de inmediación porque la publicidad protege de una justicia que escape de la fiscalización de lo público (STEDH 8 de diciembre de 1983 caso Axen)[126] y la concentración busca que el juez tenga una percepción próxima a las pruebas con las que deberá dictar sentencia[127].

Para que las diligencias practicadas durante la instrucción tengan validez como prueba de cargo, la jurisprudencia ha reiterado en diversas ocasiones que deben cumplir una serie de requisitos. Además, el día del juicio oral se deberá leer el acta o reproducir la grabación audiovisual conforme a lo indicado artículo 730 LECrim pues solo así se «posibilita que su contenido acceda al debate procesal público y se someta a confrontación con las demás declaraciones de quienes sí intervinieron en el juicio oral»[128]. Por todas, la STS 579/2019 refiere las normas para enervar la presunción de inocencia: «según reiteradísima jurisprudencia del TC[129] y de esta Sala sólo son válidas para enervar la presunción de inocencia, como regla general, las pruebas practicadas en el juicio oral, aunque se admiten excepciones que permiten conferir validez como prueba de cargo a la prueba preconstituida en fase sumarial bajo ciertos **presupuestos y requisitos:** a) **Materiales:** que exista una **causa legítima** que impida reproducir la declaración en el juicio oral b) **Subjetivos:** la necesaria **intervención del Juez de Instrucción** c) **Objetivos:** que se garantice la posibilidad de **contradicción,** para lo cual ha de haber sido convocado el abogado del imputado, a fin de que pueda participar en el interrogatorio sumarial del testigo y d) **Formales:** la introducción del contenido de la declaración sumarial a través de la lectura del acta en que se documenta, conforme a lo ordenado por el art. 730 LECrim, o a través de

124 Esta cuestión se desarrollará en el capítulo 2, apartado II.1.2.

125 *Ibidem* 5, p. 12.

126 Asunto Axen c. Alemania, 8 de diciembre de 1983 (Demanda núm. 8273/78).

127 Álvarez Buján, María Victoria, «Reflexiones críticas en torno a la prueba en el proceso penal español: especial referencia a la prueba preconstituida y a la prueba anticipada», *op. cit.*, p. 13.

128 Muerza Esparza, Julio, «Sobre los límites a la prueba preconstituida en el proceso penal», *op. cit.*, p. 3.

129 Por todas: STC 94/2002 (ECLI:ES:TC:2002:94).

los interrogatorios, o si la disponibilidad de medios tecnológicos lo permite, mediante el visionado de la grabación de la diligencia, lo que posibilita que su **contenido acceda al debate procesal público y se someta a confrontación** con las demás declaraciones de quienes sí intervinieron directamente en el juicio oral»[130] (La negrita es propia).

Con anterioridad a la LO 1/2021 nuestro TS ha sostenido que principio de contradicción y derecho de defensa no pueden desplazarse «por el simple hecho de que la víctima sea un menor de edad, esto es, la presencia de un niño en el proceso no permite un debilitamiento de las garantías procesales» (SSTS 598/2015 14 de octubre; 579/2019 26 de noviembre, entre otras)[131]. Esta situación, como se verá en el capítulo III, cambió tras la reforma legislativa que trajo consigo la preconstitución de la prueba de los menores de edad. Con la prueba preconstituida es cierto que el principio de inmediación sufre un cierto retroceso dando lugar a una «inmediación de segundo grado»[132]. Además, el menor que practica la prueba preconstituida lo hace ante el juez instructor, siendo que éste no está sujeto al principio de intervención mínima que rige en el juicio oral y su intervención puede ser más inquisitiva pues ambos actos se rigen por principios diversos. Al respecto, refiere SÁNCHEZ MELGAR, si la intervención judicial resulta «muy intensa» sería posible solicitar al tribunal sentenciador la presencia en juicio oral del testigo[133].

Así, para dar una respuesta a la pregunta que abre este apartado, considero que la contradicción y la inmediación no se ven restringidas hasta el punto de negar el derecho de defensa porque, como puede leerse en la STS arriba citada, son necesarios una serie de requisitos para la preconstitución de la prueba y el último de éstos «d) formales» garantiza la inmediación porque el juez o tribunal sentenciador tendrá acceso al visionado de la declaración en fase de instrucción y la contradicción porque el abogado de la defensa podrá mostrar las contradicciones de la práctica de la prueba testifical del mismo modo que hace respecto de la pericial, por ejemplo. En este punto, considero que la tecnología actual ha reinterpretado la inmediación y la contradicción. No se muestra optimista respecto de la regulación YUST ESCOBAR: «Si bien la nueva redacción pudiera pensarse supone un avance en la protección a la víctima de tal modo que se plasma en la norma legal lo que anteriormente carecía de base para ello, somete el mecanismo a la evitación de la doble victimización, en la evitación de graves perjuicios a la víctima dada su falta de madurez, lo que entiende podrá restringir

130 STS 579/2019 de 26 de noviembre de 2019 (ECLI: ES:TS:2019:3857).

131 STS 598/2015, de 14 de octubre de 2015 (ECLI:ES:TS:2015:4426); STS 579/2019 de 26 de noviembre de 2019 (ECLI: ES:TS:2019:3857).

132 SÁNCHEZ MELGAR, Julián, «Prueba preconstituida en las declaraciones de los menores y discapacitados, tras la LO 8/2021», *La Ley derecho de familia*, núm. 32, 2021, p. 16.

133 *Idem.*

en el futuro la preconstitución del testimonio de la víctima y ofrecerá armas a la defensa para impugnar este método de práctica»[134].

Al fin y al cabo, como indica Asencio Mellado «no es posible ofrecer en esta materia soluciones universales y rotundas, sino que, por el contrario, el problema ha de trasladarse a determinar bajo qué condiciones o supuestos podrían alcanzar (las diligencias del ministerio fiscal o la policía judicial) un determinado valor probatorio»[135]. Estos supuestos son, precisamente, a los que tratamos de dar respuesta en el trabajo de investigación.

3. Marco normativo e interpretación jurisprudencial

Los motivos para la excepción de la inmediación probatoria están tasados en la LECrim. En este apartado enumeraremos aquellos motivos que la propia ley dispone como excepción a la inmediación probatoria y reflexionaremos sobre otros supuestos en los que se podría también excepcionar. Más adelante, en el último capítulo, estudiaremos la preconstitución de los menores de edad como víctimas vulnerables como modelo de preconstitución probatoria y los vaivenes jurisprudenciales hasta la reforma LO 1/2021.

Encontramos referencias a la prueba preconstituida en fase instructora en el procedimiento ordinario en los artículos 446, 448, 449, 449 bis y 449 ter LECrim. El artículo 448 LECrim indica que, en caso de que el testigo —tras la prevención del artículo 446 LECrim de informar al testigo por parte del LAJ de su obligación de comparecer para declarar de nuevo ante el tribunal competente para el enjuiciamiento cuando se le cite y que, en caso de no hacerlo puede ser castigado con una multa o, incluso, incurrir en responsabilidad criminal— no pueda acudir a declarar el día del juicio oral por 1) ausentarse del territorio nacional y/o 2) concurrencia de motivo racional para temer su muerte o incapacidad es posible la práctica de la prueba preconstituida. Pero esta excepcionalidad de la prueba, además, está sujeta a los requisitos establecidos en el artículo 499 bis LECrim, y es que debe realizarse garantizando el principio de contradicción. En correlación con lo previamente indicado, el artículo 449 LECrim refiere que, si existe peligro inminente de muerte del testigo, se le recibirá declaración con urgencia «aunque el procesado no pudiese ser asistido de Letrado». Por lo que respecta al artículo 449 ter LECrim éste será estudiado junto con su homónimo en la fase instructora del procedimiento abreviado.

El artículo 449 bis LECrim indica que «la ausencia de la persona investigada debidamente citada no impedirá la práctica de la prueba preconstituida, si bien su defensa letrada, en todo caso, deberá estar presente». Pero la jurisprudencia del TEDH ha ido más allá y ha aceptado pruebas preconstituidas sin defensa

134 Yust Escobar, Joaquín, «La protección de la víctima en el Estatuto aprobado por Ley 4/2015 de 27 de abril», *Cuadernos Digitales de Formación*, núm. 47, 2016, p. 38.

135 Asencio Mellado, José María, *Prueba prohibida y prueba preconstituida*, *op. cit.*, p. 162.

letrada cuando ésta fue citada correctamente y no apareció por causa no imputable al órgano instructor. Por todas, Asunto Gani c. España[136]. En este caso, el demandante alega una vulneración de su derecho a la defensa al no haber podido interrogar a la víctima que, además, era la única testigo en su contra en relación con una lista de delitos por los que fue condenado, con excepción de la falsedad documental. El caso trae causa en una denuncia efectuada por la expareja y madre del hijo del ahora demandante ante el TEDH por los delitos de lesiones, secuestro y violación. Tras la denuncia, el señor Gani fue arrestado en el aeropuerto del Prat de Llobregat (Barcelona) con documentación falsa que iba a utilizar para salir del país. Sin intención de entrar en cuestiones penales sustantivas, la crudeza del relato de la víctima, secuestrada por su expareja y violada en repetidas ocasiones por diversas personas de las cuales solo pudo identificarse a la expareja, dificultó —a causa de un estrés post traumático— que prestase declaración, nuevamente, en el juicio oral. Como indica Bellido Penadés es el conocimiento del acto el que le ofrece la posibilidad de defender su derecho o interés y la incomparecencia teniendo conocimiento de la notificación es la que justificaría la resolución inaudita parte[137].

La Audiencia Provincial de Barcelona (2006) intentó hasta en dos ocasiones llevar a cabo esta declaración y, ante la imposibilidad de la víctima de declarar respecto de los hechos indicó en sentencia que era la segunda vez que intentaba, sin éxito, una declaración que ya tuvo que «suspender —por igual incapacidad narrativa— el acto del juicio oral y en el que ordenó un tratamiento psicológico para la víctima, habiendo sido confirmado el acierto en la percepción del Tribunal por un efectivo proceder terapéutico, que no permitió sin embargo superar el impedimento inicial. La persistencia de la situación del testigo con ocasión del nuevo señalamiento y el hecho de que el fracaso terapéutico descrito no permitiera configurar un pronóstico de mejora a corto plazo (se trata de un proceso en el que el acusado se encuentra en prisión preventiva), motivaron la decisión final de declarar la imposibilidad de reproducción del testimonio en el acto del juicio, no sin antes abordar —quizá hasta el exceso— el intento de culminar la colaboración probatoria inicialmente prevista». Continúa la Audiencia refiriendo que los esfuerzos para la práctica de la prueba no fueron fructuosos y, por ello, como alternativa, la Audiencia ordenó que las declaraciones tomadas en fase de las diligencias fueran leídas en voz alta. Esta lectura, con la contradicción que trajo el poder replicar aquellas cuestiones de la declaración que el abogado de la defensa considerase afectaban a los intereses de su cliente, fue suficiente para condenar por secuestro y violación al señor Gani. La sentencia fue confirmada por el Tribunal Supremo.

136 Asunto Gani c. España, 19 de febrero de 2013 (Demanda núm. 61800/08).

137 Bellido Penadés, Rafael, «Cuestiones fundamentales sobre el proceso penal por delitos leves», *Revista General de Derecho Procesal*, núm. 43, 2017, p. 44; Bellido Penadés, Rafael, *Derecho de Defensa y principio acusatorio en el juicio por faltas*, Dykinson, Madrid, 2012.

Como previamente indicaba, resulta interesante porque da un paso más en la preconstitución de la prueba y acepta la declaración de la testigo-víctima sin contradicción porque el abogado del señor Gani fue debidamente convocado durante las diligencias de investigación y no se presentó ni justificó su ausencia. Y, por tanto, no afecta al derecho de defensa una mala actuación del administrado pues los poderes públicos le ofrecieron la oportunidad de contradicción, que se entiende rechazada con su ausencia injustificada. Además, la AP intentó hasta en dos ocasiones realizar la testifical de la víctima. La primera vez, ordenó un reconocimiento médico para descartar que fingiera un estrés postraumático y, al comprobar que era real, la segunda vez intentó la declaración con la asistencia de los profesionales oportunos. El señor Gani acude al TEDH por la alegada violación del artículo 6 CEDH, apartados 1 y 3 d), que indican que toda persona tiene derecho a que su causa sea oída públicamente, así como a interrogar o hacer interrogar a los testigos que declaren en su contra. El gobierno español insistió en que el primer abogado del demandante fue debidamente convocado por el juzgado de instrucción número 5 de Gavà y que ni se presentó ni justificó su ausencia. Y aquí está la clave, pues el propio TEDH ha reiterado en diversas sentencias «*impossibilium nulla obligatio est*»[138] y, si no puede achacarse falta de diligencia a las autoridades nacionales, la indisponibilidad de la testigo no puede interrumpir un proceso. En el mismo sentido lo entendió la AP de Barcelona, cuando optó por la lectura de las declaraciones que se realizaron en sede instructora porque el autor de los hechos estaba en prisión provisional y se debía dar una respuesta definitiva a esta situación cautelar.

Nos encontramos frente a artículos del siglo XIX y, por ello, la jurisprudencia ha interpretado esta normativa para que sea acorde con la realidad social en que debe ser aplicada (artículo 3 CC) y señala como situaciones excepcionales la de testigo fallecido, testigo en paradero ignorado, en el extranjero y cuando, aun existiendo tratados internacionales de cooperación judicial, la comparecencia no pueda realizarse. En estos casos admite el uso del artículo 730 LECrim como indica, entre otras, en la STS 1072/2009, de 9 de noviembre[139]. Así, aceptando la prueba preconstituida, no se hace depender el ejercicio del *ius puniendi* estatal del azar o de actos de las partes que pudieran dejar sin efecto el trabajo realizado por el órgano instructor siendo el nuestro «un sistema que pondera adecuadamente tanto la necesidad social de protección de bienes jurídicos esenciales, como el haz de garantías frente a posibles abusos a los ciudadanos, con independencia de su posición, ha de

138 En el mismo sentido: No obstante, *impossibilium nulla obligatio est*; siempre y cuando que no se pueda acusar a las Autoridades de falta de diligencia en sus esfuerzos en conceder al demandado la oportunidad de interrogar a los testigos en cuestión, la indisponibilidad de los testigos, como tal no es óbice para interrumpir el proceso (Asunto Artner c. Austria, 28 de agosto de 1992 (Demanda núm. 13161/87; Asunto Z. c. Letonia, 24 de enero de 2008 (Demanda núm. 14755/03).

139 STS 1072/2009, de 9 de noviembre de 2009 (ECLI:ES:TS:2009:6734).

estar en condiciones de hacer valer la seriedad de lo actuado por los órganos encargados de la represión penal, siempre que lo actuado haya sido con pleno respeto a aquellas garantías»[140].

Respecto del testigo en el extranjero, traer a colación el ATS 1353/2007[141] en el que el recurrente alega una introducción irregular de las diligencias para poder leer en juicio oral el testimonio de testigos que debían volver a su país de origen al haber entrado ilegalmente en territorio español en una barca que conducía el recurrente. Al respecto, el juez instructor practicó la prueba anticipada porque, si bien, a fecha de juicio oral todavía no habían sido expulsados del país, era previsible que estando indocumentados fuera difícil su cita para acudir el día del juicio oral. Del visionado de la prueba, se observa como en sus declaraciones, en presencia del ministerio fiscal y de la intérprete de la lengua *wolof*, señalan que quienes patroneaban son quienes promueven recurso de casación. Es cierto que no se cumple estrictamente el requisito de «ausentarse del territorio nacional» pero el TS realiza una interpretación teleológica del artículo y de la decisión de juzgado de instrucción y, dado que las declaraciones previas se prestaron con las garantías de la prueba preconstituida, inadmite el recurso. Así, la cobertura legal da lugar a una interpretación del tribunal acorde a las circunstancias particulares de los testigos sin reducir las garantías de los acusados, que tuvieron la opción de contradicción tanto en fase de instrucción por medio de la prueba preconstituida como el día del juicio oral con el visionado de la prueba. Además, no era previsible que la declaración de ambos testigos cambiase porque se está enjuiciando una situación en la que difícilmente aparecerán hechos nuevos o de nueva noticia para los testigos.

Por lo que respecta a la regulación en fase de juicio oral, queda recogida en los artículos 703 bis, 707, 714, 730 de la LECrim. Así, el artículo 703 bis LECrim nos indica como proceder en juicio: si en fase de instrucción se ha practicado la prueba preconstituida, se reproduce en la vista sin que sea necesaria la presencia del testigo y, solo con carácter excepcional, interesado por alguna parte y considerado necesario en resolución motivada puede repetirse. Considero situación excepcional un hecho nuevo que no se conocía cuando se interrogó al testigo porque la instrucción tiene un carácter indagatorio. Conocer este hecho podría dar lugar a una modificación de las circunstancias que podría requerir de su presencia en juicio. Otro supuesto que traería consigo la repetición de la prueba preconstituida, se desprende de la lectura del propio artículo y sería que la prueba en instrucción no reúna los requisitos necesarios. Además, fuera de estos supuestos, el articulo 707 LECrim indica que en el caso del menor de 18 años o la persona con capacidad modificada necesitada de especial protección su declaración se llevará a cabo cuando resulte necesaria, pero se tratará de impedir aquellos perjuicios

140 STS 1072/2009, de 9 de noviembre de 2009 (ECLI:ES:TS:2009:6734).

141 ATS 1353/2007, de 12 de julio de 2007 (ECLI:ES:TS:2007:9322A).

innecesarios evitando la confrontación visual, siendo que el último inciso del artículo sostiene que estas medidas se aplicarán también a otras víctimas cuya evaluación derive en la necesidad de medidas de protección.

Además, en referencia a procedimientos especiales, los artículos 777 (procedimiento abreviado) y 797 (juicios rápidos) LECrim incluyen pequeñas modificaciones. Así, de acuerdo con lo indicado en el artículo 758 LECrim, la regulación sobre la prueba preconstituida «se acomodará a las normas comunes de esta Ley, con las modificaciones consignadas en el presente Título». Respecto del menor de edad, estudiaremos conjuntamente los artículos 777 y 449 ter LECrim, por ser más completa la redacción que el legislador ha incorporado en el articulado del proceso abreviado. Ambos artículos indican expresamente que, para un conjunto de delitos que enumera, «una persona menor de catorce años o una persona con discapacidad» tendrá siempre prueba preconstituida, remitiendo el artículo 777 al artículo 449 ter, en coherencia con el artículo 758 LECrim.

Prueba preconstituida en el PO	Prueba preconstituida en el PA
Artículo 449 ter: Cuando una persona **menor de catorce años o una persona con discapacidad necesitada de especial protección** deba intervenir en condición de testigo en un procedimiento judicial que tenga por objeto la instrucción de un delito de homicidio, lesiones, contra la libertad, contra la integridad moral, trata de seres humanos, contra la libertad e indemnidad sexuales, contra la intimidad, contra las relaciones familiares, relativos al ejercicio de derechos fundamentales y libertades públicas, de organizaciones y grupos criminales y terroristas y de terrorismo, la autoridad judicial acordará, **en todo caso, practicar la audiencia del menor como prueba preconstituida**, con todas las garantías de la práctica de prueba en el juicio oral y de conformidad con lo establecido en el artículo anterior. Este proceso se realizará con todas las garantías de accesibilidad y apoyos necesarios.	**Artículo 777**: 1. El Juez ordenará a la Policía Judicial o practicará por sí las diligencias necesarias encaminadas a determinar la naturaleza y circunstancias del hecho, las personas que en él hayan participado y el órgano competente para el enjuiciamiento, dando cuenta al Ministerio Fiscal de su incoación y de los hechos que la determinen. Se emplearán para ello los medios comunes y ordinarios que establece esta Ley, con las modificaciones establecidas en el presente Título. 2. Cuando, por razón del lugar de **residencia de un testigo o víctima, o por otro motivo,** fuere de temer razonablemente que una prueba no podrá practicarse en el juicio oral, o pudiera motivar su suspensión, el Juez de Instrucción practicará inmediatamente la misma, asegurando en todo caso la posibilidad de contradicción de las partes.

La autoridad judicial podrá acordar que la audiencia del menor de catorce años se practique a través de equipos psicosociales que apoyarán al Tribunal de manera interdisciplinar e interinstitucional, recogiendo el trabajo de los profesionales que hayan intervenido anteriormente y estudiando las circunstancias personales, familiares y sociales de la persona menor o con discapacidad, para mejorar el tratamiento de los mismos y el rendimiento de la prueba. En este caso, las partes trasladarán a la autoridad judicial las preguntas que estimen oportunas quien, previo control de su pertinencia y utilidad se las facilitará a las personas expertas. Una vez realizada la audiencia del menor, las partes podrán interesar, en los mismos términos, aclaraciones al testigo. **La declaración siempre será grabada** y el Juez, previa audiencia de las partes, podrá recabar del perito un informe dando cuenta del desarrollo y resultado de la audiencia del menor. Para el supuesto de que la persona investigada estuviere presente en la audiencia del menor se evitará su confrontación visual con el testigo, utilizando para ello, si fuese necesario, cualquier medio técnico. Las medidas previstas en este artículo podrán ser aplicables cuando el delito tenga la consideración de leve.	Dicha diligencia deberá documentarse en **soporte apto para la grabación y reproducción del sonido y de la imagen** o por medio de acta autorizada por el Secretario judicial, con expresión de los intervinientes. A efectos de su valoración como prueba en sentencia, la parte a quien interese deberá instar en el juicio oral la reproducción de la grabación o la lectura literal de la diligencia, en los términos del artículo 730. 3. Cuando una persona menor de catorce años o una persona con discapacidad necesitada de especial protección deba intervenir en condición de testigo, será de aplicación lo dispuesto en el artículo 449 ter, debiendo la autoridad judicial practicar prueba preconstituida, siempre que el objeto del procedimiento sea la instrucción de alguno de los delitos relacionados en tal artículo. A efectos de su valoración como prueba en sentencia, la parte a quien interese deberá instar en el juicio oral la reproducción de la grabación audiovisual, en los términos del artículo 730.2.

(La negrita es propia)

Como apunta MUERZA ESPARZA, parece que el legislador ha regulado la prueba preconstituida de manera más amplia en el proceso abreviado porque en las causas que motivan la aplicación de la preconstituida se indica «por razón del lugar... o por otro motivo» y porque la documentación de la preconstituida está más desarrollada, al referirse al acta autorizada por el LAJ en un soporte apto para grabar y reproducir imagen y sonido[142]. Mantiene esta misma redacción el artículo 797.2 LECrim respecto de los juicios

142 MUELA ESPARZA, Julio, «Sobre los límites a la prueba preconstituida en el proceso penal», *Revista General de Derecho Procesal,* núm. 39, 2016, p. 4

rápidos[143]. MAGRO SERVET tilda de ineficaz la redacción del artículo 777.2 LECrim por las pocas opciones que ofrece para acordar este tipo de prueba. Se circunscribe únicamente a aquellos supuestos en los que la prueba no se puede celebrar, pero no especifica cuáles, sin admitir expresamente que la negativa de la víctima o que las circunstancias concretas del caso así lo aconsejen proponiendo que se generalice la necesidad «a todas las víctimas, sean mayores o menores de edad»[144].

En sentencia de 10 de marzo de 2009, el TS refiere que el artículo 777 LECrim con la nueva fórmula suma la residencia del testigo fuera del territorio nacional, pero indicando «por otro motivo» no precisa ni limita qué otros motivos pueden dar lugar a que se tema razonablemente que no podrá practicarse la prueba y apunta la dificultad de acotar «la imposibilidad» a la que se refiere el artículo. Si acudimos a la tradicional inclusión desde 1882 del artículo 448 son tres los motivos: muerte, incapacidad y ausencia de la península, al que deberemos sumar «cualquier otro motivo»[145].

La residencia o «cualquier otra causa» asemejan a los artículos 448 y 449 LECrim, pero, en este caso sí que están tasados: imposibilidad de concurrir por estar fuera del territorio nacional o motivo para temer su muerte o incapacidad. Es en el «cualquier otra causa» donde podría abrirse el debate para valorar la aplicación de la prueba preconstituida en víctimas vulnerables en relación con el artículo 26 del EVD que indica que con los menores de edad, las víctimas con discapacidad necesitadas de especial protección y las víctimas de violencia sexuales se adoptarán «medidas que resulten necesarias para evitar o limitar, en la medida de lo posible, que el desarrollo de la investigación o la celebración del juicio se conviertan en una nueva fuente de perjuicios para la víctima del delito» indicando, entre otras, la grabación de las declaraciones para que puedan ser reproducidas en el juicio oral con las condiciones que determine la LECrim.

La cuestión que requiere de respuestas sería si haciendo uso del «cualquier otro motivo» del artículo 777 LECrim podría entenderse la vulnerabilidad y la necesidad de evitar una revictimización secundaria motivo suficiente para la práctica de la prueba preconstituida. Así, comparto con MAGRO SERVET, en atención a los cambios sociales, debería adaptarse la ley porque 1) «residencia en el extranjero» impone una imposibilidad que tuvo lógica en la redacción primigenia de la LECrim pero que no deviene en obstáculo insalvable a día de hoy con la asistencia recíproca entre estados y las nuevas tecnologías

143 Cuando, por razón del lugar de residencia de un testigo o víctima o por otro motivo, fuere de temer razonablemente que una prueba no podrá practicarse en el juicio oral, o pudiera motivar su suspensión, el Juez de guardia practicará inmediatamente la misma asegurando, en todo caso, la posibilidad de contradicción de las partes.

144 MAGRO SERVET, Vicente, «Preceptividad de la práctica de la prueba preconstituida con víctimas en el proceso penal», *op. cit.*, p. 5.

145 *Idem*

y 2) «consecuencias psíquicas y morales para la víctima» como valor incorporado al derecho positivo, entre otros, en el EVD, abre la puerta al legislador a que pondere, como indicó la STS 151/2007[146], «el derecho del acusado pero también el derecho del menor a la protección de su libre desarrollo de la personalidad y la protección de la infancia»[147].

146 STS 151/2007, de 28 de febrero de 2007 (ECLI:ES:TS:2007:1585).

147 MAGRO SERVET, Vicente, «Preceptividad de la práctica de la prueba preconstituida con víctimas en el proceso penal», *op. cit.*, pp. 5-6.

CAPÍTULO II

EL DERECHO DE DEFENSA DEL ACUSADO

I. El derecho a un juicio justo *(due process)*

Me gustaría iniciar este segundo capítulo con una reflexión de YÁÑEZ VELASCO respecto del ordenamiento jurídico. El ordenamiento se explica por su función práctica y «solo es instrumento para la convivencia [...] cuando encaja en el concepto de Estado social y democrático»[148]. Define PÉREZ DAUDÍ el proceso como «el punto de encuentro de la acción y de la jurisdicción» siendo su objetivo «formar el juicio jurisdiccional. Por ello es necesario que responda a una serie de garantías para asegurar la correcta formación del juicio jurisdiccional»[149]. Indica BARONA VILAR que al proceso penal garantista la doctrina y los textos legales lo han denominado «proceso debido» pero este término lo denomina la autora como «un oxímoron» porque «al incorporarle el término debido pareciera como si fuera posible hablar del proceso debido y el que no es debido; es decir, no es posible entender otro proceso que no sea el pertinente, adecuado y debido para garantizar a los ciudadanos su derecho a la Justicia (aquí sí, debida)»[150].

Sostengo que derecho de defensa del investigado o acusado y tutela judicial efectiva del vulnerable no son conceptos antagónicos, sino que nuestro proceso penal debe encontrar el equilibrio entre ambos. Porque «no se trata de sacrificar los derechos de la parte pasiva del proceso penal ni de poner trabas a la satisfacción del interés público en la realización del derecho penal. Se trata de que los sistemas de justicia penal implanten todos los medios

---

148 YÁÑEZ VELASCO, Ricardo, «Érase una vez, un Estado de Derecho», *Diario La Ley*, núm. 9068, 2017, p. 1.

149 PÉREZ DAUDÍ, Vicente, «La transformación digital de la justicia civil» en *Digitalización de la justicia: prevención, investigación y enjuiciamiento* (LLORENTE SÁNCHEZ ARJONA y CALAZA LÓPEZ, dirs) Aranzadi, Pamplona, 2022, p. 462.

150 BARONA VILAR, Silvia, *Proceso penal desde la historia, op. cit.*, pp. 529-530.

necesarios para alcanzar un justo equilibrio entre todos los derechos e intereses que confluyen en el proceso»[151]. Solo así nuestro proceso podrá garantizar, por un lado, que las víctimas vulnerables no queden desprotegidas tras denunciar ante un sistema deshumanizado que les exige una mayor cooperación de la que es coherente esperar y, por otro lado, que los derechos del investigado o acusado no se vean vulnerados.

Derecho de defensa y presunción de inocencia son derechos básicos de las partes en el proceso que encontramos recogidos tanto a nivel nacional como internacional.

Artículo 24 CE	Artículo 48 CDFUE	Artículo 6 CEDH
1. Todas las personas tienen derecho a obtener la tutela efectiva de los Jueces y Tribunales en el ejercicio de sus derechos e intereses legítimos, sin que, en ningún caso pueda producirse indefensión 2. Asimismo, todos tienen derecho al Juez ordinario predeterminado por la ley, a la defensa y a la asistencia de letrado, a ser informados de la acusación formulada contra ellos, a un proceso público sin dilaciones indebidas y con todas las garantías, a utilizar los medios de prueba pertinentes para su defensa, a no declarar contra sí mismos, a no confesarse culpables y a la presunción de inocencia. La ley regulará los casos en que, por razón de parentesco o de secreto profesional, no se estará obligado a declarar sobre hechos presuntamente delictivos.	1. Todo acusado se presume inocente mientras su culpabilidad no haya sido declarada legalmente. 2. Se garantiza a todo acusado el respeto de los derechos de la defensa.	2. Toda persona acusada de una infracción se presume inocente hasta que su culpabilidad haya sido legalmente declarada. 3. Todo acusado tiene, como mínimo, los siguientes derechos: (...) c) a defenderse por sí mismo o a ser asistido por un defensor de su elección y, si no tiene medios para pagarlo, poder ser asistido gratuitamente por un Abogado de oficio, cuando los intereses de la justicia lo exijan.

151 Arangüena Fanego, Coral, «Declaración de personas vulnerables y preconstitución de la prueba en el proceso penal», *op. cit.*, p. 1122.

Nuestra constitución reconoce el derecho de defensa desde una doble vertiente: en el artículo 24.1 prohíbe la indefensión y en el artículo 24.2 sentencia que todos tienen derecho a la defensa[152]. Así, en el apartado primero el artículo está haciendo referencia al derecho a la tutela judicial efectiva de la ciudadanía cuando reclaman de la intervención judicial para su salvaguarda y en el apartado segundo se hace referencia a «la vertiente pasiva de la defensa, como repulsión o reacción frente a una agresión ya producida en el marco de un proceso» siendo que la doctrina normalmente emplea esta segunda concepción[153]. Siguiendo a MORENO CATENA, esta doble vertiente trae consigo un doble mandato. Un mandato al legislador para que remueva todos los obstáculos que impidan o disminuyan la eficacia del proceso y un mandato a los intérpretes de la ley (jueces y tribunales) que deberán aplicar las leyes de la forma más favorable a la defensa y los derechos de los ciudadanos en el marco del proceso[154]. Así, aun siendo esencial el derecho a la tutela judicial efectiva, el derecho de defensa «se ha entendido tradicionalmente desde la perspectiva del sujeto pasivo, como reacción a la agresión que supone el ejercicio de la acción ante los tribunales»[155].

Lo cierto es que en nuestra constitución no encontramos la referencia expresa al *Due process of Law* (debido proceso), pero tras su lectura sí que observamos reconocido el derecho a un proceso con todas las garantías que, como indica GÓMEZ COLOMER, «opera como clave de bóveda del sistema de principios del proceso penal, de manera que acoge en su seno a todos los demás principios, aun cuando todos ellos tengan entidad propia, y sirve para dar fuerza constitucional a aquellos otros que vayan desarrollándose con el avance del Derecho (y de la vida) y no tengan una cobertura legal específica todavía»[156]. El derecho a un juicio justo, «aunque conectado en su finalidad con el derecho a la defensa y no sufrir indefensión se erige en derecho fundamental autónomo, estructural e instrumental al principio de igualdad de las partes»[157].

Con redacciones más o menos extensas, observamos como tanto nuestra constitución como los textos internacionales en la materia parten de dos ideas básicas que debe respetar cualquier proceso penal de un Estado social

152 MORENO CATENA, Víctor, «Algunos problemas del derecho de defensa», *La reforma del proceso penal*, II Congreso de Derecho Procesal de Castilla y León. Madrid: Ministerio de Justicia, Centro de Publicaciones, 1989, p. 451.

153 MORENO CATENA, Víctor, «Algunos problemas del derecho de defensa», *op. cit.*, p. 451.

154 MORENO CATENA, Víctor, «Sobre el Derecho de Defensa: cuestiones generales», *Teoría y Derecho,* núm. 8, 2010, p. 18.

155 *Idem*

156 GÓMEZ COLOMER, Juan Luis, «Los principios del proceso penal» en *Introducción al Derecho Procesal* (GÓMEZ COLOMER y BARONA VILAR, coords.), 2023, p. 279.

157 MORENO CATENA, Víctor, «Sobre el Derecho de Defensa: cuestiones generales», *op. cit.*, p. 17.

y democrático de derecho: 1) toda persona investigada es inocente hasta que se demuestre lo contrario y, como tal, deberá ser tratada, y 2) toda persona investigada tiene derecho a la defensa. Pero esto no siempre fue así y, tal vez, convendría echar la vista atrás para, por medio de la historia, comprender la importancia que estos artículos tuvieron en la búsqueda y consecución de un proceso penal justo para los investigados.

1. La presunción de inocencia

El proceso penal refleja en su máxima intensidad «el ya clásicamente conocido conflicto de intereses entre la seguridad colectiva y el derecho a la libertad individual. Ambos son, en un Estado de Derecho, igualmente dignos de protección y tutela»[158]. Y constituyen «una garantía del propio Estado de Derecho, de su dignidad, de su adaptación a fines democráticos»[159]. Define NIEVA FENOLL la presunción de inocencia como «el principio clave de todo el sistema penal»[160]. Y continúa indicando que, por naturaleza, tendemos a creer cualquier rumor negativo pero que las noticias positivas nos hacen dudar. Refranes en diversas lenguas corroboran su afirmación: «cuando el río suena, agua lleva», «*where there is a smoke, there is a fire*», «*kein Rauch ohne Flamme*» confirmando «la supuesta fiabilidad de una sospecha, y nunca la presunción de inocencia»[161]. Siendo ésta nuestra naturaleza, no es de extrañar que en el proceso penal se infiltre el «piensa mal y acertarás» y, precisamente por ello, el derecho constitucional a la presunción de inocencia como máxima probatoria y el derecho fundamental a la defensa deben ser principios rectores del proceso penal.

Refiere VÁZQUEZ SOTELO que, aunque observamos en la obra de Beccaría y diversos autores afirmaciones como «*favor rei, favor libertatis, favor decensionis*»[162], no era ésta la realidad que se encontraban los investigados en el antiguo continente. La realidad es que en el viejo sistema de enjuiciamiento se daba la situación contraria. No en vano, al sospechoso se le llamaba «reo» que, de acuerdo con la RAE, significa «persona que por haber cometido una culpa merece castigo» denominándolo culpable ya desde el inicio del proceso. El sospechoso era interrogado bajo juramento y sin publicidad, se le negaba el derecho a conocer ni siquiera el nombre de aquellos testigos que habían declarado en su contra e incluso cabía la posibilidad de que el juzgador lo sometiese a la denominada «*question de tormento*» y se le interrogase

158 ASENCIO MELLADO, José María, «El proceso penal con todas las garantías», *op. cit.*, p. 235.

159 *Ibidem,* p. 235.

160 NIEVA FENOLL, Jordi, «La razón de ser de la presunción de inocencia» *op. cit.*, p. 4.

161 *Ibidem,* pp. 5-6.

162 VÁZQUEZ SOTELO, José Luis, «Presunción de inocencia y prueba indiciaria» en *Investigación y prueba en el proceso penal* (dir. Nicolás GONZÁLEZ-CUÉLLAR SERRANO), Colex, 2006, p. 33.

con los instrumentos de tortura admitidos por las legislaciones anteriores. Además, era posible reabrir el caso incluso después de haber sido declarado inocente[163]. Es ante estos excesos que nuestro legislador y nuestra jurisprudencia democrática hicieron bien otorgando al juicio oral y público un valor superior por ser en este momento en el que las partes debían convencer al juez de la culpabilidad o inocencia del acusado[164]. Así, las constituciones y leyes de enjuiciamiento criminal contemporáneos tratan de romper con «la anterior etapa oscurantista de la justicia penal hecha a espaldas del acusado» en la que se empleaba el hecho presuntamente delictivo como pretexto para someter al investigado a un enjuiciamiento de por vida[165].

Durante la práctica de la prueba, la presunción de inocencia juega un papel relevante porque «en esta fase, el juez va a ir perdiendo poco a poco la neutralidad de su juicio en favor de la hipótesis que le parezca más plausible»[166]. «La presunción de inocencia opera en el proceso como una típica verdad interina o provisional similar a otras expresamente sancionadas en cuerpos legales diversos (buena fe, culpa del deudor, etc.); en este sentido, la presunción de inocencia no requiere para su aceptación ningún razonamiento o actividad previa; se asume sin más y se desvirtúa con actos posteriores concretos»[167]. La STC 44/1989[168] diferencia el principio *in dubio pro reo* de la presunción de inocencia: «No debe confundirse el principio *in dubio pro reo* y el derecho constitucional a la presunción de inocencia. Así, esta sentencia establece que «el principio *in dubio pro reo* pertenece al momento de la valoración o apreciación probatoria y se ha de aplicar cuando, habiendo prueba, exista una duda racional sobre la concurrencia de los elementos objetivos y subjetivos que integran el tipo penal de que se trate. En cambio, el derecho a la presunción de inocencia desenvuelve su eficacia cuando existe falta absoluta de pruebas o cuando las practicadas no reúnen las garantías procesales».

Así, como indica GÓMEZ COLOMER, resulta que el denominado principio de presunción de inocencia «no es ni principio ni presunción» sino que ésta es «una expresión muy plástica, de éxito comercial. En verdad, es una garantía constitucional, no un principio, ni atiende a las reglas de las presunciones, ni menos una norma probatoria, aunque para aplicarla sea necesario considerar la prueba»[169].

163 *Idem*

164 GÓMEZ COLOMER, Juan Luis, «Los principios del proceso penal», *op. cit.*, p. 284.

165 MORENO CATENA, Víctor, «Sobre el Derecho de Defensa: cuestiones generales», *op. cit.*, p. 19.

166 NIEVA FENOLL, Jordi, «La razón de ser de la presunción de inocencia» *op. cit.*, p. 15.

167 ASENCIO MELLADO, José María, *Prueba prohibida y prueba preconstituida*, *op. cit.*, p. 39.

168 STC 44/1989 (ECLI:ES:TC:1989:44).

169 GÓMEZ COLOMER, Juan Luis, «Los principios del proceso penal», *op. cit.*, p. 290.

2. Ley Orgánica del Derecho de Defensa

Denomina MORENO CATENA al derecho de defensa como un «derecho marco» que requiere de presupuestos para su realización y emplea instrumentos para su ejercicio, con ambos (presupuestos e instrumentos) reconocidos también vía constitucional. Entre sus presupuestos encontramos el derecho a una audiencia bilateral y el principio de contradicción, con el que guarda íntima relación. Pero también se vale de instrumentos como la asistencia jurídica, la necesidad de practicar prueba o el derecho a no declarar contra sí mismo ni confesarse culpable[170].

La Ley Orgánica del Derecho de Defensa[171] arranca su Exposición de Motivos «el derecho de defensa está íntimamente relacionado con el Estado de Derecho. Junto a la tutela judicial efectiva, constituye uno de los derechos básicos de protección de la ciudadanía». Y tiene una especial relevancia en el orden penal. Continúa indicando que la tutela judicial efectiva está indisolublemente ligada al derecho a la no indefensión que, en términos positivos, es el derecho de defensa siendo ambos derechos «dos caras de la misma moneda y como corolario inherente al funcionamiento de un Estado de Derecho». Se propone así una ley con carácter mixto que recoja materias de ley orgánica y de ley ordinaria al unir cuestiones del derecho de defensa como derecho fundamental y de la defensa letrada por ser ésta la profesión que garantiza el derecho fundamental.

Define el derecho de defensa en su artículo 2 como «el conjunto de facultades y garantías, reconocidas en el ordenamiento jurídico, que permiten a todas las personas, físicas y jurídicas, proteger y hacer valer, con arreglo a un procedimiento previamente establecido, sus derechos, libertades e intereses legítimos, en cualquier tipo de controversia ante los Tribunales y Administraciones Públicas o en los medios adecuados de solución de controversias regulados en las leyes procesales o sectoriales». Y en el siguiente artículo respecto del contenido refiere un proceso sin dilaciones indebidas, una resolución congruente, un juez ordinario e imparcial, así como la invariabilidad de las resoluciones firmes y la ejecución en sus propios términos. Incluye, también, el conocimiento de estas decisiones para poder oponerse, así como utilizar los medios de prueba pertinente en un proceso público con todas las garantías en cualquier tipo de proceso. En el proceso penal incluye el derecho a ser informado de la acusación, a no declarar contra uno mismo, a no declararse culpable, a la presunción de inocencia y a la doble instancia.

Respecto del derecho a ser oídos del artículo 7, hace una especial referencia a los menores de edad en el artículo: «Las personas cuyos derechos e intereses legítimos pudieran resultar afectados por la decisión que se adopte

---

170 MORENO CATENA, Víctor, «Algunos problemas del derecho de defensa», *op. cit.*, p. 492.

171 Ley Orgánica 5/2025, de 11 de noviembre del Derecho de Defensa. BOE núm. 275, de 14 de noviembre de 2024.

tienen derecho, antes de que se dicte la resolución, a ser oídas, a formular alegaciones, a aportar documentos y a utilizar los medios de defensa admitidos por el ordenamiento jurídico, de acuerdo con la normativa aplicable al procedimiento. Cuando se trate de menores, tienen derecho a ser oídos en cualquier procedimiento administrativo, judicial o de mediación en que estén afectados en los términos y con las garantías del artículo 9 de la Ley Orgánica 1/1996, de 15 de enero, de Protección Jurídica del Menor, de modificación parcial del Código Civil y de la Ley de Enjuiciamiento Civil».

De mismo modo, en el artículo 9 refiere el derecho a un lenguaje claro[172] en los actos, resoluciones y comunicaciones procesales: «1. Los actos y comunicaciones procesales se redactarán en lenguaje claro, de manera sencilla y accesible universalmente, de forma que permitan conocer a sus destinatarios el objeto y consecuencias del acto procesal comunicado. 2. Las resoluciones judiciales, las del Ministerio Fiscal y las dictadas por los letrados de la Administración de Justicia estarán redactadas en un lenguaje claro, de manera sencilla y comprensible, de forma que puedan ser comprendidas por su destinatario, teniendo en cuenta sus características personales y necesidades concretas, sin perjuicio de la necesidad de utilizar el lenguaje técnico-jurídico para garantizar la precisión y calidad de aquellas. En el caso de personas con discapacidad con dificultades de comprensión, para la adaptación de oficio de actos de comunicación y de resoluciones judiciales las Administraciones de Justicia correspondientes utilizarán los medios o metodologías que mejor se adapten a las necesidades de la persona. 3. El lenguaje se adaptará específicamente para menores de edad cuando sean los destinatarios de los actos, comunicaciones y resoluciones referidas en los dos apartados anteriores. Esta adaptación se realizará, aunque los menores cuenten con asistencia letrada y con la representación de sus progenitores, tutores o defensores judiciales. 4. Las juezas, jueces, magistradas y magistrados velarán por la salvaguardia de este derecho, en particular en los interrogatorios y declaraciones. 5. En el ámbito judicial, el Ministerio con competencias en materia de Justicia, las comunidades autónomas con competencia en esta materia y el Consejo General del Poder Judicial garantizarán que el uso de medios técnicos o informáticos en el proceso judicial no suponga una dificultad para garantizar la efectividad y certeza del derecho de información, especialmente en personas de la tercera edad o con discapacidad, asegurando que la brecha digital no condicione la efectividad de este derecho». Advierte Armenta Deu, «la brecha digital, no afecta solo a los menos entendidos en tecnología; la mutación sociológica y jurídica añadida no proviene, a diferencia de otras revoluciones jurídicas, ni de la política, ni de la sociedad, sino más bien de matemáticos y jóvenes negociantes que ven en la justicia un campo inexplorado e inexplotado»[173].

---

172 Esta cuestión se desarrollará en el capítulo III, apartado I.2.

173 Armenta Deu, Teresa, *Derivas de la Justicia. Tutela de los derechos y solución de controversias en tiempos de cambios*, Marcial Pons, Madrid, 2021, p. 19.

Me gustaría destacar que la ley refiere medios de prueba en un proceso público y con todas las garantías y que, como se ha estudiado en el capítulo anterior, la prueba preconstituida y la prueba anticipada, si se realizan conforme indica la ley e interpreta la jurisprudencia, reúnen las mismas garantías que las pruebas practicadas el día de la vista oral[174]. Y es que no debemos olvidar que con el derecho de defensa del acusado no estamos defendiendo su derecho subjetivo, estamos defendiendo el derecho a un juicio justo con todas las garantías y, con éste, la esencia del Estado de derecho. Las garantías que otorga la ley al estatuto del defendido son, a su vez, garantías de una administración de justicia justa no solo para el imputado, sino para toda la sociedad porque trasciende de la esfera individual ya que es interés general que el proceso se decida rectamente siendo que «la defensa, el derecho de defensa, opera como el factor esencial en donde se sustenta la legitimidad de la acusación y de la sanción penal en el Estado constitucional de Derecho»[175].

3. La jurisprudencia del Tribunal Constitucional de los años ochenta como punto de inflexión

La presunción de inocencia aplica, y debe estar presente, so pena de nulidad, *ex* artículo 11 LOPJ[176], a dos aspectos de la prueba diferenciados: la prueba como actividad (labor de búsqueda y obtención de las fuentes de prueba, así como incorporación al proceso) y la prueba como resultado (valoración y motivación)[177]. Tras la STC 31/1981 la jurisprudencia ha ido añadiendo requisitos objetivos respecto de la actividad probatoria «suficiente»[178]. En el proceso penal no cabe ni la inversión de carga de la prueba ni la aplicación supletoria de las normas del artículo 217 LEC, porque cada parte

---

174 Entre otras: STS Roj: 13319/1990, de 26 de marzo de 1990 (ECLI:ES:TS:1990:13319); STS Roj: 16313/1990, de 27 de septiembre de 1990 (ECLI:ES:TS:1990:16313); STS 626/2006, de 2 de junio de 2006 (ECLI:ES:TS:2006:3678); STS 151/2007, de 28 de febrero de 2007 (ECLI:ES:TS:2007:1585) STS 151/2007, de 28 de febrero de 2007 (ECLI:ES:TS:2007:1585); STS 96/2009, de 10 de marzo de 2009 (ECLI:ES:TS:2009:1804); STS 19/2013, de 9 de enero de 2013 (ECLI:ES:TS:2013:173); STS 937/2013, de 11 de diciembre de 2013 (ECLI:ES:TS:2013:5839). Además, esta cuestión puede observarse en las tablas anexas al trabajo.

175 Moreno Catena, Víctor, «Sobre el Derecho de Defensa: cuestiones generales», *op. cit.,* p. 20.

176 Sobre el riesgo de admisión en nuestro proceso penal de una prueba que ha sido obtenida vulnerando derechos fundamentales, así como de lo que la autora tilda de «deficiente cobertura legal» de determinados actos de investigación a la luz de la interpretación jurisprudencial del artículo 11 LOPJ puede leerse: Martinez García, Elena, *Eficacia de la prueba ilícita en el proceso penal (a la luz de la STC 81/98, de 2 de abril)*, Tirant lo Blanch, Valencia, 2003.

177 Asencio Mellado, José María, «Presunción de inocencia y presunciones *iuris tantum* en el proceso penal», *Revista General de Derecho Procesal*, núm. 36, 2015, pp. 3-4.

178 *Ibidem*, p. 4.

deberá probar los hechos en los que basa su pretensión o su oposición[179]. Es precisamente la garantía de imparcialidad de los jueces y tribunales, la que trae consigo la separación de funciones entre instruir y juzgar en nuestro ordenamiento jurídico[180].

La STC 31/1981 trata, en realidad, un asunto baladí que resuelve en apenas tres páginas, pero resulta de gran valor porque rompe con la práctica anterior de hacer uso de pruebas del sumario. No en vano, esta sentencia sigue vigente hoy en día y nuestros tribunales continúan citándola. La sentencia plasma así la importancia de un juicio oral con contradicción: «En el caso que nos ocupa, del examen de los medios de prueba propuestos por la parte y el Ministerio Fiscal se deduce que **sólo la confesión del procesado ante la policía, recogida en el folio 21 del sumario, podría desvirtuar la presunción de inocencia**. Ahora bien, dicha declaración al formar parte del atestado tiene, en principio, únicamente valor de denuncia, como señala el art. 297 de la LECrim, y **no basta para que se convierta en prueba de confesión con que se dé por reproducida en el juicio oral; es preciso que sea reiterada y ratificada ante el órgano judicial, circunstancia que no concurre en el caso presente, pues el procesado no sólo negó los hechos en el juicio oral, sino también ante el Juez instructor** número 8 de Barcelona y ante el Juez instructor de Pamplona. **Por otra parte, ha de añadirse que la declaración, que tuvo lugar en fecha anterior a la de la Constitución, se realizó sin la presencia de Abogado**, con lo que, en todo caso, al no haberse ratificado, se estaría **incorporando a un proceso penal posterior a la entrada en vigor de la Constitución un medio de prueba que no va acompañado de las garantías que la propia Constitución establece** en su art. 17» (La negrita es propia).

Apunta VÁZQUEZ SOTELO que un estudio riguroso de la STC 31/1981 nos muestra errores dogmáticos y técnicos que la jurisprudencia posterior fue corrigiendo pero que no quitan valor a la sentencia[181]. Respecto de la parte dispositiva, la sentencia declaró la nulidad de la causa y retrotrajo las actuaciones al momento en el que se vulneró el derecho fundamental sin recaer en que esta decisión podía causar un perjuicio al ciudadano que obtuvo el amparo constitucional. En otras palabras, da la sensación de que los magistrados en su sentencia no advirtieron que con la nulidad daban una nueva oportunidad a la acusación de proponer correctamente las pruebas de acuerdo con la LECrim y la CE y, por tanto, obtener una condena igual o superior a la de la sentencia anulada[182].

---

179 *Ibidem*, p. 35.

180 BELLIDO PENADÉS, Rafael, «Cuestiones fundamentales sobre el proceso penal por delitos leves», *op. cit.*, p. 148.

181 VÁZQUEZ SOTELO, José Luis, «Presunción de inocencia y prueba indiciaria» *op. cit.*, p. 42.

182 *Ibidem,* p. 43.

La STC 24/1984[183], en línea con la STC 31/1981: «se desconoce la presunción de inocencia cuando, sin prueba o prescindiendo de ella, se declara la culpabilidad, pues, las pruebas constituyen los fundamentos de la convicción íntima del juzgador». Más tarde, la STC 145/1988[184], en su fundamento jurídico séptimo reitera que solo debe ser prueba la que se realice en la vista oral delante del tribunal sentenciador por ser éste el momento en el que el principio acusatorio adquiere su máxima expresión: «es precisamente el hecho de haber reunido el material necesario para que se celebre el juicio o para que el Tribunal sentenciador tome las decisiones que le corresponda y el hecho de haber estado en contacto con las fuentes de donde procede ese material lo que puede hacer nacer en el ánimo del instructor prevenciones y prejuicios respecto a la culpabilidad del encartado, quebrantándose la imparcialidad objetiva que intenta asegurar la separación entre la función instructora y la juzgadora».

Así, como he tenido oportunidad de exponer en otros puntos, considero que el valor de esta incipiente jurisprudencia constitucional fue el de romper con una etapa donde no se respetaron como es debido los derechos de defensa del acusado en el proceso penal. Y fue necesaria esta ruptura tan tajante para así evitar que declaraciones ante la policía y sin abogado ni contradicción adquiriesen valor de prueba el día de la vista. Pero, a cambio, perdimos la oportunidad de preconstituir prueba para víctimas vulnerables y menores de edad siendo que la preconstituida quedó relegada a las excepciones que recogía una ley del siglo XIX. Por ello la jurisprudencia ha tenido que ir adaptando el concepto de «imposibilidad» *ex* artículos 1 y 3 CC a la realidad social en que aplica la norma para decidir en qué casos sí y en qué casos no afecta la prueba preconstituida al derecho de defensa produciendo indefensión en la parte pasiva del proceso.

II. Un estudio jurisprudencial multinivel

Refiere la profesora Martínez García que con los ODS 10 y 16 «se pide a la judicatura que tome consciencia del poder transformador de las sentencias para reducir significativamente, la pobreza, la desigualdad de género, asegurar los contenidos del acceso a la justicia sobre todo para las personas más vulnerables, la fragilidad de los derechos humanos... y, al tiempo, le recuerda a los órganos jurisdiccionales, que lo local es global y viceversa, y que al vivir en un mundo interconectado, las sentencias significativas pueden cambiar el rumbo de los derechos al otro lado del planeta»[185]. En la misma línea, Cucarella Galiana refiere que las Administraciones públicas pueden y deben

183 STC 24/1984 (ECLI:ES:TC:1984:24).

184 STC 145/1988 (ECLI:ES:TC:1988:145).

185 Martínez García, Elena, *Juzgar en el siglo XXI*, *op. cit.*, p. 60.

interpretar un papel fundamental en la consecución de éstos «poniendo sus políticas activas al servicio de los mismos»[186].

En este epígrafe se desgranará, en diversos apartados, jurisprudencia nacional y supranacional a propósito del derecho de defensa del acusado. La jurisprudencia nacional previa a la reforma de los artículos 449 ter y 777 LECrim muestra cómo, poco a poco, nuestros tribunales superiores iban abriendo una brecha en la máxima de que solo es prueba la realizada el día del juicio oral y aceptando testificales de víctimas vulnerables como prueba preconstituida. Pero el avance no es lineal, observando avances, pero también retrocesos en la preconstitución probatoria de las víctimas vulnerables. Esta cuestión puede observarse gráficamente en los anexos jurisprudenciales al final del libro. Los tribunales supranacionales, en cambio, se muestran más partidarios desde sus inicios a la preconstitución probatoria de las declaraciones de víctimas especialmente vulnerables. De nuevo, su estela tampoco es lineal y, dependiendo de las garantías que revistan cada caso concreto, el fallo se inclina hacia un extremo de la balanza.

La jurisprudencia que se ofrece al lector es heterogénea para que pueda disponer de una imagen panorámica del uso de la preconstitución probatoria antes de llegar al tercer apartado del capítulo, donde se reflexionará a propósito de los límites entre el derecho de defensa y la tutela judicial efectiva del vulnerable. Así, antes de comenzar con el apartado de evolución jurisprudencial, me gustaría indicar las conclusiones que se extraen de la lectura de esta jurisprudencia. La primera, es la falta de seguridad jurídica, que la reforma legislativa de 2021 ha venido a paliar en cierta medida. Si bien es labor de los tribunales interpretar la legislación en el caso y contexto en el que deben ser aplicadas, tutela judicial efectiva y derecho de defensa son dos manifestaciones del derecho fundamental del artículo 24 CE y debieran ofrecerse unos límites más claros a propósito de la preconstitución probatoria.

La segunda, la regulación de la preconstitución probatoria para víctima mayor de edad es muy parca y olvida matices importantes respecto de la vulnerabilidad. Esta cuestión no ha sido incluida en la modificación legislativa del año 2021 y ha dado lugar a que sean nuestros tribunales los que tengan que interpretar el concepto de «imposibilidad» para declarar. Este concepto varía dependiendo de si se adopta la perspectiva de vulnerabilidad que al principio de la monografía manifestábamos. Sin intención de adelantar cuestiones que se tratarán en el capítulo III, la regulación actual de la preconstitución probatoria[187] incluye motivos caducos y olvida motivos actuales que surgen a raíz de la interpretación del EVD y del concepto de vulnerabilidad de los textos internacionales. No obstante, la norma procesal, y en concreto

186 Cucarella Galiana, Luis Andrés, «Administración local, jurisdicción e intereses generales», *Revista Doctrinal Distrital*, núm. 021, p. 117.

187 Previamente expuesta en el capítulo I apartado III.3.

la norma procesal penal, debe ser taxativa por los derechos fundamentales implicados. Como indica MARTÍNEZ GARCÍA, la labor de interpretación de la norma es del juzgador, pero necesita de un marco normativo claro y coherente con el presente porque «en la evolución de los derechos, la Jurisprudencia va siempre por delante del legislador»[188].

La contradicción deviene requisito para que el proceso sea eficaz porque no es posible resolver un conflicto bilateral con audiencia unilateral y deviene necesario que ambas partes faciliten al órgano jurisdiccional su «versión interesada de los hechos»[189]. La importancia de la oralidad a día de hoy en el proceso es la de «herramienta esencial de comunicación y trasciende a la tarea jurisdiccional, como instrumento para facilitar el debido respeto a los derechos y garantías de los ciudadanos en un Estado de Derecho moderno»[190]. Así, respecto del derecho a ser oído, indica ARMENGOT VILAPLANA que el artículo 59 del anteproyecto de LECrim ascendía el límite para celebrar el juicio en rebeldía pasando de pena de seis años no privativa de libertad a diez años de pena no privativa de libertad siendo que, además, se refuerzan los criterios que el juzgador deberá tomar en consideración para decidir respecto del enjuiciamiento en ausencia[191]. Por ello, deviene necesario estudiar qué consideran nuestros tribunales que es contradicción.

1. La jurisprudencia nacional previa a la reforma de los artículos 449 ter y 777 LECrim

Tradicionalmente nuestro TS entendía como ineludible la presencia del menor en el juicio oral para prestar declaración pues si no acudían «podría verse afectado el derecho del acusado a un proceso justo con todas las garantías, en especial el derecho de defensa, así como los principios de inmediación y de contradicción» y la prueba preconstituida devenía la excepción[192]. Pero los tribunales supranacionales (TEDH y TJUE) han ido abriendo una brecha en esta doctrina incidiendo en la necesidad de un procedimiento especial para la exploración de los menores como puede ser la prueba anticipada[193] y nuestros tribunales nacionales recogieron el testigo.

188 MARTÍNEZ GARCÍA, Elena, *Juzgar en el siglo XXI*, *op. cit.*, p. 55.

189 PÉREZ DAUDÍ, Vicente, «La transformación digital de la justicia civil», *op. cit.*, p. 465.

190 CUCARELLA GALIANA, Luis Andrés; CAMARGO SOLANO, Álvaro y MARTÍNEZ LONDOÑO, Claudia, «La oralidad y el legado de una justicia ancestral», *Inciso,* núm. 21(2), 2019, p. 241.

191 ARMENGOT VILAPLANA, Alicia, «El estatuto de la persona encausada en el anteproyecto de LECrim», *Revista de la Asociación de Profesores de Derecho Procesal de las Universidades Españolas*, núm. 3, 2021, p. 301.

192 VIGUER SOLER, Pedro Luis, «Estatuto de la víctima, protección del menor y prueba preconstituida», *Cuadernos Penales José María Lidón*, núm. 14, 2018, p. 54.

193 *Idem*

1.1. Una tímida apuesta a favor de la preconstitución probatoria de la víctima vulnerable

La jurisprudencia insiste que, aunque los delitos que afectan a la libertad sexual son todavía más reprochables cuando afectan a los menores de edad «en ningún caso puede aceptarse que el carácter odioso de los hechos denunciados determine una degradación de las garantías propias del proceso penal y especialmente del derecho constitucional a la presunción de inocencia, que constituye un principio fundamental y presupuesto básico de todas las demás garantías del proceso»[194]. Al respecto, indicaba VIGUER SOLER que previo a la reforma de los artículos 449 ter y 777 LECrim «solo en casos muy excepcionales, de imposible o extremadamente difícil reproducción de la prueba en juicio, admitía el TS la prueba preconstituida en fase de instrucción o la posibilidad de evitar la presencia del menor en el plenario —en definitiva, el testigo directo de los hechos— para acudir a la prueba indirecta o de referencia»[195]. Poco a poco se fueron incluyendo sentencias favorables a la prueba preconstituida y a evitar la presencia del menor siendo que la STS 96/2009 marcó un antes y un después al ampliar el concepto de «imposibilidad» a una comparecencia «inviable» «inconveniente» o «perjudicial» para el menor[196].

Me gustaría traer a colación la reflexión que realiza la profesora SÁNCHEZ RUBIO a raíz de la STS 632/2014 indicando que esta sentencia ya nos muestra la posibilidad de introducir la declaración del menor como prueba preconstituida sin legislación que la regulase pues fue en 2015 cuando se introdujo vía legislativa[197]. La STS 632/2014[198] indica que «no se puede, ni se debe, sustituir la regla general de la presencia del testigo en el acto del juicio oral por la regla general contraria cuando se trate de menores. Por ello, la regla general debe ser la declaración de los menores en el juicio, con el fin de que sea directamente contemplada y valorada por el Tribunal sentenciador y sometida a contradicción por la representación del acusado». Pero «**cuando existan razones fundadas y explícitas —como puede ser un informe psicológico sobre un posible riesgo** para los menores en caso de comparecer—,

194 MUERZA ESPARZA, Julio, «Sobre los límites a la prueba preconstituida en el proceso penal», *op. cit.*, p. 5.

195 VIGUER SOLER, Pedro Luis, «Estatuto de la víctima, protección del menor y prueba preconstituida», *op. cit.*, p. 6.

196 SEMPERE FAUS, Silvia, «La declaración de la víctima menor de edad como prueba preconstituida tras la ley orgánica 8/2021 de protección integral a la infancia y la adolescencia frente a la violencia», en *La protección de las víctimas en el Espacio Europeo* (dirs. Juan Carlos VEGAS AGUILAR y Silvia SEMPERE FAUS), Tirant lo Blanch, Valencia, 2023, p. 27.

197 SÁNCHEZ RUBIO, Ana, «La toma de declaración a través de la cámara Gesell como medio para evitar la doble victimización», *op. cit.*, pp. 6-7.

198 STS 632/2014, de 14 de octubre de 2014 (ECLI:ES:TS:2014:3916).

puede prescindirse de dicha presencia en aras de la protección de los menores» (La negrita es propia). La sentencia parece aceptar la preconstitución probatoria con el objetivo de evitar la victimización secundaria incluso antes de que estuviera vigente el EVD. Porque, si bien la última reforma es la LO 8/2021, con anterioridad a ésta la práctica de los interrogatorios de menores mostraba su encaje legal para preconstituirse tras la modificación de la LOPJ por el EVD[199].

Previo a la reforma del artículo 777.2 LECrim la casuística ha sido de lo más variada. De entre éstas, me gustaría traer a colación la STS 750/2016[200] que trae causa en autos por un asesinato consumado y otro en grado de tentativa que sucedieron una madrugada de septiembre de 2013. El autor de los hechos sospechaba que su pareja, y madre de sus hijos, le era infiel y se inicia una discusión por este motivo. Discusión que finalizan para acostar a sus tres hijos menores de edad. Pero con posterioridad a acostar a los menores, el agresor retoma la discusión y decide acabar con la vida de su pareja agarrándola por la espalda y, sin posibilidad de defensa, cortándole las venas yugulares y carótidas y causándole la muerte por shock hipovolémico en muy poco tiempo. Al oír los gritos de su madre, su hijo —que la noche de autos tenía 12 años— se despertó, acudió al salón e intentó, en vano, ayudarla. Al aparecer en escena, su padre también intenta acabar con la vida del niño asestándole dos golpes en la cabeza con un hacha. Esta situación no le ocasiona la muerte, pero lo sitúan en riesgo vital y posteriormente será calificado como tentativa de homicidio. El menor consigue salvar la vida quedándole secuelas físicas y psicológicas de por vida. Fue la hermana de la víctima fallecida y tía del menor, que ese día se encontraba en la casa, la que consigue sacar de la vivienda a su sobrino mientras su otra sobrina se escondía debajo de la cama. Tras una historia de terror como la que se acaba de exponer, el jurado consideró que era suficiente el «visionado de la declaración del menor». No obstante, el TS considera que no está acreditado el impacto emocional para que el menor no compadezca en juicio ya que a fecha de celebración superaba los 14 años y ordena la reposición de las actuaciones «debiendo el nuevo Tribunal resolver sobre la pretensión de declaración del menor».

Si bien considero innecesario entrar en la casuística de preconstitución probatoria, pues con la reforma de los artículos 449 ter y 777.2 LECrim la prueba preconstituida ya es un mandato al legislador en menores de catorce años, he querido traer a colación esta sentencia por dos motivos. El primero, el día de autos el menor de edad tenía solo 12 años y, por tanto, con la nueva legislación y la interpretación que hace la jurisprudencia al respecto, la noche

---

199 Desarrolla esta idea SÁNCHEZ RUBIO, Ana, «La toma de declaración a través de la cámara Gesell como medio para evitar la doble victimización», *Estudios Penales y Criminológicos*, núm. 42, pp. 11-12.

200 STS 750/2016, de 11 de octubre de 2016 (ECLI:ES:TS:2016:4521).

de autos es la fecha que debe tomarse en consideración para la preconstitución probatoria. El segundo, el condenado se basa en la inexistencia de un dictamen pericial que justifique la necesidad de preconstitución probatoria. Un tecnicismo trajo consigo la estimación de un recurso de casación porque, considero, deviene kafkiano pensar que pedir una segunda declaración de un menor que con doce años que ve morir a su madre a manos de su padre y, tras esto, cree morir también a manos de su padre no va a traer consigo revictimización. En concreto, indica el TS en sentencia: «el informe pericial y el visionado de la diligencia ya practicada en la instrucción no auguran razonablemente un impacto emocional con secuelas de especial intensidad en el menor cuya edad rebasa ya la infancia y alcanza la pubertad».

Al respecto, en el siguiente capítulo, centrado en la perspectiva de la víctima, se expondrán los motivos de una conclusión que ya adelanto: la preconstitución probatoria de los artículos 449 ter y 777 LECrim llega tarde y se queda corta. Se pronuncia en el mismo sentido en el que apunto mis conclusiones, la Audiencia Provincial de Salamanca, «las condiciones en las que deben realizarse las declaraciones en el proceso penal de los menores víctimas de hechos delictivos dio lugar a una jurisprudencia, en un principio altamente discutible como consecuencia de una escasa sensibilidad victimológica y fruto de **un hipergarantismo puramente formalista**, si bien, en los últimos tiempos, **el marco normativo se ha modificado repercutiendo favorablemente en la mejora de la protección de los intereses de los menores en equilibrio con los derechos de los acusados**»[201] (La negrita es propia). Así, observamos como la jurisprudencia menor comenzaba a alzar la voz en contra de lo que brillantemente denomina la SAP de Salamanca (2021) «hipergarantismo puramente formalista» pues la preconstitución probatoria con posibilidad de contradicción no afecta al núcleo duro del derecho de defensa y reduce el riesgo de revictimización secundaria. Además, como se ha indicado en el primer capítulo, la memoria se adultera con el paso del tiempo y el primer testimonio suele ser el más cercano a la verdad, asumiendo la parcialidad del testigo y las limitaciones humanas en la búsqueda de la verdad. No obstante, la tónica habitual del Tribunal Supremo era reafirmar que el desplazamiento caprichoso del principio de contradicción no se da por el simple hecho de ser menor de edad[202].

Como indica Yust Escobar: «Sin duda, el legislador de 2015 no desconoce la extensa jurisprudencia que el Tribunal Constitucional, el Tribunal Supremo y el Tribunal Europeo de Derechos Humanos ha venido ofreciendo sobre la

201 SAP Salamanca 8/2021, de 25 de febrero de 2021 (ECLI: ES:APSA:2021:6).

202 Estudio detallado: Sempere Faus, Silvia, «La declaración de la víctima menor de edad como prueba preconstituida tras la ley orgánica 8/2021 de protección integral a la infancia y la adolescencia frente a la violencia», en: *La protección de las víctimas en el Espacio Europeo* (dirs. Juan Carlos Vegas Aguilar y Silvia Sempere Faus), Tirant lo Blanch, Valencia, 2023.

preconstitución del testimonio de menores, el conflicto de intereses que surge con el derecho a la defensa, y por tanto la normativa, salvo la extensión del sujeto activo y el criterio a seguir, mantiene el *status quo* anterior a la propia Ley 4/2015»[203]. En otras palabras, la prueba preconstituida sigue siendo la excepción a la norma y el legislador ha ampliado el listado de víctimas vulnerables por medio del EVD, pero no ha modificado la máxima de que prueba es solo la que se practica en el juicio oral, con excepciones tasadas, aunque los últimos años se ha ido afianzando la línea jurisprudencial que apuesta por generalizar la prueba preconstituida teniendo en cuenta la vulnerabilidad de la víctima, su corta edad y evitar una victimización secundaria[204].

1.2. Imposibilidad vs. indisponibilidad de declarar el día del juicio oral en víctimas mayores de edad

Resulta técnicamente interesante el caso que trae causa la STS de 29 de octubre de 2015[205] respecto de un delito de agresión sexual con víctima de nacionalidad estadounidense que se negó a declarar el día del juicio oral. Aún sin su declaración, la AP de Barcelona a fecha 19 de marzo de 2015[206] condena al acusado por un delito consumado de violación y para su convicción plena emplea la reproducción de las declaraciones prestadas durante el sumario por la víctima, turista estadounidense.

En el caso de autos, la denunciante, norteamericana de 20 años y residente en Estados Unidos, declaró en instrucción en la forma prevista en el artículo 448 LECrim pudiendo constituir, por tanto, prueba preconstituida, pero el tribunal de instancia gestionó su declaración por videoconferencia que, según consta en autos, no pudo realizarse «por la negativa abierta y manifiesta por la testigo para declarar nuevamente sobre los hechos». Al encontrarse fuera de nuestra jurisdicción no se le podía exigir declarar el día del juicio oral bajo el castigo de una multa (200 a 1000 euros) y la posible responsabilidad criminal del artículo 446 LECrim y, por ello, la sala decide acudir al expediente previsto en el artículo 730 LECrim para así introducir en el juicio la declaración de la víctima. La sentencia de instancia, con base en sentencias previas que admiten la prueba preconstituida, indica: «cierto que sin las ventajas de la inmediación física plena del Tribunal, pero con la aproximación a esa inmediación que posibilita la grabación de sus manifes-

203 Yust Escobar, Joaquín, «La protección de la víctima en el Estatuto aprobado por Ley 4/2015 de 27 de abril», *op. cit.*, p. 38.

204 Luaces Gutiérrez, Ana Isabel, «La prueba preconstituida en menores de edad tras la LO 8/2021: especial referencia a la utilización de Cámaras Gesell como instrumento para evitar la victimización secundaria», *La Ley Derecho de Familia*, núm. 34, 2022, p. 11.

205 STS 642/2015, de 29 de octubre de 2015 (ECLI:ES:TS:2015:4667).

206 SAP Barcelona 257/2015, de 9 de marzo de 2015 (ECLI:ES:APB:2015:1614).

taciones y la ventaja que aporta la proximidad temporal con el momento de la ocurrencia de los hechos, comprobando desde allí un relato plenamente coincidente con la tesis acusatoria aquí mantenida por el Ministerio Fiscal, tanto en el origen o pretexto aprovechado por el acusado para su aproximación a la testigo, como en el despliegue agresivo impuesto sobre ella».

Pero cuando este caso llega al TS, realizan una diferenciación entre la imposibilidad de declaración en el extranjero por no encontrar a la víctima y por lo que califica como comportamiento caprichoso de la víctima. Esta sentencia declara vulnerado el derecho a la presunción de inocencia y a un proceso con todas las garantías de los artículos 448 y 730 LECrim porque considera que el fundamento de estos artículos se debe a una imposibilidad material, no a un negativa de la denunciante a colaborar en la práctica de la prueba. En concreto, indica el tribunal «el derecho del imputado al examen del testigo de cargo en el enjuiciamiento con inmediación, que —hay que insistir— es inmediación actual, constituye un elemento estructural del proceso y un factor esencial del derecho de defensa del imputado, inherente también al principio de contradicción, y que, por ello, no es potestativamente disponible por la contraparte». Personalmente, considero que el TS no tuvo en cuenta las características de la víctima y su propio proceso de sanación. No en vano, en las cinco páginas de la sentencia no se hace referencia alguna a la *feminist jurisprudence* y a la necesidad de juzgar con perspectiva de género que sí vemos en otras sentencias coetáneas de nuestro TS. Al respecto, del mismo modo que me posicioné al comentar la STS 750/2016, por supuesto que debe garantizarse la contradicción para un efectivo derecho de defensa en los términos del artículo 6 CEDH, pero un garantismo formalista no puede dejar desprotegidas a víctimas vulnerables.

Resulta interesante el voto particular al sentir mayoritario del magistrado Antonio del Moral Francisco Monterde Ferrer, que se plantea por qué no puede introducirse la preconstituida si la víctima desatiende, amparada por su propia legislación nacional, la obligación de declarar en el juicio oral del artículo 448 LECrim: «No es dato decisivo que el testigo que se niega a declarar sea la víctima o un tercero: la solución, a diferencia de lo que sugiere la sentencia mayoritaria, habría de ser la misma. No es ese elemento diferencial relevante. Como tampoco lo es que la ausencia de declaración en el plenario se exteriorice expresamente en ese acto (el testigo rehúsa declarar por indolencia o rebeldía; **por miedo, fundado o infundado; por afán de olvidar; por haber perdonado; o por otros mil motivos imaginables**); se haya manifestado con carácter previo (como sucede en este caso en que la víctima comunicó antes que no deseaba declarar, sin ser objeto de advertencia alguna e hipotéticamente confiando en que era innecesario según se le debió explicar cuando se produjo el acto de preconstitución); o sea más bien una deducción implícita (el testigo, víctima o no, desatiende reiteradamente el llamamiento judicial y la acusación renuncia al testimonio por reputar suficiente la prueba preconstituida y para evitar dilaciones; o, sencillamente, de manera consciente omite su obligación de comunicar los cambios de domicilio con la deliberada intención de no ser localizado)» (La negrita es propia). En este voto particular, además, indica el magistrado que probablemente la víctima no era consciente de que su negativa a declarar traería consigo la absolución de su agresor, porque ella ya declaró con los requisitos de la preconstitución probatoria. Siendo que observamos en este voto particular un acercamiento y entendimiento a la víctima que no se ha dado en la sentencia.

Comparto con MUERZA ESPARZA: «lo que se trata de dilucidar no es si una parte que se desentiende del proceso y rehúsa colaborar puede obtener el refrendo jurisdiccional a sus intereses, sino si la acusación pública y los legítimos intereses sociales a los que sirve pueden verse desatendidos por tal razón» continúa el autor indicando que, precisamente por ello, el voto particular sostiene que la diferencia para su aceptación es si la prueba que se realizó durante las diligencias de investigación se realizó con las garantías que exigen los artículos 448 y 777 LECrim. En ese caso, la actitud de la víctima no debería ser motivo para despojar a la acusación pública de su facultad para hacer valer la prueba preconstituida[207] pues el ministerio fiscal tiene por misión promover la acción de la justicia en defensa de la legalidad, de los derechos de los ciudadanos y del interés público tutelado por la ley, de oficio o a petición de los interesados, así como velar por la independencia de los Tribunales, y procurar ante éstos la satisfacción del interés social (artículo 1 del Estatuto del Ministerio Fiscal). Por tanto, el *ius puniendi* estatal, considero, no debería quedar supeditado a la actitud de la víctima si existe prueba preconstituida con garantías y existe un interés estatal en la persecución del delito. La contradicción no debería quedar afectada pues esta primera prueba se grabó y es posible reproducirla el día del juicio oral, dando lugar al posible debate.

Así, comparto con el autor que la LECrim debería ser reformada para ser coherente con los artículos 3 y 20 a 26 EVD siendo que «una lectura sosegada de estos preceptos pone de manifiesto cómo, a través de esta norma se persigue, no solo la reparación del daño a la víctima en el marco del proceso penal, si no también minimizar otros efectos traumáticos. [...] En consecuencia [...] nos podríamos plantear, cuál es, teniendo en cuenta esta nueva ley, el límite de protección a la víctima para que no colisione con el derecho de defensa del acusado de tal forma que si se rebasa puede transformar una sentencia condenatoria en una absolutoria»[208]. Refiere MAGRO SERVET en sentencia que con la prueba preconstituida «no se avala el desplazamiento caprichoso del principio de contradicción ni del derecho de defensa por el simple hecho de que la víctima sea un menor de edad. Este no es un princi-

207 MUERZA ESPARZA, Julio, «Sobre los límites a la prueba preconstituida en el proceso penal», *op. cit.*

208 *Ibidem*, p. 19.

pio o una máxima que por sí misma y considerada objetivamente cercene y altere el derecho de defensa»[209]. Al respecto, «el rigor jurídico exige la crítica razonada de cualquier desmán contra los derechos fundamentales, nazca del actuar profesional, individual o institucional de la representación procesal o de la asistencia letrada, sea propio de quién está investido como defensor de la legalidad, el Ministerio fiscal, o de quien es parte de un Poder del Estado, el juez»[210].

Si bien este caso fue previo a la promulgación del EVD creo que la clave la aporta MUERZA ESPARZA al indicar que el proceso penal tiene un carácter diferente al civil y que, precisamente por ello, el ejercicio del *ius puniendi* no puede quedar al albur de la voluntad de la víctima[211]. En este caso en cuestión el TS decidió que, como los motivos de la prueba preconstituida son marcadamente objetivos, la subjetividad que incluye la víctima (al ser su negativa la que hace que no declare en juicio) no estaba amparada en nuestra legislación. Para ello acude a otra sentencia previa en el tiempo, STS 11 de diciembre de 2013[212], donde el acusado también fue condenado esta vez por la AP de Madrid por un delito de violación. Recurre en casación porque considera que la declaración de la víctima realizada como preconstituida no es capaz de «hacer decaer tal derecho fundamental» (la presunción de inocencia). La testigo víctima de los hechos también era extranjera, canadiense en este caso, y manifestó en instrucción que estaba de vacaciones y que volvería a su país siendo que el juez instructor dispuso una preconstituida. Así, el ministerio fiscal en su escrito de calificación provisional interesó la declaración de la víctima por videoconferencia o, en su defecto visionar el DVD de la prueba preconstituida. Se realizó la segunda de las opciones y el letrado defensor no protestó pues se había adherido a la petición de prueba del ministerio fiscal en su escrito. Refiere MUERZA ESPARZA que la diferencia entre ambos casos se encuentra en el sutil matiz de proponer con carácter subsidiario la preconstituida en el día de la celebración de la vista. Pero el autor sostiene que la prueba preconstituida fue realizada en ambas instrucciones de la misma manera y la negativa a declarar «en absoluto hace decaer el valor de la prueba preconstituida, que lo tiene por su propia configuración»[213] al haber sido practicada con todas las garantías.

Suscribo las palabras del magistrado MAGRO SERVET cuando afirma que no se altera la vigencia del principio de inmediación en la práctica de la prueba

209 STS 579/2019 de 26 de noviembre de 2019 (ECLI: ES:TS:2019:3857).

210 YÁÑEZ VELASCO, Ricardo, «Érase una vez, un Estado de Derecho», *op. cit.*, p. 2.

211 MUERZA ESPARZA, Julio, «Sobre los límites a la prueba preconstituida en el proceso penal», *op. cit.*, pp. 19-20.

212 STS 937/2013, de 11 de diciembre de 2013 (ECLI:ES:TS:2013:5839).

213 MUERZA ESPARZA, Julio, «Sobre los límites a la prueba preconstituida en el proceso penal», *op. cit.*, p. 21.

en el juicio oral si se acepta la prueba preconstituida para víctimas vulnerables en sentido amplio. Es precisamente éste uno de los mayores argumentos en contra de la práctica de la prueba preconstituida: anticipar el desarrollo de la declaración de la víctima a las sesiones del juicio por juez de instrucción y, consecuentemente, distinto al que va a celebrar el juicio. Así, las críticas al uso de la prueba preconstituida «se amparan en que, de extenderse, se rompería con la aplicación del principio de inmediación y de contradicción de la práctica de la prueba en el acto del juicio oral»[214]. Pero este principio no tiene por qué quebrarse si se cumple con lo previsto en el actual artículo 777.2 porque la prueba se documentará en un soporte apto para ser luego reproducida y a efectos de valorarla como prueba en sentencia se reproducirá o leerá (artículo 730 LECrim).

Una segunda cuestión que no es nada baladí es la actitud de la víctima en el proceso. Es por la negativa a comparecer en el proceso que el TS revoca en 2015 la sentencia de la AP de Barcelona. Pero «esta revocación no se adecua a los principios y naturaleza del proceso penal. De los datos que obran en la sentencia de instancia hemos visto que, en absoluto, afectaría a la valoración y enjuiciamiento de los hechos el que la víctima acudiese o no el día del juicio oral a declarar por videoconferencia, puesto que no se había introducido hecho alguno que exigiese tal declaración [...] si no se quiere desvirtuar la prueba preconstituida, es necesario otorgarle su valor real de prueba»[215]. Por ello, comparto con el autor, que solamente cuando después de realizada la prueba preconstituida, en fase de investigación se tenga constancia de hechos nuevos o de nueva noticia que pudieran dar lugar a un interrogatorio diferente sería posible citar a la víctima al juicio y, en el caso de no acudir, referir la posible vulneración del derecho de defensa que tendrá que ser valorada caso por caso pero esta vulneración no puede venir dada «por la actitud de la víctima, sino precisamente por la incorporación de un nuevo material fáctico que, obviamente, debe acreditarse»[216].

Además, el propio TS había admitido en sentencia de 10 de marzo de 2009[217], que se cumple con el principio de inmediación en la práctica de la prueba si se cumplen los requisitos de los artículos 777 y 730 LECrim[218]. Distingue en la sentencia previamente citada entre prueba anticipada en sentido propio y prueba preconstituida. Respecto de la prueba anticipada, realizada

214 MAGRO SERVET, Vicente, «Preceptividad de la práctica de la prueba preconstituida con víctimas en el proceso penal», *op. cit.*, p. 6.

215 MUERZA ESPARZA, Julio, «Sobre los límites a la prueba preconstituida en el proceso penal», *op. cit.*, p. 22.

216 *Idem*

217 STS 96/2009, de 10 de marzo de 2009 (ECLI:ES:TS:2009:1804).

218 MAGRO SERVET, Vicente, «Preceptividad de la práctica de la prueba preconstituida con víctimas en el proceso penal», *op. cit.*, p. 7

ante el tribunal juzgador (y con sometimiento a los mismos principios de publicidad, contradicción e inmediación) no existe sacrificio respecto de la inmediación. Es en la prueba preconstituida donde «ya supone un sacrificio de la inmediación» al realizarse ante el Juez de Instrucción «con lo cual la inmediación desaparece, al menos como inmediación espacio temporal, y queda reducida a la percepción del soporte en que la prueba preconstituida se documente y refleje»[219].

2. El derecho de defensa y las declaraciones sumariales en los tribunales supranacionales y la transposición de su doctrina a nuestro país

La preconstitución probatoria es una cuestión a la que deben dar respuesta los legisladores nacionales y las respuestas de los países vecinos, si bien variadas, ofrecen la posibilidad de preconstituir. Si acudimos al derecho comparado, la innecesaridad de que el menor vuelva a declarar en juicio oral, siempre y cuando se respeten las garantías en su primera declaración, la observamos también en legislaciones extranjeras. Citan García Rodríguez y Sánchez Rubio el derecho comparado, refiriendo que en Alemania el artículo 255 STPO prevé que las declaraciones de menores de 18 años víctimas de delitos sexuales se graben para que su reproducción en juicio oral salve el principio de contradicción. La legislación procesal penal italiana habilita el incidente de anticipación probatoria por medio de la grabación del testimonio del menor de 16 años que es víctima de delitos sexuales (arts. 392 y 398 LECrim italiana). En Francia desde la Loi n.º 98-468, de 17 de junio de 1998, se graban las declaraciones de los menores si lo consiente el menor o su representante legal siendo que el interrogatorio lo realiza un profesional ajeno a la judicatura (psicólogo, medico, educador). En Suiza, su artículo 154 IV del código de procedimiento penal refiere que si hay evidencias de que la entrevista provoca estrés emocional al menor, se evita la confrontación visual y, como norma general, no admiten más de dos entrevistas en todo el procedimiento. Tras la primera solo admitirá nueva entrevista si el imputado demuestra que no pudo ejercer su derecho de defensa. En Finlandia, desde 2014 se graban las declaraciones de menores de edad y de testigos vulnerables para evitarles comparecer en juicio[220].

219 *Idem*

220 García Rodríguez, Manuel José, «Ventajas de la nueva regulación de la prueba preconstituida para la declaración de las víctimas menores de edad y con discapacidad necesitadas de especial protección en el proceso penal», *Boletín del ministerio de justicia*, núm. 2258, gobierno de España, 2022, pp. 17-18; Sánchez Rubio, Ana, «La toma de declaración a través de la cámara Gesell como medio para evitar la doble victimización», *op. cit.*, p. 19.

Respecto de los menores víctimas de delitos sexuales, su declaración suele ser la única prueba directa y por esto las garantías que la deben rodear, así como el modo de introducir el debate procesal garantizando la protección de la víctima y los derechos a la defensa del agresor son tan importantes[221]. Así, previo a la reforma, la prueba preconstituida era algo completamente excepcional[222]. Con la LO 8/2021 la citación de los menores de 14 años y víctimas con discapacidad necesitadas de especial protección se convierte en la excepción. Consecuentemente, deviene excepcional la citación de los menores al juicio y se preconstituye prueba en instrucción «porque el lapso temporal entre la primera declaración y la fecha del juicio oral afectarán a la calidad del relato, y además de que pueden sufrir una victimización secundaria»[223]. Se suma así nuestro legislador a la estela iniciada por la directiva 2012/29/UE que procuraba tomar declaraciones sin dilaciones injustificadas ni reiteraciones innecesarias y recomendaba su realización por medio de profesionales con formación adecuada[224]. Esta norma responde a una obligación de los poderes públicos reconocida en el artículo 39 CE y en la Agenda 2030 con la meta 16.2[225].

Tras este breve epígrafe que amplía las miras a las soluciones legislativas respecto de la preconstitución probatoria de los países del entorno, deviene necesario conocer la posición de los tribunales supranacionales respecto de la prueba preconstituida. Son los jueces y tribunales los encargados de interpretar y aplicar la legislación vigente y, por tanto, deviene necesario conocer y comprender la interpretación que éstos realizan del artículo 6 CEDH así como del efecto directo de la Decisión Marco, actual Directiva, de Víctimas para entender los límites del derecho de defensa que desde Europa nos marcan.

---

221 Asunto P. S. c. Alemania, de 20 de diciembre de 2001 (Demanda núm. 33900/96); Asunto S. N. c. Suecia, 2 de julio de 2002 (Demanda 34209/96); Asunto W c. Finlandia, 24 de abril de 2007 (Demanda núm. 14151/02); Asunto A. H. c. Finlandia, 10 de mayo de 2007 (Demanda núm. 46602/99); Asunto A.L. c. Finlandia; 27 de enero de 2009 (Demanda núm. 23220/04); Asunto D. c. Finlandia, 7 de julio de 2009 (Demanda núm. 30542/04); Asunto Bocos-Cuesta c. Países Bajos, 10 de noviembre de 2005 (Demanda núm. 54789/00).

222 Por todas: STS 222/2019, de 24 de abril de 2019 (ECLI:ES:TS:2019:1413).

223 Sánchez Melgar, Julián, «Prueba preconstituida en las declaraciones de los menores y discapacitados, tras la LO 8/2021», *op. cit.*, p. 14.

224 Arangüena Fanego, Coral, «Declaración de personas vulnerables y preconstitución de la prueba en el proceso penal», *op. cit.*, p. 1104.

225 Luaces Gutiérrez, Ana Isabel, «La prueba preconstituida en menores de edad tras la LO 8/2021: especial referencia a la utilización de Cámaras Gesell como instrumento para evitar la victimización secundaria», *op. cit.*, p. 6.

2.1. Jurisprudencia del Tribunal Europeo de Derechos Humanos

Si acudimos a la jurisprudencia del TEDH[226] empleada en diversas ocasiones por el TC y el TS, el Tribunal de Estrasburgo indica que no se vulnera el derecho de defensa del acusado por incluir declaraciones sumariales si 1) existe una causa legítima que impida la declaración en el juicio oral y 2) se respeta la contradicción permitiéndole contestar a los testimonios de cargo e interrogar al autor en ese momento o en otro.

El caso Kostovski contra los Países Bajos (1989)[227] se hace referencia a la jurisprudencia respecto de los testigos anónimos indicando que el incremento de la delincuencia violenta y organizada ha dado lugar a una necesidad de proteger a los testigos manteniendo su anonimato si se quiere que éstos declaren. Al respecto, considera el TEDH que sí que se produjo una vulneración de la tutela judicial efectiva porque «aunque el incremento de la delincuencia organizada exige, por supuesto, que se tomen medidas adecuadas», entiende el Tribunal que la alegación del Gobierno concede poca importancia a lo que el abogado del demandante llama «el interés de todo ciudadano, en una sociedad civilizada, en contar con un procedimiento judicial justo y de posible revisión». El derecho a una buena administración de justicia ocupa un sitio preeminente en una sociedad democrática (Sentencia Delcourt de 17 de enero de 1970, serie A, núm. 11, pág. 15, apartado 25) que no se puede sacrificar a la mera conveniencia. El Convenio no impide apoyarse, en el período de la instrucción preparatoria, en fuentes como los informantes anónimos; pero el uso posterior de estas declaraciones, como pruebas suficientes para formar una convicción, suscita un problema diferente. En el caso de autos, llevó a limitar los derechos de la defensa de manera opuesta a las garantías del artículo 6. De hecho, el Gobierno reconoce que la condena del demandante se fundó «de forma decisiva» en las declaraciones anónimas.

En el caso Lüdi contra Suiza (1992)[228] también se observa una infracción del derecho de defensa pues los elementos de prueba tienen que presentarse en audiencia pública al acusado para que pueda darse un debate contradictorio y la condena se apoyaba en declaraciones escritas realizadas bajo

226 En estos casos observamos como el TEDH indica o que no existe causa legítima o que no se respetó la contradicción en el primer momento: Asunto Kostovski c. Países Bajos, 20 noviembre 1989 (Demanda núm. 11454/85); Asunto Lüdi c. Suiza, 15 de junio de 1992 (Demanda núm. 12433/86); Asunto van Mechelen y otros c. Países Bajos, 23 de abril de 1997 (Demanda núm. 21363/93); Asunto Bocos-Cuesta c. Países Bajos, 10 de noviembre de 2005 (Demanda núm. 54789/00); Asunto Carta c. Italia, 20 de abril de 2006 (Demanda núm. 4548/02).

227 Asunto Kostovski c. Países Bajos, 20 noviembre 1989 (Demanda núm. 11454/85).

228 Asunto Lüdi c. Suiza, 15 de junio de 1992 (Demanda núm. 12433/86).

juramento por un funcionario de policía que fue agente infiltrado. En el caso Van Mechelen y otros contra los Países Bajos (1997)[229] también se consideró que hubo violación del artículo 6.3.d) del Convenio al haber sido condenados en base a testimonios de policías anónimos y sin contradicción. En el mismo sentido, el caso Lucà, contra Italia (2001)[230], «los derechos de defensa se restringen de forma incompatible con las garantías del artículo 6 cuando una condena se funda exclusivamente o de forma determinante en declaraciones hechas por una persona que el acusado no ha podido interrogar o hacer interrogar ni en la fase de instrucción ni durante el plenario». En el caso Bocos-Cuesta (2005)[231] las declaraciones de los menores ante la policía no se grabaron, siendo que ni el recurrente ni el órgano judicial tuvieron posibilidad de observar el comportamiento de los menores durante el interrogatorio se concluye que el recurrente no tuvo la oportunidad de defenderse.

Sigue esta línea la STC 345/2006[232]. La condena por un delito de robo con violencia e intimidación se hizo en base a la lectura en juicio de la declaración sumarial, la única prueba de cargo de que disponía la acusación tras la incomparecencia en juicio oral de la víctima por razones de salud, siendo que el órgano judicial debió haber empleado alguno de los mecanismos procesales legalmente previstos para que el testimonio se prestase de manera respetuosa al derecho de defensa del acusado. Trae cita el propio TC de la anteriormente comentada STC 31/1981 para recordar que como «regla general, sólo pueden considerarse pruebas que vinculen a los órganos de la justicia penal las practicadas en el juicio oral, pues el procedimiento probatorio ha de tener lugar necesariamente en el debate contradictorio que en forma oral se desarrolle ante el mismo Juez o Tribunal que ha de dictar Sentencia; de manera que la convicción sobre los hechos enjuiciados se alcance en contacto directo con los medios de prueba aportados a tal fin por las partes» y que las excepciones para integrar «en la valoración probatoria el resultado de las diligencias sumariares de investigación» pasa porque éstas se sometan a las mismas exigencias de contradicción.

En cambio, en el ya previamente comentado caso Gani contra España (2013)[233], sí que se acepta la preconstitución probatoria al haber intentado el juzgado la repetición, sin éxito, de la previa diligencia que se realizó, incluso, sin el abogado de la defensa que, notificado, decidió no acudir. No obstante, el Tribunal lo hizo bien y la renuncia a la contradicción fue del propio abogado defensor que no hizo uso de su derecho a la contradicción. En el mismo

229 Asunto van Mechelen y otros c. Países Bajos, 23 de abril de 1997 (Demanda núm. 21363/93).

230 Asunto Lucà c. Italia, 27 de febrero de 2001 (Demanda núm. 33354/96).

231 Asunto Bocos-Cuesta c. Países Bajos, 10 de noviembre de 2005 (Demanda núm. 54789/00).

232 STC 345/2006 (ECLI:ES:TC:2006:345).

233 Asunto Gani c. España, 19 de febrero de 2013 (Demanda núm. 61800/08).

sentido se había pronunciado tiempo atrás: en Artner contra Austria (1992)[234] el demandante es condenado a tres años de prisión por usura en dos casos siendo que en uno de éstos la sentencia se basa en las declaraciones realizadas por la víctima ante la policía y ante el juez instructor sin escuchar al interesado al que se intentó contactar en vano. El demandante alega vulneración del artículo 6 CEDH al no poder interrogar o hacer interrogar a la demandante. El Tribunal intentó numerosos intentos de careos, pero todos fracasaron por el comportamiento de los interesados que se mudaron sin indicar su nueva dirección y, por tanto, sin poder ser citados. Las declaraciones no son el único elemento probatorio sobre las que el tribunal basa su convicción. Por esto la imposibilidad de interrogar a la demandante en la audiencia, y la consecuente preconstitución probatoria, no lesiona el derecho a la defensa.

2.2. El Tribunal de Justicia de la Unión Europea y la sentencia Pupino como punto de inflexión

La sentencia Pupino del Tribunal de Justicia (Gran Sala) (TJUE) sentó en 2005 las bases que nuestro país fue repitiendo a golpe de sentencia, indicando que no existe vulneración al derecho de defensa pues la primera declaración se prestó correctamente. Si bien es un caso antiguo, haré una somera referencia debido a la relevancia que sigue teniendo hoy en día[235]. El caso se basaba en la interpretación de los artículos 2, 3 y 8 de la Decisión Marco 2001/220 JAI. Esta Decisión Marco ya no está en vigor, pues fue sustituida en 2015 por la directiva de víctimas. La señora Pupino era profesora en los primeros cursos de colegio. En un proceso penal contra la señora Pupino, se le acusaba de múltiples delitos que traían causa en abusar de medidas disciplinarias que estaban tipificadas en el artículo 561 del CP italiano, así como por lesiones agravadas al golpear a una de sus alumnas, de muy corta edad. En agosto de 2001, el ministerio fiscal pidió al juez que se tomara declaración a los ocho niños, con la doble cualidad de testigo-víctima, mediante incidente probatorio porque consideraba que, en atención a la corta edad de los testigos no era recomendable esperar hasta la vista oral. Esta declaración se tomó en un centro especializado garantizando que se protegiera la dignidad, intimidad y tranquilidad de los menores. La víctima era una menor de cinco años y la Decisión Marco relativa al estatuto de la víctima vigente por aquel momento indicaba que el órgano jurisdiccional nacional debería poder autorizar que los menores víctimas de malos tratos presten declaración según unas formas que les garanticen un nivel adecuado de protección[236].

234 Asunto Artner c. Austria, 28 de agosto de 1992 (Demanda núm. 13161/87).

235 STJUE de 16 de junio de 2005, Asunto C-105/03.

236 Nacarino Lorente, José María, «La declaración del menor víctima del delito como prueba preconstituida», *La Ley Probática*, núm. 1, 2020.

La señora Pupino se negó a esta práctica porque dijo que los delitos que ella había cometido no estaban entre los supuestos del articulo 392 CPP. Al respecto, se pidió al TJUE que se pronunciase con carácter prejudicial. El juez remitente preguntaba si los artículos previamente señalados de la Decisión Marco se interpretaban en el sentido de que él debía poder autorizar que los niños de corta edad declarasen en un entorno más adecuado para su desarrollo, aunque su legislación no lo prevea. El Tribunal de Justicia (Gran Sala) le respondió que sí, que estaba obligado a interpretar su legislación nacional a la luz de la Decisión Marco. En mi opinión esta sentencia, si bien rompe una lanza a favor de la interpretación nacional a la luz del derecho europeo, se queda corta porque pierde una oportunidad de oro para el estudio de la capacidad del menor de declarar.

Ilustra Arangüena Fanego que fue este caso el que «sentó el criterio de la necesidad de aplicación conforme del derecho nacional con las disposiciones del (antiguo) tercer pilar y avaló la aplicación a menores, atendida su vulnerabilidad, de soluciones de preconstitución de su declaración testifical aun no estando previstas específicamente para el supuesto [...]. En definitiva, el debido equilibrio entre los derechos de la defensa garantizados por el art. 6 CEDH y 47-48 de la Carta de Derechos Fundamentales de la Unión Europea y la debida protección a víctimas y testigos vulnerables constituye la piedra angular sobre la que se debe apoyar cualquier medida destinada a regular la prueba testifical»[237].

Así, al hilo del caso Pupino, la STS 96/2009[238] interpreta la «imposibilidad» de comparecer el día de la vista oral «incluyendo los casos en que existe riesgo cierto de producir consecuencias para la incolumidad psíquica y moral de menores de edad víctimas de delitos sexuales» y es el juez instructor el que deberá hacer una ponderación respecto de la «imposibilidad» de declarar siendo que «cuando el hecho delictivo ha ocurrido en edades muy tempranas de la víctima (que en instrucción solo se percibe como inconveniente o dificultad), es probable que derive con el tiempo y la evolución psíquica del menor en imposibilidad»[239]. Esta sentencia nacional fue confirmada por la STJUE de 21 de diciembre de 2011 en un asunto de abusos sexuales de un padre a su hija menor de 5 años, donde también se hizo uso de un incidente probatorio en la fase de instrucción italiano para evitar que declarase en el juicio oral[240].

---

237 Arangüena Fanego, Coral, «Declaración de personas vulnerables y preconstitución de la prueba en el proceso penal», *op. cit.*, p. 1107.

238 STS 96/2009, de 10 de marzo de 2009 (ECLI:ES:TS:2009:1804).

239 Sotoca, Andrés; Muñoz, José Manuel; González, José Luis y Manzanero, Antonio L.. «La prueba preconstituida en casos de abuso sexual infantil: aportaciones desde la psicología jurídica», *op. cit.*, pp. 3-4.

240 STJUE de 21 de diciembre de 2011, Asunto C-507/10: «Los artículos 2, 3 y 8, apartado 4, de la Decisión marco 2001/220/JAI del Consejo, de 15 de marzo de 2001, relativa al

En este sentido se pronuncia nuestro TC en STC 174/2011[241], de 7 de noviembre, concluyendo que «cuando la víctima es menor de edad, resulta legítimo adoptar medidas de protección en su favor, incluso rechazar su presencia en juicio para ser personalmente interrogada; más tales cautelas han de ser compatibles con la posibilidad que ha de otorgarse al acusado de ejercer adecuadamente su derecho de defensa, a cuyo fin los órganos judiciales están obligados, simultáneamente, a tomar otras precauciones que contrapesen o reequilibren los déficits de defensa que derivan de la imposibilidad de interrogar personalmente al testigo de cargo en el juicio oral».

III. Reflexión preliminar: ¿Afecta la prueba preconstituida del vulnerable al derecho de defensa?

Siguiendo a Moreno Catena, «el derecho de defensa se reconoce universalmente no como concesión humanitaria procedente de la benignidad de los legisladores, sino como verdadero y propio derecho emanado de la suprema ley de la naturaleza»[242]. Es éste un derecho fundamental reconocido en todas las constituciones de países democráticos de derecho y en los textos de derechos humanos[243]. Es la prueba en el acto del juicio oral la que, como norma general, servirá para desvirtuar la presunción de inocencia con los medios de prueba válidos (ya sean utilizados directamente en el juicio oral o preconstituidos en fase instructora si en su preconstitución se observaron las garantías necesarias para la defensa)[244]. Pero esta regla general no puede traer consigo la negación de toda eficacia a diligencias policiales y sumariales que se practicaron de acuerdo con las formalidades constitucionales siendo la reproducción de la diligencia de investigación en el juicio oral necesaria para que ésta pueda constituir prueba sobre la que el tribunal forme su

estatuto de la víctima en el proceso penal, deben interpretarse en el sentido de que no se oponen a disposiciones nacionales, como las de los artículo 392, apartado 1 bis, 398, apartado 5 bis y 394 de la Ley de Enjuiciamiento Criminal italiana, que, por una parte, no imponen al Ministerio Fiscal la obligación de solicitar del órgano jurisdiccional competente para resolver el asunto que permita que a la víctima especialmente vulnerable se la oiga y se le tome declaración mediante incidente probatorio en la fase de instrucción del proceso penal y, por otra parte, no autorizan a la citada víctima a interponer un recurso ante el juez contra la decisión del Ministerio Fiscal que desestima su solicitud de ser oída y de que se le tome declaración mediante el mencionado incidente».

241 STC 174/2011 (ECLI:ES:TC:2011:174).

242 Moreno Catena, Víctor, «Algunos problemas del derecho de defensa, La reforma del proceso penal», *op. cit.,* p. 451.

243 Moreno Catena, Víctor, «Sobre el Derecho de Defensa: cuestiones generales», *op. cit.*, p. 17.

244 Rodríguez Fernández, Ricardo, «Prueba preconstituida y prueba anticipada», *op. cit.*, p. 4.

convicción, porque solo así se garantiza el derecho de defensa del acusado al someterla a contradicción y publicidad[245].

Esto es así porque, como expone la STC 323/1993, de 8 de noviembre de 1993[246], con cita de las STC 107/1985[247], y 41/1991[248] «no admitir la prueba practicada con las debidas garantías supondría hacer depender el ejercicio del *ius puniendi* del Estado del azar o de la malquerencia de las partes, pudiendo dejarse sin efecto lo actuado sumarialmente. Un sistema que pondere adecuadamente tanto la necesidad social de protección de bienes jurídicos esenciales, como el haz de garantías frente a posibles abusos de los ciudadanos, con independencia de su posición, ha de estar en condiciones de hacer valer la seriedad de lo actuado por los órganos encargados de la represión penal, siempre que lo actuado lo haya sido con pleno respeto a aquellas garantías. Ahora bien, de lo expuesto se desprende claramente que las declaraciones testificales hechas con anterioridad al juicio oral han de haberse conseguido con escrupuloso respeto a las normas procesales y garantías constitucionales consiguientes».

Nuestros altos tribunales (TS y TC) han declarado el derecho constitucional (reconocido también en tratados internacionales) por el que todo acusado en un proceso penal se tiene por inocente, salvo que las acusaciones puedan probar lo contrario por medio de pruebas de cargo practicadas según dicten las leyes procesales y en el juicio oral con sus correspondientes principios (igualdad, contradicción, inmediación y publicidad), con la explicación motivada de la conclusión probatoria en la sentencia de acuerdo con los criterios de la sana lógica y la experiencia[249]. No obstante, cabe utilizar los artículos 777 y 797 para preconstituir prueba en las excepciones que éstos indican siendo que «la opción de recomendar su utilización de forma generalizada supone, por otro lado, trasladar a los jueces de instrucción y fiscales la exigencia de proteger a los menores víctimas, pero la experiencia ha demostrado que es preciso que estas iniciativas se plasmen en reformas legales que hagan extensivo a todos los órganos judiciales la práctica de este tipo de pruebas»[250]. Previa a la reforma del artículo 777 LECrim, el TS, vía jurisprudencial, fue abriendo una brecha respecto de esta contradicción que se vislumbra claramente en la STS de 2 de junio de 2006[251] aceptando la validez

245 *Ibidem*, p. 6.

246 STC 323/1993 (ECLI:ES:TC:1993:323).

247 STC 107/1985 (ECLI:ES:TC:1985:107).

248 STC 41/1991 (ECLI:ES:TC:1991:41).

249 Magro Servet, Vicente, «Necesidad de la práctica de la prueba preconstituida con menores de edad en el Juzgado de instrucción en los delitos contra la libertad sexual», *Diario La Ley*, núm. 6972, 2008, p. 6.

250 *Ibidem,* p. 7.

251 STS 626/2006, de 2 de junio de 2006 (ECLI:ES:TS:2006:3678).

y eficacia de la prueba preconstituida de las declaraciones de los menores fallando que «el derecho de defensa del acusado y el derecho de contradicción no se agota ni se manifiesta exclusivamente en el plenario»[252].

Afirma MUERZA ESPARZA que, aunque todos estemos de acuerdo en que es necesario establecer mecanismos eficaces para proteger a los menores de edad frente a actos que dañen su libertad sexual, así como en adoptar las cautelas procesales necesarias para que su paso por los juzgados no se torne en una revictimización secundaria, también lo estamos en que la consecución de estos objetivos no se hará a través de lo que denomina «un modelo procesal excepcional, de carácter cuasi-inquisitorial, en el que se invierta la carga de la prueba sustituyéndose el deber de la acusación de probar la culpabilidad por la obligación de la defensa de probar la inocencia, se prescindan de la inmediación y de la contradicción, o se impida a la defensa el acceso directo a las fuentes de prueba»[253]. No se trata de renunciar a las garantías procesales penales que tantos siglos ha costado conseguir, se trata de aplicar los conocimientos sobre la victimología de que disponemos ahora y las nuevas tecnologías para, sin renunciar a la contradicción, evitar a las víctimas un peregrinaje interminable por los juzgados repitiendo su historia y viendo como la defensa la pone en duda una y otra vez. Porque «la regulación de la ciberjusticia debe incluir la obligación de que las partes tengan acceso a los criterios de decisión del litigio y la posibilidad de ser oídas y formular alegaciones acerca de la aplicación de estos al caso concreto. Este es un principio esencial irrenunciable y así ha sido reconocido tanto por el TEDH como por el TC»[254].

Abrir el debate respecto del uso de la prueba preconstituida no abre consigo la puerta para reducir garantías al derecho de defensa, pues éste es la base de nuestro sistema procesal penal[255]. La clave será el equilibrio entre los derechos en conflicto para que los derechos del menor como víctima no lesionen los del acusado pues el Estado no solo ejerce el *ius puniendi* sino que también evita que se castigue a inocentes[256]. Porque, como indica BUJOSA VADELL, «las limitaciones que se impongan en la práctica de la prueba testifical del menor en ningún caso pueden suponer restricciones insuperables para la defensa del acusado, que debe poder combatir las declaraciones testificales en su contra, e incluso poner en duda la credibilidad del testigo,

252 *Idem*

253 MUERZA ESPARZA, Julio, «Sobre los límites a la prueba preconstituida en el proceso penal», *op. cit.*, p. 5.

254 PÉREZ DAUDÍ, Vicente, «La transformación digital de la justicia civil», *op. cit.*, p. 465.

255 STS 71/2015, de 4 de febrero de 2015 (ECLI:ES:TS:2015:459) con la jurisprudencia que cita.

256 LÓPEZ JARA, Manuel, «Requisitos para que el testimonio del menor, víctima de delitos de naturaleza sexual, constituya prueba de cargo para la condena del acusado», *La Ley derecho de familia*, 2015, p. 2.

del modo que pueda introducir una duda razonable en la consideración del juzgador que le impida entender desvirtuada esa verdad interina que conocemos como presunción de inocencia»[257].

257 BUJOSA VADELL, Lorenzo, «La declaración testifical del menor en el proceso penal de adultos y las nuevas tecnologías como instrumentos de protección» en *Nuevos paradigmas del Derecho procesal* (coord. Carina GÓMEZ FRÖDE), Universidad Nacional Autónoma de México, 2016, p. 582.

CAPÍTULO III

EL DERECHO A LA TUTELA JUDICIAL EFECTIVA DE LAS PERSONAS VULNERABLES

I. La tutela judicial efectiva de las víctimas

El derecho a la tutela judicial efectiva es de los menos estudiados por la doctrina constitucional y, en cambio, es de los derechos fundamentales que más asuntos ha hecho que el TC resuelva por medio del recurso de amparo[258]. No es éste «un mero derecho de acceso al proceso, porque ni se agota en dicha faceta, ni garantiza un acceso al proceso incondicionado, sino conforme a lo que dispongan las leyes procesales, pero tampoco es un derecho a recibir una sentencia favorable, como apuntaría la acepción coloquial o sustantiva de tutela»[259]. Además, debe reconocerse que una desigualdad de partida en las víctimas vulnerables modifica tanto las condiciones de acceso como de entendimiento durante en el proceso. No en vano, la figura del facilitador legalmente prevista para las personas con discapacidad para entenderlo. Es ésta una figura regulada en la LEC pero que tendría cabida en el proceso penal igualmente.

Nuestro proceso se ha centrado en las garantías del investigado y, en cierto modo, ha olvidado aspectos básicos de la víctima. En este sentido, «sorprende que defensores de los derechos humanos de las personas detenidas, investigadas y condenadas recelen a priori de los derechos de las víctimas como derechos humanos»[260]. No en vano, el sistema sigue sin comprender

258 Carrasco Durán, Manuel, «La definición constitucional del derecho a la tutela judicial efectiva», *op. cit.*, p. 15.

259 *Ibidem,* p. 23

260 Varona Martínez, Gema María, «Victimización secundaria, en particular en delitos contra la seguridad vial, sistema de justicia y la creencia en seres mitológicos», *Cuadernos Penales José María Lidón,* núm. 14,2018, p. 248.

qué es una víctima y todavía menos qué es una víctima menor de edad y esto trae consigo prácticas inadecuadas con los consecuentes daños adicionales al menor que se ve obligado a interactuar con el sistema de justicia[261].

Con carácter previo a adentrarnos en este capítulo donde situaremos a la víctima en el centro, me gustaría indicar, una vez más, que su mayor protección no supondrá una reducción de los derechos del agresor. El sistema penal tiene como principios rectores las garantías hacia la persona detenida, investigada o condenada y es entendible porque como sistema humano trata con la libertad y derechos fundamentales que deben ser respetados[262]. En este sentido, indica el TS que es doctrina de la sala partir de «la necesidad de respetar adecuadamente los derechos del acusado en el proceso ya que la justicia penal no puede obtenerse a cualquier precio; y, por relevante que sea el bien jurídico que pretenda tutelarse, en ningún caso se puede justificar el prescindir de las garantías fundamentales del derecho de defensa, que constituyen las bases esenciales de nuestro sistema jurídico»[263].

Refiere Magro Servet, la incomparecencia de las víctimas a los juicios se debe a un «lógico temor» de declarar frente a los acusados o por no querer enfrentarse, de nuevo, a la maquinaria judicial cuando, por norma general, han declarado dos veces con anterioridad: en comisaría y en el juzgado instructor[264]. La interpretación de los artículos 449 bis, ter y 777 LECrim ha dado lugar a prolífica jurisprudencia respecto de la imposibilidad de practicar una prueba testifical en el juicio oral. Jurisprudencia que ha ido cambiando, acercándose algunas veces más a la víctima y aceptando pruebas preconstituidas y otras veces forzando a la víctima a acudir a declarar el día del juicio para garantizar el derecho a la contradicción. Al respecto, el TS ha admitido como imposibilidad la inconveniencia de someter al testigo menor de edad a nuevo interrogatorio con base en informes periciales con carácter previo a la reforma de la LO 8/2021[265]. En esta misma doctrina basamos la propuesta de preconstituir prueba de víctimas vulnerables en base a informes. Así, hemos visto como jueces han tenido que forzar interpretaciones legislativas ante la inactividad del legislador. El mismo Vicente Magro Servet, mientras redactaba artículos a favor de la preconstitución de la prueba para menores de

261 Pereda, Noemí y Andreu, Laura, «La protección de los niños y niñas ante la victimización secundaria: propuestas de actuación profesional» *op. cit.*, p. 116.

262 Varona Martínez, Gema María, «Victimización secundaria, en particular en delitos contra la seguridad vial, sistema de justicia y la creencia en seres mitológicos», *op. cit.*, p. 250.

263 STS 579/2019 de 26 de noviembre de 2019 (ECLI: ES:TS:2019:3857).

264 Magro Servet, Vicente, «Preceptividad de la práctica de la prueba preconstituida con víctimas en el proceso penal», *op. cit.*, p. 2.

265 STS 71/2015, de 4 de febrero de 2015 (ECLI:ES:TS:2015:459); STS 96/2009, de 10 de marzo de 2009 (ECLI:ES:TS:2009:1804); STS 593/2012, de 7 de julio de 2012 (ECLI:ES:TS:2012:5087); STS 19/2013, de 9 de enero de 2013 (ECLI:ES:TS:2013:173); STS 743/2010, de 17 de junio de 2010 (ECLI:ES:TS:2010:4235).

edad, se veía obligado a declarar la nulidad del acto del juicio por la falta de declaración si no existía un informe médico que justificase la necesidad de evitar la presencia en juicio del menor[266]. Como indica, «el debate se centra en conciliar el derecho de los menores a que no se les victimice con una nueva repetición de su declaración ya efectuada en la fase de instrucción con el derecho de defensa de la parte acusada a interrogar a los menores»[267].

1. El concepto de vulnerabilidad

Define la RAE la palabra vulnerabilidad como «cualidad de vulnerable» y el adjetivo vulnerable como «que puede ser herido o recibir lesión, física o moralmente». El concepto de vulnerabilidad ha sido objeto de estudio desde diversas disciplinas, cada una con su propio enfoque. Refiere Burgorgue-Larsen que los movimientos filosóficos han estudiado el concepto de vulnerabilidad para construir teorías explicativas sobre las relaciones del individuo con la sociedad para, por medio de estas definiciones, repensar el espacio público. Continúa la autora indicando que los sociólogos han realizado otra aproximación metodológica, pues su objeto de estudio han sido las vulnerabilidades múltiples (el género, la migración, el trabajo, la ancianidad...)[268]. Para la jurista y criminóloga Varona Martínez la vulnerabilidad «puede concebirse, de forma general, como un aspecto intrínseco, universal y generador de la condición humana, con todas sus potencialidades, la vida es vulnerable y por ello hay que protegerla, considerando los diferentes contextos y factores existentes. Esto significa que la vulnerabilidad no es ni buena ni mala, sino un hecho de la condición humana, en su finitud, limitaciones, fragilidad y precariedad»[269].

El concepto de vulnerabilidad es un descubrimiento tardío para el derecho donde el modelo de las nuevas corrientes filosóficas ha incluido el discurso americano clásico sobre la igualdad con el postulado de que el ser humano es vulnerable como punto de partida y, consecuentemente, esta condición no tiene que ser vista como algo negativo sino como portadora de acciones positivas individuales y estatales[270]. Observamos como los últimos años los conceptos de vulnerabilidad y de grupos vulnerables se han introducido en el

266 STS 579/2019 de 26 de noviembre de 2019 (ECLI: ES:TS:2019:3857).

267 STS 579/2019 de 26 de noviembre de 2019 (ECLI: ES:TS:2019:3857).

268 Burgorgue-Larsen, Laurence, «La vulnerabilidad comprendida desde la filosofía, la sociología y el derecho. De la necesidad de un diálogo interdisciplinario», *Revista del Postgrado en Derecho de la UNAM Nueva Época*, núm. 1, 2014, pp. 222-226.

269 Varona Martínez, Gema María, «Victimización secundaria, en particular en delitos contra la seguridad vial, sistema de justicia y la creencia en seres mitológicos», *op. cit.*, p. 252.

270 Burgorgue-Larsen, Laurence, «La vulnerabilidad comprendida desde la filosofía, la sociología y el derecho. De la necesidad de un diálogo interdisciplinario», *op. cit.*, p. 126.

lenguaje jurídico para la protección de derechos humanos[271]. El propio TEDH ha ido articulando un concepto jurídico europeo de la vulnerabilidad ante un «grupo de población particularmente desfavorecida y vulnerable que necesita una protección especial»[272]. Los juristas recogimos el testigo y hemos empleado el concepto porque *lo que no se nombra no existe* y nos sirve para comprender situaciones específicas que, cuando las nombramos, nos dimos cuenta de que no son inéditas. «En este campo jurídico, si el concepto de la vulnerabilidad ha florecido, su conceptualización no ha sido regular. Legisladores y jueces se han contentado (lógicamente respecto de sus funciones respectivas) con utilizarlo, sin más, para enmarcar de mejor manera la acción del Estado»[273].

De acuerdo con las reglas de Brasilia[274] y el concepto de las personas en situación de vulnerabilidad que éstas ofrecen, «se consideran en condición de vulnerabilidad aquellas personas que, por razón de su edad, género, estado físico o mental, o por circunstancias sociales, económicas, étnicas y/o culturales, encuentran especiales dificultades para ejercitar con plenitud ante el sistema de justicia los derechos reconocidos por el ordenamiento jurídico». Siguen estas reglas indicando que «podrán constituir causas de vulnerabilidad, entre otras, las siguientes: la edad, la discapacidad, la pertenencia a comunidades indígenas o a minorías, la victimización, la migración y el desplazamiento interno, la pobreza, el género y la privación de libertad» y «se considera en condición de vulnerabilidad aquella víctima del delito que tenga una relevante limitación para evitar o mitigar los daños y perjuicios derivados de la infracción penal o de su contacto con el sistema de justicia, o para afrontar los riesgos de sufrir una nueva victimización. **La vulnerabilidad puede proceder de sus propias características personales o bien de las circunstancias de la infracción penal**. Destacan a estos efectos, entre otras víctimas, las personas menores de edad, las víctimas de violencia doméstica o intrafamiliar, las víctimas de delitos sexuales, los adultos mayores, así como los familiares de víctimas de muerte violenta» (La negrita es propia).

Si bien volveremos sobre esta idea más adelante, resulta muy interesante que las propias reglas indiquen que la vulnerabilidad puede darse *per se* en la propia víctima con independencia de la existencia de la infracción penal (menores de edad, personas con discapacidad, ancianidad...) y que en otras víctimas tendrán que ver con las circunstancias de la propia infracción penal (víctimas de violencia de género y doméstica, delitos sexuales, terrorismo...)

---

271 *Ibidem*, p. 128.

272 Presno Lirena, Miguel Ángel, «La vulnerabilidad», *Cuadernos sobre el derecho de asilo en España*, núm. 2, 2022, p. 30.

273 Burgorgue-Larsen, Laurence, «La vulnerabilidad comprendida desde la filosofía, la sociología y el derecho. De la necesidad de un diálogo interdisciplinario», *op. cit.*, p. 128.

274 Reglas de Brasilia sobre acceso a la justicia de las personas en condición de vulnerabilidad, 2008.

estableciendo así una diferenciación básica que nuestro legislador parece haber obviado y es que todos y todas podemos ser vulnerables ante una situación concreta y esta vulnerabilidad *ad hoc* requeriría de medidas de corrección similares a las que tienen las víctimas que son vulnerables *per se*.

Si descendemos a la doctrina procesal, define GÓMEZ COLOMER a las víctimas vulnerables como aquellas «en las que se dan condiciones tan severas, que hacen que los efectos del delito puedan tener consecuencias drásticas e irreparables, cuya protección requiera de acciones específicas más contundentes»[275]. El autor va más allá y diferencia entre vulnerabilidades para afirmar que la distinción entre víctima vulnerable y víctima especialmente vulnerable se debe resolver legalmente estableciendo un grupo amplio de víctima vulnerable y otro de víctima especialmente vulnerable con justificaciones aceptables respecto de en qué grupo iría cada víctima: «El primer problema que hay que resolver por tanto es determinar qué víctimas son vulnerables y especialmente vulnerables, siendo el resto las víctimas normales o en general»[276]. La lectura conjunta de los artículos 23, 25 y 26 EVD da a entender que los menores tendrían la característica de víctima especialmente vulnerable junto con las víctimas de violencias sexuales, de terrorismo y personas con discapacidad, entre otras. Al respecto, el artículo 23.2.2 refiere «si se trata de víctimas menores de edad o de víctimas necesitadas de especial protección o en las que concurran factores de especial vulnerabilidad» siendo necesario, *en pos* de la seguridad jurídica, un mayor desarrollo del concepto «factores de especial vulnerabilidad».

Nuestro legislador va tomando conciencia de estas vulnerabilidades que modifican las condiciones de partida como puede observarse tras las últimas reformas en los textos procesales penales con la ley 4/2015 del EVD y la LO 8/2021 de protección de la infancia. La primera de estas leyes realiza modificaciones para proteger a menores y personas con discapacidad permitiendo que acudan acompañados bien por su representante legal o bien por una persona de su confianza, así como declarando por medio de expertos. Más tarde, el artículo 7 bis de la LEC reguló la figura del facilitador judicial. La segunda ley apuesta por la prueba preconstituida para menores de catorce años y personas con discapacidad en determinados tipos penales para evitar su revictimización. Expone CUADRADO SALINAS «si en algo existe unanimidad doctrinal es que no existe unanimidad para delimitar y definir qué debemos entender por vulnerabilidad y en que se distingue, si es que en algo debe distinguirse, de la noción discapacidad»[277] y he querido traer a colación sus

275 GÓMEZ COLOMER, Juan Luis, *Estatuto Jurídico de la víctima del delito (La posición jurídica de la víctima ante la Justicia Penal. Un análisis basado en el Derecho comparado y en la Ley 4/2015, de 27 de abril, del Estatuto de la Víctima del delito en España)*, Aranzadi, Navarra, 2015, p. 216.

276 *Ibidem*, pp. 216-218.

277 CUADRADO SALINAS, Carmen, «Personas vulnerables y ajustes del procedimiento. Luces y sombras de su regulación actual», *Revista General de Derecho Procesal*, núm. 62, 2024, pp. 1-2.

palabras porque es ésta la pieza clave para abrir más o menos la horquilla de las víctimas que pueden acogerse a la preconstitución probatoria y por ello es necesario un acuerdo normativo del término.

Vulnerabilidad y discapacidad son conceptos distintos porque no siempre que una víctima sea vulnerable tendrá también una discapacidad si entendemos la vulnerabilidad como la afectación a su capacidad y al riesgo de padecer daños por una situación[278]. En este sentido, comparto con SALINAS CUADRADO, las víctimas del delito son personas vulnerables y la necesidad de evitar una revictimización es el motor del legislador europeo en la promulgación de la directiva 2012/29/UE pues existen situaciones de riesgo a lo largo de sus intervenciones ante los tribunales[279]. Y, como indica ARANGÜENA FANEGO, «el trato digno en los procedimientos judiciales de todas las personas sea cual sea su posicionamiento procesal, es un principio que debe regir la actuación de nuestros tribunales y, en general, de todos los operadores jurídicos»[280].

2. El derecho a entender y ser entendido

El lenguaje jurídico es complicado, y todavía más para víctimas donde se suman distintas situaciones de vulnerabilidad como las que tratamos en este estudio. No en vano, hace cinco años (2019), la organización de derechos humanos JUSTICE publicó el informe «*Understanding Courts*» (entendiendo a los tribunales)[281]. En este informe se exponía que hay determinadas víctimas con una especial vulnerabilidad que requerirían de un trato diferente por nuestros tribunales. Estas víctimas especialmente vulnerables se encuentran indicadas en el EVD siendo que algunas necesitarán una adaptación del lenguaje jurídico para comprender el proceso (como pueden ser los menores o las personas con discapacidad) y otras necesitarán una mayor humanización del sistema de justicia y que el proceso comprenda su situación personal.

2.1. El derecho a comprender el proceso

En el trato con los tribunales existe un derecho a entender y ser entendido. Es un derecho básico de las víctimas que las comunicaciones se hagan en lenguaje claro, sencillo y accesible y habrá que tener en cuenta la discapacidad sensorial, intelectual, mental o su minoría de edad (artículo 4 EVD). Porque

278 *Ibidem*, pp. 2-3

279 *Ibidem*, pp. 3-4

280 ARANGÜENA FANEGO, Coral, «Declaración de personas vulnerables y preconstitución de la prueba en el proceso penal», *op. cit.*, p. 1094.

281 Informe disponible en: https://justice.org.uk/our-work/understanding-courts/.

no se trata de proporcionarles la información, se trata de que la entiendan[282]. Es famosa la SAP Madrid, sección 16 núm. 517/2018[283] porque traslada a lectura fácil una sentencia de condena para que la entendiera una persona con discapacidad intelectual que era parte acusadora: «Líbrese comunicación a la Fundación A la Par, con testimonio de la presente sentencia, a fin de que se lleve a cabo una versión de la misma en modalidad "lectura fácil", para su posterior notificación al perjudicado Jose Antonio». Comparto con Ariza Colmenarejo, el lenguaje jurídico es complejo por la precisión que requiere y si es difícil de entender para el público en general, resulta más complicado en el caso de una persona con discapacidad intelectual, pero con los mismos derechos en el ámbito jurisdiccional que el resto de justiciables[284].

Al respecto, es de justicia reconocer los esfuerzos que está realizando el CGPJ junto con la Confederación Plena Inclusión España para, mediante la lectura fácil, dar cumplimiento a la convención de Naciones Unidas y que las personas con discapacidad intelectual puedan comprender el contenido de las resoluciones judiciales. En el mismo sentido, hay que indicar que, dependiendo de la edad madurativa del menor, éste también necesita de una simplificación del lenguaje jurídico. La lectura fácil no sustituye al texto original, sino que se usa a efectos informativos de la víctima y se une a las actuaciones junto con el acta para dejar constancia en autos. Pero la lectura fácil plantea otros inconvenientes que muestra la autora respecto el plazo para recurrir ¿empieza cuando se notifica la sentencia o cuando se facilita en sus términos para que el destinatario pueda entender el sentido del fallo? El artículo 160 LECrim no prevé esta situación y, por tanto, nos encontramos frente a un vacío legal cuando la parte afectada pide esta transformación a lenguaje fácil[285].

Este derecho se puede asimilar a la posibilidad de solicitar una traducción e interpretación ya sea a otro idioma o al lenguaje de signos ya que esta adaptación del lenguaje requiere de una actividad similar[286]. Además, la propia Comisión Europea reconoce en su Recomendación de la Comisión sobre garantías procesales para personas vulnerables sospechosas o acusadas en procesos penales este estatuto jurídico no solo a las víctimas, también a los sospechosos o acusados[287].

---

282 Ariza Colmenarejo, «María Jesús, Lectura fácil y resoluciones judiciales» en *Justicia: ¿garantías versus eficiencia?* (dirs. Fernando Jiménez Conde y Rafael Bellido Penadés), Tirant Lo Blanch, 2019, p. 540.

283 SAP Madrid 517/2018, de 9 de julio de 2018 (ECLI: ES:APM:2018:10498)

284 Ariza Colmenarejo, «María Jesús, Lectura fácil y resoluciones judiciales» en: *Justicia: ¿garantías versus eficiencia?*, *op. cit.*, p. 541.

285 *Ibidem*, pp. 543-544.

286 *Ibidem*, p. 545.

287 Sanz Hermida, Ágata, «Hacia la consolidación del estatuto jurídico de los sospechosos

2.2. El derecho a que el proceso comprenda a la víctima

Quedaría una segunda cuestión en este derecho y sería preguntarnos qué sucede cuando el proceso no es capaz de comprender las características propias de la víctima. En este segundo supuesto se encuentran, por ejemplo, las víctimas de violencia de género en el marco de una relación de afectividad. Estas víctimas presentan una vulnerabilidad respecto de su agresor fruto de los distintos ciclos de violencia y reconciliación que existen en sus dinámicas de pareja. El ciclo de la violencia ha sido ampliamente estudiado y los profesionales en la psicología nos indican que en el periodo que denominan de «luna de miel» la víctima perdona a su agresor y cree sus palabras de cambio. En estos periodos acostumbran a retractarse o pedir que la medida de protección se retire.

Comparto con Llorente Sánchez-Arjona que en los delitos por violencia de género se dan unas características que no encontramos en otros delitos porque la motivación del agresor no puede reducirse a un hecho puntual. Existe una actitud de intimidación y control por parte del agresor que trae consigo temor y subordinación por parte de su víctima[288]. Aquí juzgar con perspectiva de género se convierte en la herramienta de interpretación necesaria para enfocar los conceptos de discriminación y violencia mostrándonos que son un fenómeno estructural y sistemático y no algo anecdótico entre sujetos socialmente aislados[289].

Por lo que respecta a los pronunciamientos del TS, hemos de mostrarnos optimistas porque el Tribunal está asumiendo la perspectiva de género en sus últimas sentencias. En Sentencia núm. 247, de 24 de mayo de 2018[290], aprecia por primera vez la perspectiva de género al indicar que el maltrato habitual se configura con unas características que denotan una especial crueldad por parte de su autor que, en el círculo de su propio hogar familiar, decide ejercer un maltrato prolongado que, aunque desdoblado en actos aislados de hechos que conllevarían, individualmente considerados, una penalidad reducida, es precisamente la reiteración de éstos la que provoca el daño en la víctima ya no solo por las expresiones y los actos, sino por su propio autor, «que

---

y acusados en el espacio de libertad, seguridad y justicia. Los últimos instrumentos: presunción de inocencia, derecho a estar presente en el juicio y protección de derechos de menores sospechosos o acusados», *Revista General de Derecho Procesal*, núm. 39, 2016, pp. 11-12.

288 Llorente Sánchez-Arjona, Mercedes, «La ciberviolencia de género: nuevas formas de victimización» en: *El proceso penal ante una nueva realidad tecnológica europea* (dirs. Montserrat Hoyo Sancho y Esther Pillado González), Aranzadi, 2023, p. 415.

289 Avilés Palacios, Lucía, «Una mirada crítica y feminista del derecho de acceso a la justicia», *Análisis de la Justicia desde la perspectiva de género*, Tirant Lo Blanch, Valencia, 2018, pp. 71-137.

290 STS 247/2018, de 24 de mayo de 2018 (ECLI:ES:TS:2018:2003).

no se trata de un tercero ajeno a las víctimas, sino de la pareja de la víctima, o el padre de las mismas, como aquí ocurre, lo que agrava el padecimiento de las víctimas de violencia de género y doméstica» provocando situaciones de miedo e incluso la sensación de no poder denunciar. Son estas características especiales de las víctimas —que no se dan en la víctima de ningún otro tipo de delito— las que provocan situaciones donde el silencio ante el maltrato ha sido prolongado en el tiempo hasta que, llegados a un punto, ocurre un hecho (grave) detonante, y la víctima se decide, finalmente, a denunciar. Ha llegado a un límite a partir del cual ya no puede soportar más actos de maltrato hacia ella y, en ocasiones, también hacia sus hijos.

En estos casos, es importante que los estereotipos y prejuicios de género queden fuera del sistema judicial porque, de acuerdo con la recomendación general núm. 33 (2015) sobre acceso de las mujeres a la justicia de Naciones Unidas, «distorsionan las percepciones y dan lugar a decisiones basadas en creencias preconcebidas y mitos, en lugar de hechos. Con frecuencia, los jueces adoptan normas rígidas sobre lo que consideran un comportamiento apropiado de la mujer y castigan a las que no se ajustan a esos estereotipos. El establecimiento de estereotipos afecta también a la credibilidad de las declaraciones, los argumentos y los testimonios de las mujeres, como partes y como testigos. Esos estereotipos pueden hacer que los jueces interpreten erróneamente las leyes o las apliquen en forma defectuosa. Esto tiene consecuencias de gran alcance, por ejemplo, en el derecho penal, ya que dan por resultado que los perpetradores no sean considerados jurídicamente responsables de las violaciones de los derechos de la mujer, manteniendo de esta forma una cultura de impunidad»[291].

El TS hace una radiografía inmejorable de la situación que viven las víctimas de violencia en el ámbito familiar y, aplicando la perspectiva de género, es capaz de reconocer los motivos por los que la víctima no denuncia: silencian el maltrato por miedo, por temor a una agresión mayor o a que las maten. Pero ese silencio de las víctimas no puede volverse en su contra cuando finalmente se deciden a denunciar. El agresor, junto con su defensa letrada, va a cuestionar dicho silencio como sinónimo de faltar a la verdad. Pero no puede ser admitido que el estado de pánico y terror que sufren las víctimas sea una «traba de credibilidad» de su relato. No pone en duda a la víctima por la tardanza en denunciar, sino que resulta acorde a las reglas de la sana crítica aceptar que el retraso en denunciar los hechos no puede ser considerado como un sinónimo de falsedad. Es perfectamente comprensible que, debido a las especiales características de los hechos del maltrato, la valoración del relato debe tener unas condiciones distintas «por las propias diferencias inherentes a quien es el autor del delito: nada menos que tu pareja, o tu propio padre, o la pareja de tu madre, como en este caso ocu-

291 CEDAW, Recomendación general núm. 33 sobre el acceso de las mujeres a la justicia, 2015, p. 14.

rrió». Por eso, aunque el recurrente alegue que no constan denuncias previas de malos tratos, en el maltrato habitual la inexistencia de denuncias previas «no es entendible como una declaración no cierta o inexacta, o que la víctima falta a la verdad, ya que la existencia de denuncias previas no es un requisito *sine qua non* exigido en la valoración de la prueba de la víctima en el delito de malos tratos». Además, esta sentencia hace referencia a los y las menores víctimas del maltrato indicando que éstos son plenamente conscientes de lo que está sucediendo en su casa.

3. La vulnerabilidad en el proceso penal

La estructura del proceso penal hace que las víctimas a las que se pide colaboración para poder constituir la prueba se encuentren con trabas por parte de los juzgadores al exigirse un «esfuerzo de colaboración más allá de lo lógicamente entendible» siendo que, si no comparecen, se realizaran los apercibimientos correspondientes pudiendo, incluso, que la víctima sea conducida por la Fuerza Pública ante el plenario. Mantiene Magro Servet que una reforma legislativa que articule el mecanismo legal para que las víctimas declaren por medio del instrumento de la prueba preconstituida facilitará su presencia y la toma de declaración y evitaría las retractaciones el día de juicio oral, convirtiendo así la excepcionalidad de la prueba preconstituida en regla general, en determinados supuestos, para que la víctima del hecho delictivo no se convierta, también en «víctima de la propia administración»[292].

Aquí me gustaría recalcar que el autor apunta esta reforma solo respecto de la víctima del delito pues, aun siendo consciente de que se causan molestias al testigo que debe ir a declarar a dependencias policiales, ante el juzgado de instrucción y ante el juicio oral, estas molestias no se pueden comparar con el sufrimiento de la propia víctima y, es con esta base, con la que mantiene que el tratamiento de la víctima debe ser diferente a la hora de excepcionar la regla general de la necesaria declaración en juicio para adquirir valor probatorio[293]. Entendiendo y asumiendo la gran importancia práctica que tiene la contradicción el día del juicio oral, por ser éste el único momento en el que la defensa tiene la panorámica completa de aquello sobre lo que debe defenderse, creo que, dado el colapso del sistema judicial, años después, el día de la vista, el testigo que no es parte en el proceso no recuerda gran parte de las preguntas que se le plantean porque no está vinculado emocionalmente con lo sucedido de acuerdo con lo previamente explicado respecto de la psicología del testimonio.

---

292 Magro Servet, Vicente, «Preceptividad de la práctica de la prueba preconstituida con víctimas en el proceso penal», *op. cit.*, pp. 2-3.

293 *Ibidem*, p. 3.

En atención a esta vulnerabilidad[294] que apuntamos, el artículo 23.2.d) EVD prevé que, cuando las víctimas sean menores de edad o personas con discapacidad necesitadas de una especial protección, y, en atención al resultado de la evaluación llevada a cabo, también puedan ser adoptadas medidas específicas para este tipo de víctimas. Éstas se adoptarán de acuerdo con lo dispuesto en nuestro ordenamiento procesal penal, siempre y cuando se estimen necesarias para evitar o limitar, dentro de lo posible, que el desarrollo del juicio se convierta en una nueva fuente de perjuicios. Entre las medidas encontramos la posibilidad de hacer uso de la prueba preconstituida durante la fase de instrucción en los términos previstos en los artículos 433, 448, 777.2, 797.2 y 739 LECrim para así eximirles de prestar declaración en el acto del juicio oral[295]. Si el sujeto del procedimiento penal tiene alguna característica que lo haga vulnerable (edad o algún tipo de discapacidad) tiene que ser tratado como persona de especial sensibilidad y algunas cuestiones que pueden parecernos insignificantes como lo es el lenguaje de los juzgados les sitúan en una situación de desventaja[296].

Pero, como indica Burgorgue-Larsen, el problema jurídico de fondo es mayor: «Más allá de esta tensión entre "vulnerabilidad consustancial al ser humano" y "vulnerabilidades particulares de algunas personas y grupos de personas", hay otra tensión señalada por la jurisprudencia: la cuestión normativa que implica el uso de la vulnerabilidad. El incremento (que parece incontrolable) de las obligaciones positivas reforzadas, de las cuales deben ocuparse los Estados, no se ha desarrollado sin que genere problema [...]. El diseño, el alcance, la exigibilidad de las obligaciones positivas reforzadas son puntos cruciales y complejos que necesitan una política jurisprudencial consolidada»[297]. La vulnerabilidad no puede ser relegada a un concepto jurídico indeterminado que permita un uso diferenciado por los diversos agentes jurídicos y sociales que a ésta se enfrente. Deben existir unas líneas de actuación y un marco jurídico al que atenerse. Al respecto, debemos diferenciar entre las víctimas vulnerables *per se* por razón de su edad y víctimas vulnerables *ad hoc* por falacias del sistema que convierten en vulnerables a determinadas personas en el marco del proceso. Se trata de vulnerabilidades distintas y, por tanto, deberán tener respuestas diferenciadas. Como indica Martínez García es necesario observar estas diferencias «con "perspectiva", es decir, con cierta distancia para observar lo que desde encima

294 García Rodríguez, Manuel José, «Evaluación individual de las víctimas para determinar sus necesidades especiales de protección y asistencia en el marco del proceso penal», *Revista General de Derecho Procesal*, núm. 41, 2017, pp. 23-26.

295 Por todas: STC 174/2011 (ECLI:ES:TC:2011:174).

296 Arangüena Fanego, Coral, «Declaración de personas vulnerables y preconstitución de la prueba en el proceso penal», *op. cit.*, p. 1094.

297 Burgorgue-Larsen, Laurence, «La vulnerabilidad comprendida desde la filosofía, la sociología y el derecho. De la necesidad de un diálogo interdisciplinario», *op. cit.*, p. 128.

del problema no podemos ver. En este sentido, la perspectiva de género y la perspectiva del interés del menor o personas vulnerables son las dos perspectivas más desarrolladas en España a la hora de mirar con otros ojos la impartición de la justicia»[298].

3.1. Victimización secundaria y víctimas con necesidades especiales de protección

Explica PALOMINO PINEDO que, en sus inicios, «las primeras tipologías sociológicas de las víctimas (Von Hentig, 1948) y los primeros análisis situacionales para establecer relación entre víctima y victimario (Mendelshon, 1956) estudiaban el grado de culpabilidad de estos sujetos en los escenarios delictivos». Es con la expansión de los estudios victimológicos que se define a la víctima como persona o grupo que sufren las consecuencias del hecho delictivo, de manera directa o indirecta y se analizan los factores de la predisposición a tal condición, así como los que pueden revertir el proceso[299].

En atención al mal sufrido por la víctima, la doctrina distingue dos tipos de victimización: primaria y secundaria. La victimización primaria agrupa aquellas consecuencias perjudiciales originadas por el delito y sufridas directamente por la víctima. Estas consecuencias pueden ser de carácter físico, económico, psicológico o social. Por lo que respecta a la victimización secundaria, son aquellos daños sufridos por la víctima en sus relaciones con el sistema penal. En este ámbito frecuentemente se produce un incremento del mal causado por el delito con daños de dimensión psicológica o patrimonial derivados de la falta de la adecuada asistencia e información por parte del sistema judicial penal. Para definir el papel de la víctima en el proceso penal, resulta necesario ir más allá de la tutela clásica derivada de la reparación del mal sufrido mediante una indemnización efectiva (victimización primaria) y establecerse aquellos derechos que tengan como finalidad prevenir o mitigar los daños que conlleva todo proceso (victimización secundaria)[300].

El término de victimización secundaria fue acuñado por KHÜNE[301] para englobar «todas las agresiones psíquicas que la víctima recibe en su relación con los profesionales de los servicios sanitarios policiales o judiciales»[302].

---

298 MARTÍNEZ GARCÍA, Elena, *Juzgar en el siglo XXI*, *op. cit.*, p. 131.

299 PALOMINO PINEDO, María Teresa, «Problemas en la aplicación de la entrevista única en Cámara Gesell para víctimas de violencia sexual. Análisis del funcionamiento empírico del mecanismo», *Revista de Victimología*, núm. 11, 2020, p. 136.

300 DELGADO MARTÍN, Joaquín, «La Orden de protección de las víctimas de violencia doméstica», *La Ley Penal*, núm. 2, 2004, pp. 80-81.

301 KÜHNE, Hans-Heiner, *Kriminologie: Victimologie der Notzucht, Juristische Schulung*, Deutschland, 1986.

302 SEMPERE FAUS, Silvia, «La declaración de la víctima menor de edad como prueba precons-

Con la victimización secundaria se reconoce que a los efectos del delito hay que sumar el sufrimiento que se produce en el *iter* procesal con su burocracia, sus procedimientos y la incomprensión que experimentan las víctimas en un sistema extraño en el que tienen el derecho a comprender y ser comprendidas. Frente a lo que los autores denominan «fenómeno de hipergarantismo» también es necesario volver la mirada para observar a la víctima del delito que ha sido abandonada desde que el proceso penal «sustituyó la venganza privada por una intervención pública, institucional, ecuánime y desapasionada»[303]. La victimología actual estudia el papel de la víctima en el sistema procesal penal y la victimización secundaria que trae consigo su participación siendo necesario un cambio de paradigma dirigido a humanizar el proceso penal para «ver el mundo con los ojos de las víctimas que desvelan sufrimiento humano y nos advierten que hay derechos que el sistema penal y en concreto el proceso tienen pendientes»[304].

El artículo 23 EVD lleva por título «evaluación individual de las víctimas a fin de determinar sus necesidades especiales de protección» incluyendo en este artículo a los menores de edad, a las víctimas con discapacidad y a «víctimas necesitadas de especial protección o en las que concurran factores de especial vulnerabilidad». La necesidad de «especial protección» del artículo 26 EVD es ambigua[305] y podría servirnos de cajón de sastre para otras víctimas como las de género o de trata. Incluye SÁNCHEZ RUBIO a estas últimas víctimas (violencia de género y trata) como prototípicas para declarar mediante Gesell por el perfil de víctima que hace que encaje en las que pueden sufrir una doble victimización[306]. Esta ambigüedad hace que se esté derivando en la Judicatura la determinación del concepto porque «los juzgadores se encuentran ante la obligación de resolver conflictos por muy complejos o novedosos que sean»[307]. No obstante, es necesario un marco jurídico claro sobre la preconstitución probatoria y el concepto de vulnerabilidad habida cuenta de los derechos fundamentales en juego.

Si bien el concepto de revictimización implicaría una repetición de violencia contra quien ya ha sido previamente víctima de una agresión, hemos

---

tituida tras la ley orgánica 8/2021 de protección integral a la infancia y la adolescencia frente a la violencia» *op. cit.*, p. 8.

303 PÉREZ-CRUZ MARTÍN, Agustín Jesús y FERREIRO BAAMONDE, Xulio, «La protección de la víctima en la vista del juicio oral», en *Investigación y prueba en el proceso penal* (dir. Nicolás GONZÁLEZ-CUÉLLAR SERRANO) Colex, 2006, p. 284.

304 SEMPERE FAUS, Silvia, «La declaración de la víctima menor de edad como prueba preconstituida tras la ley orgánica 8/2021 de protección integral a la infancia y la adolescencia frente a la violencia», *op. cit.*, p. 138.

305 SÁNCHEZ RUBIO, Ana, «La toma de declaración a través de la cámara Gesell como medio para evitar la doble victimización», *op. cit.*, p. 20.

306 *Ibidem.* p. 22.

307 MARTÍNEZ GARCÍA, Elena, *Juzgar en el siglo XXI*, *op. cit.*, p. 110.

dotado de matices diferentes a la palabra para referirnos a aquella que las víctimas sufren en las diversas intervenciones institucionales[308]. El estatuto de la víctima supone un punto de inflexión en materia de atención y protección a las víctimas en procesos judiciales. Reflexiona desde la experiencia VIGUER SOLER al indicar que nuestra magistratura se ha encontrado en situaciones donde la represión del delito olvidaba a las víctimas y les hacía plantearse si no habría otro modo. La reforma a raíz del EVD llega *bien y tarde* porque asume que «el daño a la víctima no se agota con el delito (victimización primaria) sino que se agrava frecuentemente tras su paso por el largo camino del proceso penal y su relación con el sistema policial y judicial, que muchas veces incrementa el daño ocasionado dando lugar a lo que se conoce como victimización secundaria»[309] con la intención, entre otras, de limitar todo lo posible el contacto del menor con el proceso judicial[310].

Es el temor a una confrontación pública así como a las represalias lo que hace que las víctimas demanden evitar este enfrentamiento directo con el imputado y esta posibilidad se encuentra recogida en derecho extranjero como, por ejemplo, en Alemania que se admite que el tribunal acuerde la salida del acusado de la sala de vistas cuando se interroga al testigo (artículo 247 STPO)[311] siendo el mayor obstáculo para permitirle esta declaración la vigencia de la publicidad (artículos 13.2 y 120.1 CE, 13.1 PIDCP y 6.1 CEDH) y contradicción (244.1 CE y 6 CEDH)[312]. VARONA MARTÍNEZ reitera la necesaria empatía hacia las víctimas. La *procedural jurisprudence* o justicia procedimental[313] surge de la necesidad de empatía de las víctimas a lo largo del proceso por parte de los profesionales. En esta línea, las nuevas normativas pretenden «evitar y minimizar la victimización secundaria y la revictimización» como valores inherentes de la *procedural jurisprudence*[314]. Esta

308 ULFE HERRERA, Elisabeth Consuelo, «Tecnología que evita la revictimización en niños, niñas y adolescentes: cámara Gesell», *Revista semestral de divulgación científica*, vol. 2, núm. 2, 2015, p. 62.

309 VIGUER SOLER, Pedro Luis, «Estatuto de la víctima, protección del menor y prueba preconstituida», *op. cit.*, p. 51.

310 SEMPERE FAUS, Silvia, «La declaración de la víctima menor de edad como prueba preconstituida tras la ley orgánica 8/2021 de protección integral a la infancia y la adolescencia frente a la violencia», *op. cit.*,p. 139.

311 *Ibidem,* p. 287.

312 PÉREZ-CRUZ MARTÍN, Agustín Jesús y FERREIRO BAAMONDE, Xulio, «La protección de la víctima en la vista del juicio oral», *op. cit.*, p. 288.

313 Refieren el debido proceso como una de las bases de la *procedural jurisprudence*: GARRITY-ROKOUS, Gates; BRESCIA, Raymond H., «Procedural Justice and International Human Rights: Towards a Procedural Jurisprudence for Human Rights Tribunals», *Yale,* núm. 18, 1993, p. 566.

314 VARONA MARTÍNEZ, Gema María, «Victimización secundaria, en particular en delitos contra la seguridad vial, sistema de justicia y la creencia en seres mitológicos», *op. cit.*, p. 258.

justicia cambia el enfoque y «pone el acento en el modo y manera en el que se imparte justicia»[315].

El principal factor de victimización secundaria lo genera la sobreexposición del menor a entrevistas y evaluaciones desde que ocurrieron los hechos pues se encuentra constantemente experimentando las emociones negativas asociadas a la vivencia, además de la sensación de descrédito que siente cuando sus declaraciones son fuertemente cuestionadas por la defensa del acusado, afectando a su autoestima y generando sentimientos de culpa[316]. Por ello, la prueba preconstituida es un instrumento apto para evitar la victimización secundaria y se ha demostrado muy eficaz para víctimas menores de edad o con discapacidad necesitadas de especial protección[317]. Refiere VARONA MARTÍNEZ, el considerando 53 de la Directiva de víctimas «insta a facilitar grabar en vídeo las declaraciones de las víctimas y permitiendo su uso en procesos judiciales»[318].

3.2. Vulnerables por su edad

El «interés superior del menor» fue utilizado por primera vez en la Declaración Internacional de Derechos del Niño de 1959. Es éste un concepto indeterminado al que ha tenido que dotar de propio contenido la LO 8/2015 incorporando al artículo 2 de la LO 1/996 la jurisprudencia del TS sobre la materia y los criterios de la observación general n.º 14 de 29 de mayo de 2013 del comité de Naciones Unidas de Derechos del Niño[319]. El principio del interés superior del menor deja mucho margen al operador jurídico y, consecuentemente, ha planteado problemas doctrinales por los intereses en juego, así como por la fragilidad del colectivo sobre el que deberá proyectar su eficacia[320].

---

315 SUBIJANA ZUNZUNEGUI, Ignacio José y PORRES GARCÍA, Izaskin, «La viabilidad de la justicia terapéutica, restaurativa y procedimental en nuestro ordenamiento jurídico», *Cuadernos penales José María Lidón*, núm. 9, 2013, p. 21.

316 SOTOCA, Andrés; MUÑOZ, José Manuel; GONZÁLEZ, José Luis y MANZANERO, Antonio L., «La prueba preconstituida en casos de abuso sexual infantil: aportaciones desde la psicología jurídica», *op. cit.*, p. 5.

317 LUACES GUTIÉRREZ, Ana Isabel, «La prueba preconstituida en menores de edad tras la LO 8/2021: especial referencia a la utilización de Cámaras Gesell como instrumento para evitar la victimización secundaria», *op. cit.*, p. 11.

318 VARONA MARTÍNEZ, Gema María, «Victimización secundaria, en particular en delitos contra la seguridad vial, sistema de justicia y la creencia en seres mitológicos», *op. cit.*, p. 15.

319 LO 8/2015 de modificación del sistema de protección a la infancia y a la adolescencia. Exposición de Motivos, Motivo II; ARANGÜENA FANEGO, Coral, «Declaración de personas vulnerables y preconstitución de la prueba en el proceso penal», *op. cit.*, pp. 1098-1099.

320 VILLA NAVARRO, Andrea, *Víctimas invisibles: el impacto de la violencia de género en los menores,* Trabajo Final de Grado, 2023.

El interés superior del menor despliega una triple vertiente. En primer lugar, deben evaluarse sus mejores intereses y ponderar en caso de que existan varios. En segundo lugar, «si una disposición jurídica puede ser interpretada en más de una forma, se debe optar por la interpretación que mejor responda a los intereses del menor»[321]. Y, en tercer lugar, el principio se constituye en norma del procedimiento siendo que, como indica ARANGÜENA FANEGO, estas tres dimensiones son las tres caras de una misma finalidad: «asegurar el respeto completo y efectivo de todos los derechos del menor, así como su desarrollo integral»[322]. Este interés deberá ser evaluado siempre que el menor esté involucrado en un proceso penal como víctima, testigo o como agresor[323]. Siendo que el criterio de la edad diferenciará entre el menor de 18 años (excepcionalidad en los careos por lo agresiva que resulta esta prueba) y menor de 14 años (prueba preconstituida como norma general en un catálogo de delitos)[324].

Ser víctima de un delito siendo menor de edad trae consigo una victimización primaria fruto de las consecuencias directas del delito. Pero la repercusión negativa de la idiosincrasia del propio proceso penal puede sumar una victimización secundaria y es labor del legislador adaptar el proceso para tratar de neutralizar estos eventuales perjuicios[325]. Debemos partir de la base que el niño ya ha sido dañado por la victimización primaria al producirse los hechos y a esto se puede añadir una victimización secundaria, entre la víctima y «aquellos que supuestamente deberían velar por su bienestar y protección»[326]. La victimología del desarrollo sostiene que las formas de victimización son diferentes dependiendo de la edad de la víctima, donde los niños devienen en el colectivo más vulnerable porque sufren la misma victimización que los adultos. Pero se encuentran en una posición de mayor riesgo además de altos niveles de inconsciencia respecto de su posición de víctima[327]. Refiere MAGRO SERVET en sentencia que con la prueba preconstituida «no se avala el desplazamiento caprichoso del principio de contra-

321 LO 8/2015 de modificación del sistema de protección a la infancia y a la adolescencia. Exposición de Motivos, Motivo II.

322 ARANGÜENA FANEGO, Coral, «Declaración de personas vulnerables y preconstitución de la prueba en el proceso penal», *op. cit.*, p. 1099.

323 PILLADO GONZÁLEZ, Esther, «La declaración de la víctima menor y las medidas para evitar su revictimización» en: *Justicia poliédrica en periodo de mudanza. Nuevos conceptos, nuevos sujetos y nueva intensidad* (ed. Silvia BARONA VILAR), Tirant lo Blanch, Valencia, 2022, pp.542-543.

324 ARANGÜENA FANEGO, Coral, «Declaración de personas vulnerables y preconstitución de la prueba en el proceso penal», *op. cit.*, p. 1100.

325 *Ibidem*, p. 1098.

326 PEREDA, Noemí y ANDREU, Laura, «La protección de los niños y niñas ante la victimización secundaria: propuestas de actuación profesional» *op. cit.*, p. 115.

327 *Ibidem*, p. 102.

dicción ni del derecho de defensa por el simple hecho de que la víctima sea un menor de edad. Este no es un principio o una máxima que por sí misma y considerada objetivamente cercene y altere el derecho de defensa»[328]. La prueba anticipada busca evitar los riesgos de victimización secundaria en menores, pero esta opción no puede ser «a cualquier precio» si no que deberemos establecer mecanismos para garantizar otro tipo de contradicción que no cercene el derecho a la defensa.

Comparto con Sánchez Melgar[329], la doctrina del TS respecto de la preconstitución de la prueba en menores de edad ha ido cambiando y adaptándose a las normas del juego en cada momento, es decir, a la legislación vigente. Así, en STS 663/2018[330] los autos traen causa en la petición de la defensa, denegada por la AP, de que se explorase el día del juicio oral a menores por un caso de abusos sexuales que en el momento del plenario tenían 16 y 11 años. La audiencia denegó esta exploración porque ya se había realizado en instrucción. Al llegar el caso al Tribunal Supremo, y con el artículo 777 LECrim en su redacción previa a la reforma, indica que la regla general es la inmediación y que debe practicarse la testifical de los menores salvo que exista un informe pericial médico que desaconseje la declaración. Dicho informe no existía, pero, en lugar de declarar la nulidad y ordenar la práctica de la prueba, el TS ordena al tribunal *a quo* que evalúe los riesgos que puede sufrir el menor si le hacen comparecer. Mantiene esta misma línea en la STS 222/2019[331] insistiendo que la regla general es que los testigos declaren en el juicio al ser garantía del proceso adversarial y exigencia del derecho de defensa. El TEDH también ha tenido ocasión de pronunciarse al respecto en no pocas ocasiones y nuestros tribunales superiores beben de su doctrina. En Bocos-Cuesta contra Holanda[332] el TEDH indica que, para no escuchar a las víctimas que ya han sido escuchadas en sede policial, no es suficiente indicar que se quiere evitar que revivan una experiencia traumática si no existe en el expediente un informe (como podría ser un dictamen pericial) que justifique la excepcional admisión de la declaración en sede policial sin los principios de inmediación y contradicción. El TEDH reconoce que los procesos penales deben garantizar los intereses de los testigos menores de edad (y de muy corta edad en el caso de autos con delitos sexuales) pero no puede ser el único motivo para desplazar el artículo 6 CEDH.

Decía Montesquieu «el juez es la boca muda que pronuncia las palabras de la ley» y la regla en el momento de dictar ambas sentencias era la com-

---

328 STS 579/2019 de 26 de noviembre de 2019 (ECLI: ES:TS:2019:3857).

329 Sánchez Melgar, Julián, «Prueba preconstituida en las declaraciones de los menores y discapacitados, tras la LO 8/2021», *op. cit.*, pp. 2-3.

330 STS 663/2018, de 17 de diciembre de 2018 (ECLI:ES:TS:2018:4343).

331 STS 222/2019, de 24 de abril de 2019 (ECLI:ES:TS:2019:1413).

332 Asunto Bocos-Cuesta c. Países Bajos, 10 de noviembre de 2005 (Demanda núm. 54789/00).

parecencia en juicio. Pero a partir de la LO 8/2021 el TS cambia la doctrina y asume la prueba preconstituida en menores de 14 años como la regla general. Las razones las dan la victimología y el propio proceso. Una sola declaración busca reducir (evitar es inevitable) la victimización secundaria que trae consigo el proceso judicial. Además, debido a la edad del menor, éste puede olvidar o modificar hechos en su recuerdo conforme progresa su desarrollo madurativo, así como alterar el relato por influencias externas. Refiere muy acertadamente SÁNCHEZ MELGAR, son estas las razones que han forzado a una adaptación de las normas procesales generales a una singular situación: la de los menores de edad testigos en un proceso penal siendo que «una sola declaración del menor, como prueba preconstituida, con participación del juez y de las partes, en una cámara apropiada y con la intervención directa de un especialista, es lo más conveniente, en tanto que no revictimiza al menor, al tiempo que preserva que el tiempo juegue un papel de manipulación o alteración de su inicial precepción»[333].

3.3. Vulnerables a su agresor o al contexto concreto

En este apartado nos centraremos en las vulnerabilidades *ad hoc.* El legislador establece unas personas que son vulnerables *per se* para las que establece la prueba preconstituida como norma. No obstante, el artículo 730 LECrim permite la preconstituida en diversas situaciones. Del mismo modo, el artículo 23 del EVD indica «factores de especial vulnerabilidad» y para ellos pone como ejemplo o bien las circunstancias del delito particular o la naturaleza del delito indicando una lista de delitos que, considera, dan lugar a una mayor necesidad de protección. La lista es la siguiente: «1.º Delitos de terrorismo. 2.º Delitos cometidos por una organización criminal. 3.º Delitos cometidos sobre el cónyuge o sobre persona que esté o haya estado ligada al autor por una análoga relación de afectividad, aun sin convivencia, o sobre los descendientes, ascendientes o hermanos por naturaleza, adopción o afinidad, propios o del cónyuge o conviviente. 4.º Delitos contra la libertad o indemnidad sexual. 5.º Delitos de trata de seres humanos. 6.º Delitos de desaparición forzada. 7.º Delitos cometidos por motivos racistas, antisemitas u otros referentes a la ideología, religión o creencias, situación familiar, la pertenencia de sus miembros a una etnia, raza o nación, su origen nacional, su sexo, orientación o identidad sexual, enfermedad o discapacidad».

De entre éstos, me gustaría detenerme en los puntos 3.º y 4.º al ser susceptibles de ser incorporados entre las víctimas que son vulnerables al agresor o al contexto, pero que no presentan más vulnerabilidades en la sociedad. Con dos ejemplos se entenderá más claro. Las estadísticas nacionales apuntan que las víctimas de violencia de género tardan una media de ocho años y ocho meses

333 SÁNCHEZ MELGAR, Julián, «Prueba preconstituida en las declaraciones de los menores y discapacitados, tras la LO 8/2021», *op. cit.*, p. 3.

(104 meses) en denunciar[334] y, en concreto, las víctimas de violencia de género de la Comunidad Valenciana tardan siete años y cuatro meses en denunciar (88 meses)[335]. Tras la denuncia el maltrato no se acaba, sino que puede aumentarse para que la mujer retire la denuncia[336]. Esta vulnerabilidad, en mi opinión, justificaría la preconstitución de la prueba con un doble objetivo: evitarle a la víctima sufrimientos más allá de los que se considera que trae consigo el hecho de ser víctima de un delito y que el ministerio fiscal no se quede sin prueba el día del juicio oral ya que en la mayoría de los casos sin el testimonio de la víctima la acusación se queda sin nada. Este segundo motivo no sería suficiente por sí solo pues nuestra jurisprudencia ha indicado que el *ius puniendi* estatal no es suficiente para desplazar el principio de contradicción el día del juicio oral pero sí una ponderación equitativa de los intereses en juego: derecho de defensa, tutela judicial efectiva de la víctima vulnerable e interés estatal de persecución de los delitos para evitar lanzar un mensaje de impunidad[337].

El segundo supuesto que quiero traer a colación es el de las víctimas de agresiones sexuales. De nuevo, es una vulnerabilidad *ad hoc* al agresor en el contexto concreto por el tipo de delito. Esta cuestión fue tratada en el capítulo segundo en el estudio del derecho de defensa y la inmediación y, con el objetivo de no reiterar lo previamente expuesto, indicar que, de la ponderación de los intereses en juego a la vista del concepto de vulnerabilidad, considero que también entrarían entre las víctimas vulnerables para las que se podría proponer la preconstitución de la prueba. Nos encontraríamos, siguiendo a Gómez Colomer[338], con víctimas especialmente vulnerables que requieren de respuestas diferenciadas por parte de nuestro sistema de justicia penal para hacer efectivo su derecho a la tutela judicial, así como evitarles sufrimientos que excederían de los aceptables en el marco de un proceso.

II. Legislación vigente

En este apartado nos centraremos en la legislación vigente para la protección de las víctimas vulnerables. Para ello, estudiaremos primero los menores de edad por ser el grupo vulnerable con la legislación y jurisprudencia más avanzada siendo que las diversas reformas de la LECrim nos muestran un estatuto diferente respecto del resto de víctimas vulnerables. Junto con

334 Estudio sobre el tiempo que tardan las mujeres víctimas de violencia de género en verbalizar su situación, delegación del gobierno para la violencia de género, 2019, p. 45.

335 *Ibidem*, p. 46.

336 STS 247/2018, de 24 de mayo de 2018 (ECLI:ES:TS:2018:2003).

337 Por todas: STS 1072/2009, de 9 de noviembre de 2009 (ECLI:ES:TS:2009:6734).

338 Gómez Colomer, Juan Luis, *Estatuto Jurídico de la víctima del delito (La posición jurídica de la víctima ante la Justicia Penal. Un análisis basado en el Derecho comparado y en la Ley 4/2015, de 27 de abril, del Estatuto de la Víctima del delito en España)*, *op. cit.*, pp. 216-218.

los menores de edad es necesario hacer referencia a las víctimas con discapacidad necesitadas de especial protección ya que el legislador regula su prueba preconstituida en el mismo artículo ofreciéndoles algunas veces la misma protección y otras veces una protección diferenciada. Por último, valoraremos la preconstitución probatoria en víctimas de violencia de género y doméstica y como ésta afectaría al artículo 416 LECrim.

1. Menores de edad y personas con discapacidad necesitadas de una especial protección

Si bien el legislador ha decidido regular en el mismo artículo la prueba preconstituida de los menores de edad y las personas con discapacidad necesitadas de especial protección no podemos obviar que ambos son colectivos diferentes que deberán ser estudiados por separado para ofrecer respuestas diferenciadas dependiendo de su grado de vulnerabilidad.

1.1. Menores de edad

La violencia contra los menores es un fenómeno más frecuente de lo que queremos creer y las estadísticas de las administraciones públicas subestiman las dimensiones reales del problema porque existe mucha cifra negra[339]. En el tradicional proceso penal de adultos el colectivo de los menores de edad se define como víctima vulnerable que necesita una protección especial que deberá brindarse en todas las fases del procedimiento judicial[340]. Naciones Unidas afirma que «todo niño víctima o testigo de un delito tiene derecho a que su interés superior sea la consideración primordial, si bien deberán salvaguardarse al mismo tiempo los derechos de los acusados y de los delincuentes condenados»[341] y es este binomio en el que la legislación y la interpretación jurisprudencial de ésta deben dar respuesta a ambos intereses en juego: el interés superior del menor y el derecho de defensa.

La protección de la infancia ha avanzado mucho los últimos años. Fue el caso de «Mary Ellen Winson», en 1874, el que consiguió estremecer a la ciudad neoyorkina[342]. Esta niña, víctima de lo que hoy consideramos maltrato

339 Pereda, Noemí y Andreu, Laura, «La protección de los niños y niñas ante la victimización secundaria: propuestas de actuación profesional» *op. cit.*, p. 103.

340 Sempere Faus, Silvia, «La grabación audiovisual de la declaración del menor de edad: la prueba preconstituida y la eficacia de la cámara Gesell en la reducción de la victimización secundaria», *Revista General de Derecho Procesal,* núm. 48, 2019, p. 1.

341 UNODC, 2009.

342 Peral López, M. Carmen, *La práctica judicial en los delitos de malos tratos. Patria potestad, guarda y custodia y régimen de visitas, op. cit.*, p. 176; Héllmer, Malin, *La violencia contra los niños y las niñas en el ámbito familiar*, Tirant lo Blanch, Valencia, 2018, pp. 26-27.

en el hogar (sus padres la golpeaban y descuidaban sus cuidados básicos), pudo salir del círculo de maltrato que vivía en su familia porque, según la leyenda, el fundador de la Sociedad para la Prevención de la Crueldad contra los Animales intervino en su nombre y persuadió a los Tribunales para que aceptasen el caso porque ella era un miembro del reino animal. La leyenda es solo eso, pero sirvió para demostrar la necesidad de servicios de protección infantil[343]. En la actualidad, los niños tienen más derechos legales[344], pero todavía muchas cosas suceden en el interior de la familia que son desconocidas por la sociedad[345]. La Convención sobre derechos del niño de Naciones Unidas[346] en su artículo 2 recoge que se respetarán y asegurarán los derechos enunciados en ésta con independencia de su raza, color, sexo, idioma, religión, opinión política o de otra índole, posición económica, impedimentos físicos, etc.[347].

El reconocimiento de los menores como individuos con derechos y necesidades particulares, derivados de sus características psicológicas propias de su etapa de desarrollo, es un concepto relativamente reciente. Este enfoque comenzó a tomar forma a finales del siglo XIX y se consolidó en la segunda

343 Traducción libre de: "What may have been acceptable in one location or at one period of history, modern or otherwise, in terms of caring for children or disciplining them, may not be socially accepted or legally permissible in another place or at another time. Whipping children or socking them with a fist, considered by some to be almost a parental "prerogative", is now perceived as child abuse. Not taking a child for medical care or starving a child is neglect and is regarded as a criminal offense. This was not always the case. A child who was beaten and woefully neglected in New York in the 1870s was removed from the abusive family only because, according to legend, the founder of the Society for the Prevention of Cruelty to Animals intervened on her behalf 'and persuaded the courts to accept the case because she was a member of the animal Kingdom'. The legend is just that, but it served to demonstrate the need for child protective services". SCHWARTZ, Lita Linzer; ISSER, Natalie K., *Child Homicide. Parents Who Kill*, Taylor & Francis Group, 2006, p. 131.

344 LEVESQUE, Roger J.R., *Child Maltreatment and the Law. Returning to First Principles*, Springer, p. 173.

345 BERENGUENAS SÁNCHEZ, María Elena, «Capítulo 9: Tratamiento y efectos de la violencia familiar en niños y adolescentes» en *Manual para la prevención, detección y tratamiento* (coord. Miguel Ángel SORIA VERDE), Editorial MAD SL, España, 2006, pp. 269-272.

346 La Convención de Derechos del Niño de Naciones Unidas data de 1989. El único texto universal que existía sobre los derechos de los niños era la Declaración de Derechos del Niño de 1959, pero, como instrumento internacional, esta declaración lo es solo de principios generales aceptada por los Estados, pero sin fuerza de obligación legal. Las convenciones, en cambio, exigen una decisión activa por parte de los Estados para que la ratifiquen. MARIS GONZÁLEZ, Stella, *La protección de la Infancia en el marco del Derecho Internacional*, Cruz Roja Española, Oficina Central, 1991, p. 50; Para más información sobre la Declaración de Derechos del Niño y la Convención de Derechos del Niño puede leerse: VEERMAN, Philip E., *The Rights of the Child and the Changing Image of Childhood*, Martinuns Nijhoff Publishers, 1992, pp. 159-209.

347 Para más información, puede leerse: HÉLLMER, Malin, *La violencia contra los niños y las niñas en el ámbito familiar*, *op. cit.*, pp. 108-173.

mitad del siglo XX[348]. Y, aunque no disponemos de un auténtico estatuto para la protección de los menores en el proceso penal, las diversas reformas de la LECrim nos muestran un tratamiento diferente respecto de otros grupos vulnerables. Su protección se reconoce en el artículo 3 EVD que establece con carácter general su protección frente a todas las autoridades y funcionarios y queda concretado en el titulo III (artículos 19 a 26). En este sentido, refiere Jiménez Fortea respecto de la LORPM que «en su redacción original, es una norma que se encuadra decididamente en el llamado modelo educativo, en el que el "interés del menor" es el criterio rector fundamental, frente a la concepción de un modelo retributivo, más propio del Derecho penal de adultos, lo que queda patente a lo largo de su articulado»[349].

La violencia contra los niños se diferencia de la violencia contra las personas adultas en el sentido de que los niños son más vulnerables y no poseen los mismos mecanismos de defensa, ni físicos, ni jurídicos, ni de conocimiento. Los niños que son víctimas de violencia por parte de aquellos adultos en los que debieran confiar muchas veces no son conscientes de su condición de víctimas porque no conocen otra realidad[350]. Previo a la reforma, se alzaron diversas voces críticas entre la judicatura indicando la innecesaridad de citar, de nuevo, a los menores de edad para declarar en juicio. En 2008 afirmaba Magro Servet que la experiencia en los juzgados arrojaba altas cifras de incomparecencia a juicios por el daño psicológico que les causaba rememorar la situación y sus padres, o aquellos familiares que los custodiaban si los acusados eran los padres, «ponían hasta lógicos obstáculos para llevarlos el día del juicio a la sala»[351].

Es con la llegada de la LO 8/2021 que se introducen interesantes disposiciones y mejoras en prueba preconstituida para la declaración de menores y personas con discapacidad. En el mismo sentido, la Convención sobre la protección de la infancia contra la explotación y el abuso sexual de 25 de octubre de 2007 de Lanzarote (firmada por España el 12 de marzo de 2008) autoriza la declaración de la víctima en fase de juicio oral haciendo uso de las nuevas tecnologías y evitando, así, su presencia física. No obstante, como indica Sánchez Rubio, antes de su entrada en vigor existían Guías y Protoco-

348 Sotoca, Andrés; Muñoz, José Manuel; González, José Luis y Manzanero, Antonio L., «La prueba preconstituida en casos de abuso sexual infantil: aportaciones desde la psicología jurídica», *op. cit.,* p. 2.

349 Jiménez Fortea, Francisco Javier, «La evolución histórica del enjuiciamiento de los menores de edad en España», *Revista boliviana de derecho*, núm. 18, 2014, p. 179.

350 Sotoca, Andrés; Muñoz, José Manuel; González, José Luis y Manzanero, Antonio L., «La prueba preconstituida en casos de abuso sexual infantil: aportaciones desde la psicología jurídica», *op. cit.*, pp. 3-4.

351 Magro Servet, Vicente, «Necesidad de la práctica de la prueba preconstituida con menores de edad en el Juzgado de instrucción en los delitos contra la libertad sexual», *Diario La Ley*, núm. 6972, 2008, p. 1.

los de actuación donde se indicaban franjas de edad para decidir si preconstituir el interrogatorio de los y las menores víctimas, pero que actuaban como recomendaciones porque los jueces eran libres para determinar en cada caso si preconstituir, o no, la prueba[352].

Como se ha indicado previamente, estas prácticas no vulneran el artículo 6 CEDH y así lo dejó patente el TEDH en el caso Gani contra España incluso siendo mayor de edad la víctima. Volviendo a los menores de edad, su interrogatorio se puede realizar a través de un experto ajeno al sistema judicial al que se le darán pautas para que encauce la exploración. También es posible evitar la confrontación visual con el acusado ya sea mediante dispositivos físicos (un biombo o paraván) o mediante videoconferencia. Pero si queremos evitar que el menor acuda al juicio, esta exploración se debe grabar y permitir a la defensa presenciar la exploración para que pueda dirigir directa o indirectamente —utilizando al experto— las preguntas o aclaraciones que considera necesarias para garantizar el derecho de defensa constitucional[353].

El artículo 6 CEDH refiere que para garantizar el derecho de defensa es necesario que ésta pueda interrogar a los testigos que declaren en su contra. La STEDH de 28 de septiembre de 2010, caso A. S. v. Finlandia § 56[354], señaló «quien sea sospechoso de haber cometido el delito debe ser informado de que se va a oír al menor, y debe tener una oportunidad de observar dicha exploración, bien en el momento en que se produce o después, a través de su grabación audiovisual; asimismo debe tener la posibilidad de dirigir preguntas al menor, de forma directa o indirecta, bien durante el desarrollo de la primera exploración o en una ocasión posterior. Son estas las garantías mínimas que, conforme a la jurisprudencia del TEDH, han de observarse». Por tanto, la redacción del artículo y la interpretación jurisprudencial de éste, indican que tiene que poder interrogar a los testigos, pero no que es obligatorio su interrogatorio el día del juicio oral. Aceptada la prueba preconstituida debería protocolizarse el procedimiento a seguir para tratar de reducir la victimización secundaria[355].

352 SÁNCHEZ RUBIO, Ana, «La toma de declaración a través de la cámara Gesell como medio para evitar la doble victimización», *op. cit.*, p. 18.

353 SÁNCHEZ MELGAR, Julián, «Prueba preconstituida en las declaraciones de los menores y discapacitados, tras la LO 8/2021», *op. cit.*, p. 2.

354 Asunto A.S. c. Finlandia, 28 de septiembre de 2010 (Demanda núm. 40156/07).

355 GARCÍA RODRÍGUEZ, Manuel José, «Ventajas de la nueva regulación de la prueba preconstituida para la declaración de las víctimas menores de edad y con discapacidad necesitadas de especial protección en el proceso penal», *Boletín del ministerio de justicia*, núm. 2258, gobierno de España, 2022, p. 45.

1.2. Personas con discapacidad necesitadas de especial protección

La determinación de quién es menor de catorce años es clara puesto que es un requisito objetivo que nos marca su fecha de nacimiento, pero no lo es tanto quién es una persona con discapacidad con necesidad de especial protección. El concepto de discapacidad ha ido cambiando a lo largo de la historia y no será hasta 2006 que en la Convención Internacional sobre personas con discapacidad de Naciones Unidas se firme lo que VIDAGANY PELÁEZ denomina la «Carta Magna de la discapacidad» que tuvo que esperar dos años más para su ratificación por el Estado español[356]. En su preámbulo observamos una voluntad de evitar cualquier tipo de discriminación sobre las personas con algún tipo de discapacidad indicando que éstas constituirían una vulneración de la dignidad de la persona y reconociendo las barreras a las que se enfrentan[357].

La Convención Internacional sobre los Derechos de las Personas con Discapacidad es un instrumento internacional de derechos humanos de las Naciones Unidas y define la discapacidad en su Artículo 1 «Propósito» en los siguientes términos: «Las personas con discapacidad incluyen a aquellas que tengan deficiencias físicas, mentales, intelectuales o sensoriales a largo plazo que, al interactuar con diversas barreras, puedan impedir su participación plena y efectiva en la sociedad, en igualdad de condiciones con las demás»[358]. Si bien esta definición resulta más inclusiva y parece asimilar la discapacidad con la vulnerabilidad, a efectos de este estudio tomaremos como definición la aportada por nuestro Código Penal, al ser ésta la que emplearán nuestros jueces y tribunales. El artículo 25 CP indica «a los efectos de este Código se entiende por discapacidad aquella situación en que se encuentra una persona con deficiencias físicas, mentales, intelectuales o sensoriales de carácter permanente que, al interactuar con diversas barreras, puedan limitar o impedir su participación plena y efectiva en la sociedad, en igualdad de condiciones con las demás. Asimismo, a los efectos de este Código, se entenderá por persona con discapacidad necesitada de especial protección a aquella persona con discapacidad que, tenga o no judicialmente modificada su capacidad de obrar, requiera de asistencia o apoyo para el ejercicio de su capacidad jurídica y para la toma de decisiones respecto de su persona, de sus derechos o intereses a causa de sus deficiencias intelectua-

356 VIDAGANY PELÁEZ, José Manuel, «La protección de las víctimas vulnerables con discapacidad» en *La protección de las víctimas en el Espacio Europeo* (dirs. Juan Carlos VEGAS AGUILAR y Silvia SEMPERE FAUS), Tirant lo Blanch, Valencia, 2023, p. 222.

357 CUCARELLA GALIANA, Luis Andrés, *Derecho a la igualdad, prohibición de discriminación y Jurisdicción*, Wolters Kluwer, 2019, p. 97.

358 BOE núm. 96. Lunes 21 abril 2008. Instrumento de Ratificación de la Convención sobre los derechos de las personas con discapacidad.

les o mentales de carácter permanente». En el derecho internacional, tras la convención de Nueva York de 2006, los Estados están obligados a asegurar que las personas con discapacidad tengan un acceso efectivo a la justicia y una participación igualitaria. Esto implica realizar los ajustes y adaptaciones procedimentales necesarios[359].

La falta de definición no es un asunto baladí pues el INE estima que aproximadamente el 9 % de la población española presenta alguna discapacidad y EUROSTAT lo cifra en un 14,5 % de la población de la Unión Europea[360]. Indica ARMENTA DEU que durante mucho tiempo la discapacidad derivaba en declaración de incapacidad que, a su vez, devenía en una especie de muerte civil. Tampoco la víctima con discapacidad «corría mejor suerte» pues no existían medidas que paliasen sus numerosas desventajas[361]. Explica VIDAGANY PELÁEZ que estas víctimas han sufrido diversos mitos que trataban de justificar el sinsentido del abuso. El mito de la «deshumanización» las consideraba como inferiores en la sociedad (y, por tanto, el abuso y la violencia respecto a ellos se desdibuja en su agresor) o «mercancía dañada» que implica considerarlas como menos valiosas al tener defectos que los hacen distintos al estándar de «normalidad». Probablemente de los más peligrosos sea la «insensibilidad al dolor» que las considera seres menos sensibles al sufrimiento cuando los estudios parecen indicar lo contrario. También se las ha considerado peligrosas con el mito de la «amenaza de la discapacidad» para así justificar una actitud agresiva contra ellas. Por último, la «indefensión», viéndolas como personas vulnerables y necesitadas de la persona de la que tienen dependencia para su quehacer diario, y así se añade la coartada del estrés que encuentra su cuidador[362].

Lo más habitual en estos supuestos será que un médico forense, a instancia del juez, realice la exploración y emita en un informe el grado de capacidad de la persona desde el plano médico y, con esto, el juzgador deberá tomar una decisión jurídica al respecto que solo le corresponde a él *ex* artículo 117 CE siendo que el estatuto que le otorgue le concederá unos efectos al tomarle, o no, declaración preconstituida[363]. Corresponderá al juez instructor tomar declaración a la persona con discapacidad o menor de edad por expertos con intervención del Ministerio Fiscal. Será el examen médico forense

359 ARANGÜENA FANEGO, Coral, «Declaración de personas vulnerables y preconstitución de la prueba en el proceso penal», *op. cit.*, p.1100.

360 VIDAGANY PELÁEZ, José Manuel, «La protección de las víctimas vulnerables con discapacidad», *op. cit.*, p. 214.

361 ARMENTA DEU, Teresa, «Personas con discapacidad: especialidades en el proceso civil y penal», *Revista General de Derecho Procesal*, núm. 62, 2024, pp. 2-3.

362 VIDAGANY PELÁEZ, José Manuel, «La protección de las víctimas vulnerables con discapacidad», *op. cit.*, pp. 229-230.

363 SÁNCHEZ MELGAR, Julián, «Prueba preconstituida en las declaraciones de los menores y discapacitados, tras la LO 8/2021», *op. cit.*, pp. 6-7.

solicitado a instancias del juez, con la correspondiente exploración, el que determinará el grado de discapacidad a raíz del cual se le concederán las medidas concretas en atención a su vulnerabilidad[364]. «Sin embargo, la vulnerabilidad no es solo discapacidad, sino que acoge supuestos más amplios: todos los que provoquen a la persona una condición limitante, ya sea generada por circunstancias puntales o temporales, ya sean de naturaleza física, psicológica, económica, social, por la edad, o género al que se pertenezca, o por cuestiones de naturaleza cultural, o incluso lingüística. En definitiva, y del sentido apuntado por las normas mencionadas, a la vulnerabilidad hemos de entenderla como una condición que puede ser endógena, o bien surgir como reacción a alguna acción o factor que se produzca durante el desarrollo de un proceso, pudiendo tratarse de una condición de carácter general o particular, permanente o provisional o bien una combinación de ambos»[365].

Nos encontramos frente a un concepto jurídico indeterminado que puede plantear dificultades apreciativas respecto del segundo elemento: la «necesidad especial de protección» pues el primero está perfectamente delimitado con las definiciones de Nueva York y nuestro CP, el problema es que la LECrim no distingue entre los distintos tipos de discapacidad para dar una solución personal a cada uno[366]. Para colmar las lagunas, Arangüena Fanego refiere el carácter supletorio de la LECrim (artículo 4) y propone integrar la laguna procesal con el artículo 7 bis LEC que dispone realizar las adaptaciones y ajustes necesarios para garantizar su participación con igualdad de armas ya sea de comunicación o de entorno[367].

1.3. Listado de delitos

El artículo 449 ter LECrim enumera una lista de delitos para los que se establece la preconstitución probatoria de los menores de catorce años y las víctimas con discapacidad: «delito de homicidio, lesiones, contra la libertad, contra la integridad moral, trata de seres humanos, contra la libertad e indemnidad sexuales, contra la intimidad, contra las relaciones familiares, relativos al ejercicio de derechos fundamentales y libertades públicas, de organizaciones y grupos criminales y terroristas y de terrorismo». La audiencia del menor se practica «en todo caso» como prueba preconstituida. Respecto del procedimiento abreviado, el artículo 777 LECrim remite a este listado de delitos.

---

364 Armenta Deu, Teresa, «Personas con discapacidad: especialidades en el proceso civil y penal», *op. cit.*, núm. 62, 2024, p. 27.

365 Cuadrado Salinas, Carmen, «Personas vulnerables y ajustes del procedimiento. Luces y sombras de su regulación actual», *op. cit.*, p. 6.

366 Arangüena Fanego, Coral, «Declaración de personas vulnerables y preconstitución de la prueba en el proceso penal», *op. cit.*, p. 1102.

367 *Ibidem*, p. 1103.

De la lectura de los delitos, observamos como muchos de éstos suceden en la intimidad, sin testigos y con evidencias físicas poco concluyentes o inexistente convirtiendo el testimonio del menor en protagonista de la práctica de la prueba[368]. Comparto con SEMPERE FAUS, el listado es amplio, pero no debería ser un *numerus clausus* porque la medida busca reducir la victimización secundaria y esta puede ser causada por cualquier tipo de delito, aunque se observe más en delitos de carácter sexual. No obstante, es de destacar que, al menos, el legislador ha ampliado los tipos delictivos ya que en la anterior legislación no se indicaban y la jurisprudencia la empleaba solo para delitos sexuales[369].

Si bien la preconstitución probatoria para determinados tipos de delitos es preceptiva, ayudarse de equipos psicosociales es potestativo porque este artículo 449 ter indica que la autoridad judicial «podrá» acordar que la audiencia del menor de 14 años se practique a través de equipos psicosociales que apoyen al tribunal de forma interdisciplinar e interinstitucional. En cambio, la regla de Brasilia «destaca la importancia de la actuación de equipos multidisciplinarios, conformados por profesionales de las distintas áreas, para mejorar la respuesta del sistema judicial ante la demanda de justicia de una persona en condición de vulnerabilidad». Comparto con SÁNCHEZ MELGAR el desconcierto ante la desaparición del discapacitado necesitado de especial protección, desconociendo si ha sido un olvido del legislador o si, considera, que en estos casos no son necesarios los equipos psicosociales[370]. El EVD no estableció límite de edad, y en cambio, la LECrim sí que impuso «menores de 14 años»[371].

2. Cámaras Gesell, *barnahus*, salas amables y videoconferencias

Arnold Lucius Gesell fue un psicólogo y pediatra americano pionero en utilizar las cámaras Gesell, aunque para un uso diferente al que en este estudio tratamos. Su objetivo era grabar en vídeo para más tarde estudiar aspec-

368 SOTOCA, Andrés; MUÑOZ, José Manuel; GONZÁLEZ, José Luis y MANZANERO, Antonio L., «La prueba preconstituida en casos de abuso sexual infantil: aportaciones desde la psicología jurídica», *op. cit.*, p. 9.

369 SEMPERE FAUS, Silvia, «La declaración de la víctima menor de edad como prueba preconstituida tras la ley orgánica 8/2021 de protección integral a la infancia y la adolescencia frente a la violencia», *op. cit.*, p. 159.

370 SÁNCHEZ MELGAR, Julián, «Prueba preconstituida en las declaraciones de los menores y discapacitados, tras la LO 8/2021», *op. cit.*, p. 9.

371 LUACES GUTIÉRREZ, Ana Isabel, «La prueba preconstituida en menores de edad tras la LO 8/2021: especial referencia a la utilización de Cámaras Gesell como instrumento para evitar la victimización secundaria», *op. cit.*, p. 12.

tos del desarrollo del menor[372]. A través de la cámara podía estudiar la conducta de los niños de una manera natural y espontánea porque no se sentían cohibidos porque la cámara de observación consiste en dos salas separadas por un espejo bidireccional[373]. Encontramos la base normativa de la cámara Gesell en las Observaciones Generales de la Convención de Derechos del Niño y en sus protocolos adicionales, las Reglas de Beijín (1985) «Reglas Mínimas de las Naciones Unidas para la administración de Justicia de Menores» y las Directrices de Riad para la Prevención de la Delincuencia Juvenil y las reglas de Brasilia[374]. Pero, aunque su utilización en la psicología tiene ya más de un siglo, indica Sánchez Rubio que en el ámbito judicial es bastante novedoso porque en nuestro país la primera vez que se utilizó fue en 2016, precisamente en Valencia[375].

2.1. Cámaras Gesell

La cámara Gesell previene la victimización secundaria de los menores de edad o personas con discapacidad necesitados de especial protección siendo ésta una herramienta idónea en justicia[376]. Esto ha sido reconocido por nuestra jurisprudencia (STS 519/2022[377], 194/2022[378] y 222/2019[379]) que «tras reconocer su encaje legal en la actual Ley de Enjuiciamiento Criminal, se hace eco de las ventajas que ofrece este mecanismo a los tribunales a la hora de tomar declaración testifical a los menores»[380]. Así, permite grabar la entrevista en un medio audiovisual que se reproducirá el día del juicio oral

372 Arantegui Arràez, Laura, «El uso de cámaras Gesell con niños: derechos humanos y victimización secundaria», *Revista de Victimología*, núm. 33, 2022, p. 40.

373 Luaces Gutiérrez, Ana Isabel, «La prueba preconstituida en menores de edad tras la LO 8/2021: especial referencia a la utilización de Cámaras Gesell como instrumento para evitar la victimización secundaria», *op. cit.*, p. 17.

374 Arantegui Arràez, Laura, «El uso de cámaras Gesell con niños: derechos humanos y victimización secundaria», *op. cit.*, p. 41.

375 Sánchez Rubio, Ana, «La toma de declaración a través de la cámara Gesell como medio para evitar la doble victimización», *op. cit.*, p. 2.

376 García Rodríguez, Manuel José, «Ventajas de la nueva regulación de la prueba preconstituida para la declaración de las víctimas menores de edad y con discapacidad necesitadas de especial protección en el proceso penal», *Boletín del ministerio de justicia*, núm. 2258, gobierno de España, 2022, p. 51.

377 STS 519/2022, de 26 de mayo de 2022 (ECLI:ES:TS:2022:2193).

378 STS 194/2022, de 2 de marzo de 2022 (ECLI:ES:TS:2022:1029).

379 STS 222/2019, de 24 de abril de 2019 (ECLI:ES:TS:2019:1413).

380 García Rodríguez, Manuel José, «Ventajas de la nueva regulación de la prueba preconstituida para la declaración de las víctimas menores de edad y con discapacidad necesitadas de especial protección en el proceso penal», *Boletín del ministerio de justicia*, núm. 2258, gobierno de España, 2022, p. 51.

sin que sea necesario que el menor de edad acuda a la sala de vistas porque su voz e imagen «quedan perennizadas en la entrevista realizada con la participación de un equipo de expertos»[381]. Nuestros tribunales han tenido que adaptarse a los requisitos objetivos (estructura y equipamiento de la sala) y subjetivos (personas que deben participar) de la cámara Gesell[382]. Resulta preceptivo que la cámara de observación cuente con el juez de instrucción, el fiscal, el letrado de la administración de justicia, los abogados de ambas partes, el investigado y el representante legal del menor para hacer valer la toma de declaración. Además, los abogados o el fiscal realizarán una serie de preguntas previas, pero cabe la posibilidad de incluir preguntas espontáneas dependiendo del desarrollo de la práctica[383].

El espacio físico en el que tomar declaración al menor de edad es de vital importancia, pero la realidad es que no siempre vamos a disponer de los medios humanos y materiales[384]. Nuestra jurisprudencia reconoce la importancia de la cámara Gesell: «en este entramado jurídico va a tener su especial transcendencia la cámara Gesell, que si bien en su origen era un instrumento para poder estudiar las etapas de desarrollo psicológico de los niños, pero que en la actualidad supone a través de la utilización de diversos medios técnicos (como puede ser la videoconferencia), el disponer de la posibilidad de poder observar cómo se desarrolla, la entrevista que realiza un especialista con un menor, sin que aquel sea consciente que está siendo observado y por medios tales como la vía telefónica, se le puede hacer llegar al especialista, las cuestiones/preguntas/precisiones que se soliciten por los intervinientes (juez, fiscal, abogado de la acusación particular, defensa y peritos de parte respectivamente), siendo aquellas canalizadas por el psicólogo para realizarlas de la forma más adecuada a las necesidades físicas y psíquicas del menor-víctima»[385].

2.2. *Barnahus:* una palabra escandinava para la casa de los niños y las niñas *(Children's House)*

No hace ninguna referencia la LO 8/2021 a las *Children's House* o *Barnahus.* Surgen en los años 80 en Estados Unidos para atender desde una

381 ULFE HERRERA, Elisabeth Consuelo, «Tecnología que evita la revictimización en niños, niñas y adolescentes: cámara Gesell», *op. cit.*, p. 63.

382 SÁNCHEZ RUBIO, Ana, «La toma de declaración a través de la cámara Gesell como medio para evitar la doble victimización», *op. cit.*, p. 4.

383 *Ibidem,* p. 5.

384 SOTOCA, Andrés; MUÑOZ, José Manuel; GONZÁLEZ, José Luis y MANZANERO, Antonio L. «La prueba preconstituida en casos de abuso sexual infantil: aportaciones desde la psicología jurídica», *op. cit.*, p. 6.

385 SAP Salamanca 8/2021, de 25 de febrero de 2021 (ECLI: ES:APSA:2021:6).

unidad centralizada a menores víctimas de abuso sexual y maltrato con profesionales especializados y coordinados y se adaptan en 1998 en Reikiavik (Islandia) como *Barnahus* que significa casa de los niños y las niñas en islandés[386] y sirven para realizar una entrevista forense con el menor de edad en un circuito cerrado[387]. Se sitúan normalmente en barrios residenciales lejos de juzgados, comisarías y hospitales y esto es de vital importancia para que el menor no piense que ha hecho algo malo o que está enfermo[388]. Naciones Unidas y el Consejo de Europa promueven la creación de *Barnahus* (siendo Suecia el país europeo que más casas de niños tiene), éstas se caracterizan por estar decoradas en su interior de forma similar a las habitaciones que los niños y niñas tienen en su casa[389].

Su uso y desarrollo en nuestro país es paupérrimo y las pocas que hay están siendo promovidas por la ONG *Save the Children* en colaboración con Comunidades Autónomas[390]. Forman parte del proyecto PROMISE *(Promoting Multidisciplinary Interagency Services for Child Victims of Violence)*[391] que nació en 2015 para ofrecer accesos adecuados a los niños que sufran situaciones de abusos y violencia en Europa[392].

2.3. Salas amables y videoconferencias

Sentencia GARCÍA RODRÍGUEZ que hemos desaprovechado la oportunidad de la Ley Orgánica de Protección Integral a la infancia y la adolescencia frente a la violencia (LO 8/2021) para «generar un contexto normativo seguro a todas las administraciones públicas implicadas en su puesta en funciona-

386 PEREDA, Noemí; ANDREU, Laura, «La protección de los niños y niñas ante la victimización secundaria: propuestas de actuación profesional» *op. cit.*, p. 119.

387 GARCÍA RODRÍGUEZ, Manuel José, «Ventajas de la nueva regulación de la prueba preconstituida para la declaración de las víctimas menores de edad y con discapacidad necesitadas de especial protección en el proceso penal», *Boletín del ministerio de justicia*, núm. 2258, gobierno de España, 2022, p. 54.

388 PEREDA, Noemí y ANDREU, Laura, «La protección de los niños y niñas ante la victimización secundaria: propuestas de actuación profesional» *op. cit.*, p. 119.

389 LUACES GUTIÉRREZ, Ana Isabel, «La prueba preconstituida en menores de edad tras la LO 8/2021: especial referencia a la utilización de Cámaras Gesell como instrumento para evitar la victimización secundaria», *op. cit.*, p. 16.

390 https://dretssocials.gencat.cat/ca/ambits_tematics/infancia_i_adolescencia/proteccio_a_la_infancia_i_ladolescencia/barnahus/.

391 https://www.barnahus.eu/en/about-barnahus/.

392 PEREDA, Noemí y ANDREU, Laura, «La protección de los niños y niñas ante la victimización secundaria: propuestas de actuación profesional» *op. cit.,* p. 120 y LUACES GUTIÉRREZ, Ana Isabel, «La prueba preconstituida en menores de edad tras la LO 8/2021: especial referencia a la utilización de Cámaras Gesell como instrumento para evitar la victimización secundaria», *op. cit.*, p. 16.

miento»[393]. En el Decanato de los Juzgados de la provincia de Valencia disponen de su propio protocolo para la práctica de la prueba siendo destacable, como indica SEMPERE FAUS, que el protocolo amplia su ámbito de actuación a las exploraciones que acuerda el Ministerio Fiscal también en delitos cometidos por menores en el ámbito de la Ley Orgánica de Responsabilidad Penal del Menor 5/2000 y también a víctimas mayores de edad en los supuestos previstos en los artículos 448, 777.2 y 797.2 LECrim, es decir, cuando es preciso otorgarles una mayor protección[394].

Esto confirma que en la práctica ya se está realizando lo que se propone en el estudio teórico vía *de lege ferenda* para evitar diferencias entre víctimas. Las «normas de funcionamiento para las práctica de diligencias de exploración de menores y pruebas anticipadas por videoconferencia» previamente citadas indican expresamente «Las presentes normas pueden aplicarse también c) Excepcionalmente cuando se trate de víctimas mayores de edad en los supuestos previstos en los arts. 448, 777.2, 797.2 LECrim cuando sea preciso proporcionar a la misma una especial protección debido a su vulnerabilidad, a la obtención de prueba anticipada, especialmente en los casos de delitos contra la libertad e indemnidad sexuales».

Así, respecto de la búsqueda de espacios amables, éstos dependerán de los presupuestos que destine cada comunidad autónoma, pues los medios materiales de los juzgados son competencia cedida a las distintas comunidades. Asumiendo que los medios son limitados y que no siempre existe una cámara Gesell para tomar declaración al menor de edad o persona con discapacidad necesitada de especial protección, las denominadas «salas amables» intentan dar una respuesta a efectos prácticos. Son salas multiusos que no siempre se utilizan como cámara Gesell donde se trata de generar un espacio más cómodo para que la víctima declare, pero no siempre se consigue desvirtuándose así su concepto de «amable».

2.4. La práctica judicial: directrices genéricas y disparidades

Refieren PEREDA y ANDRÉS[395] un proyecto piloto en Canarias que, considero, merece traer a colación como ejemplo de buenas prácticas con la legis-

393 GARCÍA RODRÍGUEZ, Manuel José, «Ventajas de la nueva regulación de la prueba preconstituida para la declaración de las víctimas menores de edad y con discapacidad necesitadas de especial protección en el proceso penal», *Boletín del ministerio de justicia*, núm. 2258, gobierno de España, 2022, p. 55.

394 SEMPERE FAUS, Silvia, «La declaración de la víctima menor de edad como prueba preconstituida tras la ley orgánica 8/2021 de protección integral a la infancia y la adolescencia frente a la violencia», *op. cit.*, p. 44.

395 PEREDA, Noemí y ANDREU, Laura, «La protección de los niños y niñas ante la victimización secundaria: propuestas de actuación profesional» *op. cit.*, pp. 22-23.

lación y los medios de que disponemos. El 1 de octubre de 2021 Canarias puso en marcha un Juzgado Especializado en Violencia Contra la Infancia y la Adolescencia. El CGPJ aprobó que éste residiera en el Juzgado de Instrucción número tres del partido Judicial de Las Palmas[396]. Este juzgado se basa en la «arquitectura de la víctima»[397] y está diseñado estratégicamente con formas y colores que evoquen sensaciones agradables de calma al menor. Por supuesto, en este juzgado rigen los mismos valores constitucionales que en el resto y se atienden las necesidades de las víctimas sin vulnerar los derechos de los y las acusados y acusadas. No obstante, su arquitectura difiere de la del resto de juzgados del territorio español, tratando de hacer lo menos traumático posible el paso por los juzgados de los y las menores víctimas de delitos. A continuación, se muestra imágenes de este juzgado[398].

Sala Gesell antes de 2021

Sala Gesell después de 2021

396 https://www.poderjudicial.es/cgpj/es/Poder-Judicial/Tribunales-Superiores-de-Justicia/TSJ-Canarias/En-Portada/Canarias-crea-el-primer-Juzgado-de-Violencia-contra-la-Infancia-de-Espana-.

397 Guía de actuación del juzgado piloto de violencia contra la infancia y la adolescencia del partido judicial de las palmas de gran canaria, 2022, disponible en: https://www.icalpa.es/sites/default/files/DOCUMENTOS/NOTICIAS/Noticias/2022/guia_y_anexo_.pdf, pp. 46-50.

398 Todas las imágenes han sido extraídas de: Guía de actuación del juzgado piloto de violencia contra la infancia y la adolescencia del partido judicial de las palmas de gran canaria, 2022.

Salas de espera y espacios comunes

Este mismo juzgado ha realizado un libro denominado «Hoy vamos al juzgado» de acceso abierto en PDF para explicar a los menores en qué consiste el proceso y empujarlos a ser valientes y denunciar porque «contar una cosa que te hace sentir mal es un superpoder que te convierte en una superheroína, de las que van tan rápido que ni las ves. Tanto que hasta dudas de que existen»[399].

Cámara Gasell

Fuente: hoy vamos al juzgado

399 Martín Rodríguez, Tomás; Pereda Beltrán, Noemi, Rincón Acereza, Mónica y Santana Amador, Zaira, *Hoy vamos al juzgado*, Gobierno de Canarias.

Si bien observamos como no existen criterios claros, no debería ser éste un ámbito discrecional pues los derechos de los niños «están definidos e interpretados a nivel internacional, por lo que las acciones que pueden resultar beneficiosas o perjudiciales en un territorio también deberían serlo en otro, dejando en el terreno de la excepción las soluciones alternativas que puedan adoptarse tras la valoración individual de cada caso»[400]. Al respecto, el estudio de ARANTEGUI ARRÀEZ muestra la disparidad en el uso de la cámara Gesell en nuestro país refiriendo directrices genéricas que generan en la práctica grandes divergencias de procedimiento siendo necesario concretar de manera más homogénea el uso de las cámaras Gesell[401]. No obstante, avisa SÁNCHEZ RUBIO que «aunque estemos ante un fenómeno en auge, su utilización no debe entenderse siempre como la regla general. Y es que, la toma de declaración mediante la cámara Gesell, pese a ser reconocida como una buena práctica procesal para preservar la estabilidad emocional de las víctimas y mitigar el coste personal que conlleva revivir lo sucedido, es la excepción a la regla general, que no es otra que la doble comparecencia ante el juez de instrucción y otra ante el tribunal sentenciador»[402].

La cámara Gesell es motivo de celebración porque, aunque puede restringir un poco los derechos del defendido o ampliar los de la víctima, en mi opinión no afecta al núcleo duro del derecho de defensa pues la grabación dará lugar a contradicción. Con la cámara se evitan supuestos en los que el TS ha absuelto por la incapacidad del menor de declarar en juicio sin tener en cuenta las características propias de su edad. Pero es importante tener en cuenta que, salvo reforma legislativa, este artículo 449 bis es la excepción pues ya indica «casos legalmente previstos» refiriéndose a algo residual y la norma seguirá siendo la plena contradicción el día del juicio oral so pena de multa. No obstante, como he tenido la oportunidad de indicar en otros apartados del libro, es necesaria una modificación uniforme de la prueba preconstituida y anticipada que, parcheada, ha ido modificándose al albur de la jurisprudencia y de la interpretación que nuestros jueces y magistrados han ido dando al término «imposibilidad». No puede depositarse en la judicatura esta labor que corresponde al legislador. Al respecto, observamos como en el articulado se incluye que la víctima tenga previsto trasladarse al extranjero. Este artículo tuvo sentido en el siglo XIX, pero no hoy en día con el auxilio jurisdiccional y la posibilidad de declaración por videoconferencia (posibilidad que emplean los jueces como pudo comprobarse en los casos de las víctimas de violación norteamericana y canadiense).

400 ARANTEGUI ARRÀEZ, Laura, «El uso de cámaras Gesell con niños: derechos humanos y victimización secundaria», *op. cit.*, p. 19.

401 *Ibidem*, p. 55.

402 SÁNCHEZ RUBIO, Ana, «La toma de declaración a través de la cámara Gesell como medio para evitar la doble victimización», *op. cit.*, p. 27.

Suscribo plenamente las palabras de SEMPERE FAUS, aunque la cámara Gesell pueda «comportar un déficit de contradicción (traslado de las preguntas y posibilidad de participación del investigado) y una limitación del derecho de defensa, o menoscabo del derecho a la presunción de inocencia» estas cuestiones se salvan mediante la preconstitución de la prueba y la grabación en imagen y sonido de la declaración para que pueda reproducirse el día del juicio y generar el debate procesal de la vista[403].

3. Víctimas de violencia de género y doméstica

Respecto de las vulnerabilidades al contexto concreto o al agresor, he nombrado previamente a las víctimas de violencia de género. No quisiera finalizar la monografía sin antes realizar una reflexión a propósito de la preconstitución probatoria y el artículo 416 LECrim. La prueba preconstituida para la víctima de violencia de género y doméstica menor de 14 años le niega, de facto, la posibilidad de matizar la declaración en favor del acusado que, lamentablemente, observamos como práctica habitual en nuestros juzgados.

3.1. Artículo 416 LECrim y sus problemas prácticos

Resulta curioso conocer los orígenes de algunas de las cuestiones que han llegado a nuestros días. La incompetencia del cónyuge para testificar en Reino Unido partía de la premisa de la biblia de que ambos son una sola carne y no es posible acusarse a uno mismo. Partiendo de este antecedente religioso surge el origen de nuestro precepto 416 en la LECrim, norma que, aunque parcheada, nació en el siglo XIX[404]. VILLAMARÍN LÓPEZ refiere diversas bases para fundamentarlo: proteger al acusado familiar como manifestación del principio *nemo tenetur*, proteger la búsqueda de la verdad procesal evitando testimonios falsos y/o proteger la familia, así como al testigo ante un posible conflicto de conciencia[405].

En STS 342/2021[406] el tribunal reconoce el derecho a la dispensa del menor de edad si sus condiciones de madurez lo permiten. Además, sugiere que

403 SEMPERE FAUS, Silvia, «La declaración de la víctima menor de edad como prueba preconstituida tras la ley orgánica 8/2021 de protección integral a la infancia y la adolescencia frente a la violencia», *op. cit.*, p. 177; STS 181/2015, de 1 de abril de 2015 (ECLI:ES:TS:2015:1246).

404 FERNÁNDEZ NIETO, Josefa, «Dispensa del deber de declarar del art. 416 LECrim: el camino que queda por andar», *La Ley derecho de familia*, núm. 36, 2022, p. 7.

405 VILLAMARÍN LÓPEZ, María Luisa, «El derecho de los testigos parientes a no declarar en el proceso penal», *Indret*, núm. 4, 2012, p. 11.

406 STS 342/2021, de 23 de abril de 2021 (ECLI:ES:TS:2021:1731).

entre los 12 y los 14 años puede comenzar a valorarse esta presunción de madurez. De nuevo, el legislador deja muchas lagunas porque no resuelve si es el menor o el defensor judicial, en caso de conflicto, el que tiene derecho a la dispensa. Sin determinación legal, considera SÁNCHEZ MELGAR, y siendo la dispensa un derecho personalísimo, debe ser el menor el que decide si ejercitarla. En línea con esta posición, de la lectura de los preceptos de la prueba preconstituida del menor de 14 años se desprende que éste será explorado aún con un tercero en contra (su representante) si muestra suficiente madurez para renunciar a la dispensa[407]. Traer a colación el Dictamen de la Fiscalía General del Estado 1/2016[408] donde se aconseja a los fiscales que realicen indagaciones para conocer a la persona que ejerce de acompañante del menor, así como si considera que podrían tener intereses contrapuestos.

La STS 205/2018[409], de 25 de abril, indica que no se impide «que los hijos puedan ejercitar la dispensa. Incluso si la madre hubiese permanecido como acusación particular, los hijos ya maduros o mayores conservan la facultad para decidir por sí y con autonomía sobre la posibilidad de declarar o no. No se les arrebata esta facultad por el hecho de que su madre se personase en nombre de ellos siendo menores». El Tribunal Supremo en su STS 225/2020[410], de 25 de mayo, establece la «necesidad de nombrar un defensor que, en nombre del testigo menor, le represente en su opción de dispensarse de declarar recogida en el artículo 416 de la LECRIM, cuando se aprecie en ambos progenitores un conflicto con respecto a los intereses del menor representado». En el supuesto que resuelve el Tribunal Supremo se trataba además de la declaración de una menor víctima de abuso sexual, contra su agresor, que era su propio hermano. El artículo 2.4 de la LO 8/2015, «en caso de que no puedan respetarse todos los intereses legítimos concurrentes, deberá primar el interés superior del menor sobre cualquier otro interés legítimo que pudiera concurrir».

Sin intención de iniciar una investigación que nos alejaría por completo del objeto de estudio, me gustaría fijar por medio del ejemplo la complejidad de este derecho a la dispensa. Por todos es sabido que el artículo 416 LECrim no nació pensando en la víctima-testigo de violencia de género o doméstica porque cuando se redactó nuestra sociedad estaba muy lejos de la LOVG y la violencia de género y doméstica no se nombraban. Existían, por supuesto. Y probablemente con mayores cifras que en la actualidad, donde disponemos de un sistema de protección y un reproche social ante estos actos, pero, como indica el movimiento feminista, *lo que no se nombra no existe*. Com-

407 SÁNCHEZ MELGAR, Julián, «Prueba preconstituida en las declaraciones de los menores y discapacitados, tras la LO 8/2021», *op. cit.*, p 11.

408 Dictamen de la Fiscalía General del Estado 1/2016.

409 STS 205/2018, de 25 de abril de 2018 (ECLI:ES:TS:2018:1629).

410 STS 225/2020, de 25 de mayo de 2020 (ECLI:ES:TS:2020:1559).

parto con FERNÁNDEZ NIETO que «nunca un precepto del siglo XIX, nacido para una finalidad y un fundamento distinto para el que se gestó ha generado tanta literatura jurídica y como no, tanta polémica»[411].

Este artículo nació pensando en la madre del terrorista o en la mujer del narcotraficante. Y el Estado consideró que no podía imponer a estas personas subir al estrado y testificar en contra de su hijo o de su marido porque iban a mentir. Y se salvó con el artículo 416 LECrim. Pero el artículo se ha manoseado y empleado en contextos donde a quién se sube al estrado no es la pareja en una relación entre iguales, se sube al estrado a la víctima de un delito donde las más de las veces la única prueba de cargo es su propia declaración al ser un delito que sucede en la más estricta intimidad. Como indica FERNÁNDEZ NIETO, el objetivo del artículo era buscar un equilibrio de los intereses en juego entre el *ius puniendi* estatal y el derecho del testigo pariente al que por lazos de sangre no se le puede imponer la condición de declarar con el objetivo de preservar la paz familiar (difícilmente existente en el momento en que se producen los hechos de violencia de género o doméstica por su propia naturaleza). La casuística es muy variada siendo que hay países europeos que no lo incluyen u otros que suprimen el juramento de decir verdad[412].

A la ya difícil situación respecto de la decisión personal de la víctima de violencia de género de decidir declarar en contra de su pareja, se suma un nuevo factor: supongamos que quién es víctima lo es un menor respecto de sus padres. Las víctimas de violencia doméstica se diferencian de las víctimas de delitos comunes porque la relación de afectividad con su agresor dificulta mantener un discurso claro y coherente en la denuncia ya que existen los denominados periodos de luna de miel. En el menor de edad, de nuevo, se suma el hecho que por su corta edad y la normalización de la violencia probablemente no acabe de comprender la gravedad de los actos. Asumiendo que ha comprendido la gravedad de los actos, surgiría un nuevo problema: sus padres o tutores pueden negarse a que declare porque pueden tener intereses contrapuestos (conocían de la agresión sexual y la taparon, por ejemplo)[413]. Al respecto, comparto la doctrina del TS denominando personalísimo el derecho a la dispensa y dejando en el menor de edad, con suficiente madurez para tomar la decisión, decidir sobre si quiere declarar o no. Pero, además, en el caso de los menores de edad la preconstituida es

411 FERNÁNDEZ NIETO, Josefa, «Dispensa del deber de declarar del art. 416 LECrim: el camino que queda por andar», *op. cit.*, pp. 2-3.

412 *Idem*.

413 El abuso sexual infantil cuenta con una elevada cifra negra de criminalidad, así como una instrumentalización de las denuncias por parte de los progenitores en situaciones de alta conflictividad: SOTOCA, Andrés; MUÑOZ, José Manuel; GONZÁLEZ, José Luis y MANZANERO, Antonio L., «La prueba preconstituida en casos de abuso sexual infantil: aportaciones desde la psicología jurídica», *op. cit.*, p. 2.

preceptiva hasta los 14 años y potestativa hasta los 18 años. De nuevo, se generarían diferencias entre el menor de edad que preconstituye prueba y que, por tanto, no puede retractarse más adelante, y el que, aunque debe continuar declarando hasta el final con el apercibimiento de poder ser perseguido por falso testimonio puede «olvidar» cuestiones sustanciales dificultando la actividad probatoria y la persecución del delito.

3.2. ¿Podría la prueba preconstituida dar solución a este problema?

Las víctimas de violencia de género no tienen derecho a la prueba preconstituida, pero el menor de 14 años que es víctima de una lista de delitos, entre los que se encuentran diversos que pueden suceder en el marco de la violencia de género o doméstica, sí. Con la nueva legislación, aquella víctima que no se acogió a la dispensa en la primera declaración ya no puede acogerse porque se considera que en la ponderación de los intereses en conflicto que ella misma realizó optó por informar a las autoridades de la vulneración de derechos humanos que sufría en su hogar.

El TS fue cambiando de postura respecto de la no obligación de declarar y cuándo se pierde este derecho. Y tal vez con su STS 389/2020[414] llegase demasiado lejos respecto de lo indicado en el artículo y esto provocó la reforma del art. 416 LECrim a través de la LO 8/2021, siendo que ahora queda claro en qué supuestos la víctima pierde el derecho a esta dispensa. Es el 416 un artículo que diversos autores tildan de «anacrónico»[415] porque se le atribuye a la víctima un poder de control del proceso y la dificultad está en encontrar, de nuevo, el equilibrio entre el *ius puniendi* estatal y el ejercicio legítimo que el artículo 416 confiere al testigo que, en mi opinión, no debería ostentar la condición de testigo-víctima[416]. Algo que en la teoría es muy claro en la práctica está generando problemas. La víctima no puede acogerse a la dispensa, pero puede olvidar partes del relato o modificar su declaración. En la práctica, los fiscales están en la difícil tesitura de si, para defender el interés público, deben apretar a la víctima durante la testifical hasta que se derrumbe y reconozca sus contradicciones para así recuperar vía 730 LECrim aquellas declaraciones en fase de instrucción que realizó en un momento en el que no quería «cubrir» a su agresor o si dar por buena una nueva declaración que no resulta suficiente para fundamentar una sentencia de condena.

---

414 STS 389/2020, de 10 de julio de 2020 (ECLI:ES:TS:2020:2493).

415 MOLINA GIMENO, Javier, «Sugerencias de reforma en materia penal derivadas de la aplicación práctica de la L.O 1/2004 de medidas de protección integral contra la violencia de género», *Boletín de Derecho de Familia*, núm. 73, 2007.

416 FERNÁNDEZ NIETO, Josefa, «Dispensa del deber de declarar del art. 416 LECrim: el camino que queda por andar», *op. cit.*, pp. 3-4.

Este problema no se da en los menores de 14 años que declararán a través del mecanismo de la cámara Gesell o similares y se preconstituirá prueba conforme dispone la LO 8/2021[417]. Asumiendo que tanto la prueba anticipada como la preconstituida constituyen una prueba apta como prueba de cargo para que la presunción de inocencia ceda ante la certeza de culpabilidad[418] considero que podríamos abrir, de nuevo, el debate de emplear la prueba anticipada para las víctimas de violencia doméstica y de género. Evitar la victimización secundaria de todas las víctimas de violencia de género, con independencia de su edad, serviría como razón para la práctica de la preconstituida. Es más, aceptar el concepto de víctima de violencia de género que ofrece la nueva directiva europea contra la violencia de género [Directiva (UE) 2024/1385 del Parlamento Europeo y del Consejo, de 14 de mayo de 2024, sobre la lucha contra la violencia contra las mujeres y la violencia doméstica] y el Convenio de Estambul incluiría entre estos sujetos a las víctimas de delitos sexuales que no lo son por parte de su pareja y que, además, han sido reconocidas en el artículo 26 EVD como víctimas que necesitan medidas de protección diferenciadas. En concreto, «las declaraciones recibidas durante la fase de investigación serán grabadas por medios audiovisuales y podrán ser reproducidas en el juicio en los casos y condiciones determinadas por la Ley de Enjuiciamiento Criminal».

Sentencia Magro Servet «no es admisible la taxatividad absoluta de que solamente puede el juez penal basar su sentencia en lo declarado en el juicio oral, sino que en determinadas condiciones y con la oportuna motivación puede llegar a utilizar otras vías [...] siempre y cuando explicite debidamente en su resolución los motivos que le llevan a inclinarse por otorgarle mayor importancia al resultado de la investigación judicial que al resultado del plenario»[419]. En este sentido, Nieva Fenoll indica que lo que se trataba de superar por la doctrina con la dogmática de la prueba preconstituida era el anterior sistema inquisitivo (en el que la instrucción era lo principal y el juicio oral lo marginal), pero potenciando la inmediación en el juicio, la doctrina obvió que «la celebración del juicio oral es imposible con las mínimas garantías científicas, si se ignoran los materiales obtenidos durante la instrucción, que serán tratados, se quiera o no, como auténticas pruebas en el proceso». Sentencia el autor que «lo fundamental debía haber sido que se prohibiera realizar conclusiones incriminatorias en la instrucción que provinieran de las autoridades policiales»[420].

417 Sánchez Melgar, Julián, «Prueba preconstituida en las declaraciones de los menores y discapacitados, tras la LO 8/2021», *op. cit.*, p 10.

418 Magro Servet, Vicente, «La necesidad de evitar la reiteración de las declaraciones de la víctima de malos tratos ante la justicia. El otorgamiento del valor de su primera declaración como prueba preconstituida», *Diario La Ley,* núm. 7879, 2012, p. 3.

419 *Ibidem*, p. 5.

420 Nieva Fenoll, Jordi, «La prueba preconstituida: un concepto erróneo e imposible», *op. cit.*, p. 11.

Con esta modificación a favor de la preconstitución probatoria de las víctimas de violencia de género y doméstica considera Magro Servet que evitaríamos la duda que sobrevuela la veracidad de denuncias de víctimas que sí que son víctimas de malos tratos pero que acaban en absoluciones por su actitud el día del juicio oral, «actitud que el día de mañana, cuando se reiteren los malos tratos, será utilizado por el acusado para poner en tela de juicio la veracidad de estas denuncias cuando más tarde se niega a sostenerla en el juicio oral»[421]. Si bien esta redacción debería actualizarse con las reflexiones previas, pues ahora regla es que la víctima debe declarar en el juicio oral y no cuando el magistrado suscribía estas líneas, no acordarse de los elementos incriminatorios también sería declarar y sirve también para una absolución. Además, con la prueba preconstituida se evitarían olvidos de declaración o incluso de asistencia a juicios alegando el tiempo transcurrido entre la citación y la fecha de juicio[422].

III. La preconstitución probatoria para las víctimas vulnerables

El informe GREVIO (Grupo de Expertos en la lucha contra la Violencia contra la Mujer y la Violencia Doméstica) ha señalado la «excesiva dependencia» que el proceso judicial tiene respecto de la declaración de la víctima en casos de violencia de género y «anima encarecidamente» a las autoridades a adoptar otras posiciones como puede ser recabar análisis de ADN o documentar por medio de fotografías, entrevistas a testigos[423]... Pero refiere Etxebarria Guridi que esta dependencia surge de que la mayoría de las veces es la víctima la única testigo de los hechos[424]. Su declaración es un instrumento fundamental para conocer la comisión del delito, es fuente y medio de prueba, y, en ocasiones, la única prueba de cargo, pero eso no puede hacernos obviar que su declaración es «la diligencia procesal a la que es sometida la víctima de forma más frecuente e implica una revictimización para ésta, pues además de relatar lo sucedido tiene que verbalizar el sufrimiento que ha pade-

---

421 Magro Servet, Vicente, «La necesidad de evitar la reiteración de las declaraciones de la víctima de malos tratos ante la justicia. El otorgamiento del valor de su primera declaración como prueba preconstituida», *op. cit.*, p. 10.

422 Respecto de la problemática en la citación, puede leerse: Yáñez Velasco, Ricardo, «El olvido, una excusa autorreferencial prácticamente indestructible», *Diario La Ley*, núm. 8601, 2015, pp. 1-7.

423 «Grupo de Expertos en la lucha contra la violencia contra la mujer y la violencia doméstica» (GREVIO) previsto en el art. 66 del Convenio de Estambul. Este Primer informe fue aprobado el 13 de octubre de 2020.

424 Etxeberría Guridi, José Francisco, «Protagonismo probatorio de la víctima en el proceso penal: inconvenientes y ¿posibles soluciones? (al hilo del Convenio de Estambul)», *op. cit.*, p. 12.

cido»[425]. Además, lo ideal sería disponer siempre del equipo interdisciplinar de apoyo al juez, pero, de nuevo, los recursos limitados imponen qué casos sí y qué casos no.

La prueba preconstituida en fase sumarial se presenta como figura jurídica para «salvaguardar el indicio cognitivo (recuerdo del menor) contribuyendo a una investigación criminal exitosa y, por otro, evitar los efectos negativos que el paso por el proceso puede ocasionar al niño»[426]. En el mismo sentido, «la jurisprudencia señala de forma pacífica y unánime (por todas, la STS núm. 758/2018, de 9 de abril de 2019)[427] que es habitual en los delitos contra la libertad e indemnidad sexuales que la prueba de cargo se centre en la declaración de la víctima, pues son conductas delictivas respecto a las que, debido al componente personalista que representan y los espacios de intimidad en que se suelen perpetrar, no es fácil que exista la posibilidad de contar con otras pruebas personales distintas para acreditar el núcleo del hecho delictivo»[428].

Al respecto, quiero traer a colación la brillante reflexión de ARANGÜENA FANEGO respecto de la redacción del artículo 449 ter LECrim. Este artículo consta de un componente objetivo y un componente subjetivo que generan duda respecto de si la preconstitución únicamente podrá hacerse en el catálogo de delitos y para menores de 14 años o si es posible ampliarla a mayores de 14 y para otros delitos. La lectura conjunta del artículo 449 ter junto con 449 bis y 707.2 LECrim parece dar a entender que sería posible, pero de manera limitada, pero comparto plenamente con la autora que si aunamos el espíritu de la LO 8/2021 junto con el de la Ley 4/2015 (EVD) y vamos al objetivo de éstas —que es evitar la victimización secundaria de discapacitados y menores de edad— podría interpretarse la «imposibilidad de testificar en el juicio oral» como el riesgo que supone para su desarrollo madurativo y personal siendo que previamente a la modificación legal ya el TS dictó sentencias siguiendo esta línea argumental (STS 884/2010 de 6 de octubre y ATS 1594/2011 de 13 de octubre)[429].

---

425 SEMPERE FAUS, Silvia, «La declaración de la víctima menor de edad como prueba preconstituida tras la ley orgánica 8/2021 de protección integral a la infancia y la adolescencia frente a la violencia», *op. cit.*, p. 144.

426 SOTOCA, Andrés; MUÑOZ, José Manuel; GONZÁLEZ, José Luis y MANZANERO, Antonio L., «La prueba preconstituida en casos de abuso sexual infantil: aportaciones desde la psicología jurídica», *op. cit.*, p. 9.

427 STS 758/2018, de 9 de abril de 2019 (ECLI:ES:TS:2019:1073).

428 SAP Salamanca 8/2021, de 25 de febrero de 2021 (ECLI: ES:APSA:2021:6).

429 ARANGÜENA FANEGO, Coral, «Declaración de personas vulnerables y preconstitución de la prueba en el proceso penal», *op. cit.,* p. 1111.

EPÍLOGO

I. Reflexiones

Comparto con ARMENTA DEU que la protección del vulnerable llega tarde y se queda corta. Existe la posibilidad de preconstituir prueba en menores de catorce años de edad o personas con discapacidad necesitadas de especial protección, pero no encontramos esta posibilidad en las víctimas de violencia de género o en las personas mayores, y, aunque se alzan voces que proponen la aplicación del artículo 26.1 EVD de manera analógica, «la seguridad jurídica reclama, no obstante, una previsión normativa adecuada o la modificación y elaboración de un articulado común para todos los casos de prueba preconstituida»[430].

Si queremos dar un paso al frente a favor de la preconstitución de la prueba, ésta debe hacerse legislativamente y asegurando las garantías procesales del investigado o acusado. Existen voces críticas que desconfían de esta prueba, pues la consideran una vinculación al proceso inquisitivo que se quiso dejar atrás con la nueva LECrim y, sobre todo, con la CE y la adhesión al CEDH[431]. Esta distinción tajante fue necesaria a los inicios de la democracia y considero que el TC actuó bien rompiendo con la práctica de los tribunales y diferenciando claramente diligencia de investigación respecto de prueba. No es objetivo de este estudio separarse de la doctrina mayoritaria ni recuperar sentencias caducas del TS donde se aceptaba como prueba documental las actuaciones del sumario y, sin necesidad de contradicción el día del juicio oral, se dictaban sentencias de condena. Esta situación por supuesto que vulnera el derecho de defensa. Pero la sociedad ha cambiado, la victimología y las nuevas tecnologías nos ofrecen saberes y herramientas que deberíamos emplear para así humanizar más la justicia.

---

430 ARMENTA DEU, Teresa, «Personas con discapacidad: especialidades en el proceso civil y penal», *op. cit.*, p. 29.

431 JAMARDO LORENZO, Andrea, «La preconstitución de la prueba en el proceso penal», *op. cit.*, p. 9.

Refiere ASENCIO MELLADO que «todo proceso penal debe construirse sobre la realidad social en la que debe imperar, siendo impensable autorizar manifestaciones de oportunidad en países donde exista corrupción del aparato estatal encargado de la persecución delictiva, salvo que se trate de manifestaciones de dicho principio regladas de manera estricta y siempre sujetas a controles por diversos órganos entrecruzados entre sí»[432]. No considero que sea éste el caso del Estado español y, siendo indudablemente necesaria una modificación de la prueba preconstituida para adaptarse a la realidad social, nuestro ordenamiento da las herramientas a los jueces (artículos 1 y 3 CC) para interpretar esta legislación del siglo XIX de acuerdo con la realidad social del momento en que vivimos. Pero los cambios sociales van a una velocidad de vértigo y, tal vez, no debiéramos pedir al legislador una legislación taxativa si no, como indica MARTÍNEZ GARCÍA, unos parámetros para que los jueces tengan a qué atenerse y con esto interpreten la ley pues su labor es precisamente la de interpretarla cuando juzgan[433].

El fin del proceso penal es la búsqueda de la verdad material y, comparto con JAMARGO LORENZO, la preconstitución probatoria de la testifical puede ofrecernos un mayor acercamiento entre la verdad formal y la verdad material[434] o, como indican MONTERO AROCA[435] y GÓMEZ COLOMER[436] entre certeza y verdad, siendo esta diferenciación de conceptos, considero, más acorde con las limitaciones del entendimiento humano.

Aceptando la preconstitución de la declaración de la víctima vulnerable en sentido amplio y realizando esta prueba con todas las garantías de contradicción, así como reproduciéndola el día del juicio oral, evitamos la revictimización secundaria en determinados delitos, escuchamos un primer testimonio donde el paso del tiempo no ha interferido generando un recuerdo engañoso y agilizamos la justicia. La defensa tendrá su oportunidad de contradicción, diferida (pero contradicción, al fin y al cabo), porque podrá poner de manifiesto las incongruencias de la declaración a la vista del resto de pruebas practicadas y solamente en el supuesto de que las preguntas sean sustancialmente diferentes debido a las pesquisas investigadoras se podría volver a citar a la víctima. Esta cuestión deberá ser estudiada por el juzgador de instancia para decidir respecto de la pertinencia de estas preguntas y si, efectivamente, el día que se recibió declaración a la víctima no se podían realizar por la falta de información sobre el contexto en que sucedió el crimen. De lo

---

432 ASENCIO MELLADO, José María, «El proceso penal con todas las garantías», *Ius et Veritas*, núm. 33, p. 237.

433 MARTÍNEZ GARCÍA, Elena, *Juzgar en el siglo XXI*, *op. cit.*, pp. 110-113.

434 JAMARDO LORENZO, Andrea, «La preconstitución de la prueba en el proceso penal», *op. cit.*, p. 8.

435 MONTERO AROCA, Juan, «La prueba. Nociones generales (I)», *op. cit.*, p. 221.

436 GÓMEZ COLOMER, Juan Luis, «La prueba. Aspectos comunes», *op. cit.*, pp. 220-221.

contrario, como indica Yust Escobar[437], la prueba preconstituida puede acabar por convertirse en una herramienta de la defensa para desacreditar las declaraciones de la víctima. En otras palabras, la repetición de la prueba preconstituida tiene que estar basada en supuestos objetivos de indefensión por no tener acceso a la fotografía completa en fase instructora, pero un olvido de la defensa en el planteamiento de las cuestiones no sería suficiente para restar valor probatorio a una prueba que, aunque ante juez distinto, se realizó con todas las garantías. En el mismo sentido, Sánchez Melgar, no habría ningún problema en repetir una prueba preconstituida si «como consecuencia de informaciones sustanciales obtenidas en la investigación, hubiera que ser de nuevo preguntado el menor para valorar su credibilidad, o redirigir la investigación por otros derroteros, puede interesarse del juez la repetición de la comparecencia, porque el derecho a la presunción de inocencia del investigado se encuentra concernido y no puede ser vulnerado de modo alguno»[438].

La regla general debe ser la inmediación, pero la prueba preconstituida trae consigo una serie de ventajas que deben ser valoradas (la psicología del testimonio sostiene que la víctima recuerda mejor los hechos por su cercanía, se reduce la revictimización y se acelera la justicia al reducir trámites) aunque no son suficientes para convertir la excepción en regla general. Al respecto, se propone una regulación clara sobre la prueba preconstituida ampliando el rango de sujetos pasivos que pueden acogerse a ésta. Entre éstos, considero que el legislador debería, por un lado, incluir una lista de vulnerabilidades *per se* que aconsejen hacer uso de la prueba preconstituida y una lista de posibles vulnerabilidades *ad hoc* donde deberá ser la víctima la que pruebe con informes psicológicos esta situación de vulnerabilidad que la hace merecedora del uso de la prueba preconstituida. Se podría comenzar con una lista cerrada como la ofrecida por el EVD respecto de las víctimas «especialmente vulnerables» y, más adelante, valorar si la lista podría ser abierta. Esta segunda opción ya la contempló la jurisprudencia de nuestros tribunales superiores (TS y TC) interpretando el articulado para la preconstitución de la prueba de los menores de edad previo a la reforma del 8/2021. Por medio del presente trabajo de investigación se propone recuperar esa misma doctrina para las víctimas vulnerables en atención a las reglas de Brasilia, a la Convención de Nueva York y al Estatuto de la Víctima del Delito. Porque, en línea con Cuadrado Salinas, suscribo que los ajustes del procedimiento no deben limitarse a las personas con discapacidad reconocida si no aceptar un concepto de vulnerabilidad en sentido amplio[439].

---

437 Yust Escobar, Joaquín, «La protección de la víctima en el Estatuto aprobado por Ley 4/2015 de 27 de abril», *op. cit.*

438 Sánchez Melgar, Julián, «Prueba preconstituida en las declaraciones de los menores y discapacitados, tras la LO 8/2021», *op. cit.*, p. 10.

439 Cuadrado Salinas, Carmen, «Personas vulnerables y ajustes del procedimiento. Luces y sombras de su regulación actual», *op. cit.* p. 7.

El legislador ha derivado en la magistratura la toma de decisiones respecto de la vulnerabilidad o la admisibilidad de la prueba preconstituida que, en realidad, correspondían al legislador estatal con las mayorías cualificadas que requiere una ley orgánica en atención a los derechos fundamentales de acusación y defensa en juego. A golpe de sentencia nuestro TS ha ido perfilando una serie de requisitos para la preconstitución de la prueba que, a veces, han devenido legislativamente en el establecimiento de la prueba preconstituida (menores de edad víctimas de agresiones sexuales) y, en otras circunstancias, han devenido en una obligación de la víctima de mantener su posición de acusación aun cuando ésta no quería (nueva redacción del artículo 416 LECrim).

Así, estudiado y confirmado que la prueba preconstituida no afecta al núcleo duro del derecho de defensa, sostengo junto con otros autores como Sempere Faus que debería realizarse una modificación de la LECrim para admitir la prueba preconstituida en todos los casos de menores con independencia del tipo delictivo[440]. Además, me gustaría ir un paso más allá y proponer su uso para víctimas vulnerables al contexto concreto ya que una lectura del EVD así como de la prueba preconstituida parece permitirlo, pero en algo tan neurálgico como es la prueba en el proceso no debería ser la jurisprudencia la encargada de interpretar en qué casos sí y en qué casos no. Debería estar indicado en la LECrim. Si bien, respecto de la posible ampliación a otros colectivos de personas potencialmente vulnerables considero que no debiéramos perder de vista los medios limitados de que disponemos siendo que en la actualidad los profesionales en la materia refieren que transcurren meses hasta que obtienen señalamiento para la preconstitución de la prueba en una cámara Gesell y, de nuevo, transcurren meses para que los psicólogos emitan su informe. Al hilo, me gustaría indicar que «juzgar y hacer ejecutar lo juzgado» (art. 117 CE) corresponde única y exclusivamente al juez y que, por tanto, los informes de los profesionales que interrogan a las menores, como indica la STS 742/2017[441] son «instrumentos de auxilio a la función judicial, que no la sustituyen los dictámenes periciales psicológicos sobre credibilidad de los menores» que «en ningún caso pueden determinar si las declaraciones se ajustan a la realidad, tarea que incumbe exclusivamente al órgano de enjuiciamiento pero, a sensu contrario, sí pueden ser valorados por el mismo Tribunal para reforzar aquella convicción condenatoria deducida de otras pruebas». En el mismo sentido, con carácter previo la STS 96/2009[442], «no significa que el interrogatorio lo dirija el experto, sino el Juez de Instrucción, con las partes presentes, bajo el control de aquél y

440 Sempere Faus, Silvia, «La declaración de la víctima menor de edad como prueba preconstituida tras la ley orgánica 8/2021 de protección integral a la infancia y la adolescencia frente a la violencia», *op. cit.*, p. 182.

441 STS 742/2017, de 16 de noviembre de 2011 (ECLI:ES:TS:2017:3989).

442 STS 96/2009, de 10 de marzo de 2009 (ECLI:ES:TS:2009:1804).

por medio instrumental del experto. Un modo de operar correcto que se acomoda a las exigencias del art. 777 de la LECrim».

No quisiera terminar estas líneas sin antes indicar que, con independencia del valor que pueda tener doctrinalmente abrir el debate respecto de la vulnerabilidad y proponer una ampliación a casos particulares de vulnerabilidad, tenemos que asumir que con medios limitados habrá unos colectivos todavía más vulnerables que otros. Al respecto, las cámaras Gesell y salas amables deberían quedar restringidas para menores de edad y personas con discapacidad, pero cabe la práctica de la prueba preconstituida para otros colectivos de víctimas que presenten vulnerabilidades como las víctimas de violencia de género o violencia sexual. Tiene razón SÁNCHEZ RUBIO al proponer la cámara Gesell como idónea para las víctimas de violencia de género o sexual[443] pero con los recursos de los que disponemos en la actualidad considero que esta cuestión debería quedar en segundo plano y poner sobre la mesa la preconstitución probatoria, que no requiere de estos recursos materiales, y donde, además, la contradicción se realiza en la misma sala del juzgado y no por diferido mediante cámara. Al respecto, considero que las restricciones al artículo 6 CEDH deberían ser diferentes para menores de edad y víctimas vulnerables a su agresor por las herramientas de las que disponen cada una de estas víctimas para sobrellevar la victimización secundaria siendo el colectivo de los menores de edad más vulnerables por su corta edad. Parafraseando a LAURENZO COPELLO, niños, ancianos e incapaces *son* naturalmente vulnerables, a la mujer es el agresor quién la *hace* vulnerable por medio de la violencia[444]. Y, considero, este criterio debería ser tenido en cuenta a la hora de escoger qué víctimas declararán de manera preconstituida por medio de cámara Gesell y qué víctimas lo harán apoyándose en los artículos 730, 449 bis y 777 LECrim.

II. Propuestas

Al hilo de las reflexiones previamente expuestas, se propone la modificación del artículo 449 ter LECrim (procedimiento ordinario) y del artículo 777 LECrim (procedimiento abreviado). Las propuestas de redacción parten de las siguientes premisas, que son fruto de las conclusiones extraídas a lo largo de la investigación:

1. Los menores de edad[445] son víctimas especialmente vulnerables por el simple hecho de enfrentarse a un proceso penal a su corta edad y, por tanto, no debería darse un listado de delitos para la preconstitución de

443 SÁNCHEZ RUBIO, Ana, «La toma de declaración a través de la cámara Gesell como medio para evitar la doble victimización», *op. cit.*, p. 22.

444 LAURENZO COPELLO, Patricia, «La violencia de Género en la Ley Integral: Valoración político-criminal», *Revista Electrónica de Ciencia Penal y Criminología*, 2005, p. 4.

445 Se indica expresamente menores de edad y no menores de 14 años pues, considero, la preconstitución probatoria coincidir con la minoría de edad legal.

la prueba. Aun siendo el listado de delitos muy amplio e incluyendo los delitos sospechosos de generar una mayor victimización corremos el riesgo de dejar sin protección a menores de edad por otro tipo de delito como sucedió con la legislación italiana en el caso Pupino. En el mismo sentido, las personas con discapacidad necesitadas de especial protección no deberían ver limitado el número de delitos. En todo caso, deberá realizarse una diferenciación entre niveles de discapacidad porque la prueba preconstituida únicamente es para «personas con discapacidad necesitadas de especial protección».

2. La potestad de la autoridad judicial para acordar la audiencia del menor de 14 años a través de equipos psicosociales debe darse también para el caso de las personas con discapacidad necesitadas de especial protección. No es ésta una obligación, es una decisión judicial pero no se entiende por qué el legislador ha olvidado al segundo colectivo en la lista. La decisión deberá ponderar tanto los medios materiales y personales existentes como las necesidades particularidades de la víctima. Esta potestad traerá consigo diferencias entre regiones y comunidades autónomas dependiendo de los medios de que disponga cada una para hacer frente a estas cuestiones. El legislador ha sido cauto y ha introducido el verbo «podrá» y no «acordará» consciente de las limitaciones. No obstante, en el caso de que no se disponga de los medios, la declaración deberá tomarse del modo en que menos perjudique al menor o persona con discapacidad necesitada de especial protección. Como ejemplo de buenas prácticas, mujeres fiscales de Figueres refieren que, ante la falta de medios, en ocasiones exploran a los menores en los despachos de fiscalía, algo alejados de los juzgados y con un carácter más amable que el juzgado.

3. La vulnerabilidad no puede asimilarse a discapacidad o minoría de edad pues existen situaciones de vulnerabilidad fuera de estos dos supuestos a las que el sistema de justicia debe dar una respuesta adecuando los medios para tratar de prevenir, dentro de lo posible, que la investigación y el juicio oral cause más daño a la víctima del delito vulnerable. Respecto de las víctimas mayores de edad vulnerables, refiero las vulnerabilidades *ad hoc*. Estas víctimas son perfectamente funcionales en la sociedad, pero el proceso penal les implica un plus de sufrimiento que el resto de las víctimas no tienen. Por ejemplo, las víctimas de violencia de género son vulnerables a su agresor por la mochila que llevan y la media de ocho años de maltrato antes de la denuncia. En los casos de vulnerabilidades *ad hoc*, dado que tratamos con víctimas mayores de edad, considero que sí debe ofrecerse un *numerus clausus* en el sentido del artículo 23 EVD que refiere aquellos delitos en los que se da una mayor victimización secundaria y, tras un informe pericial, el juez instructor debe valorar si acepta la prueba preconstituida.

En todo caso, como se ha expuesto a lo largo de la monografía, no considero que la preconstitución de la prueba en víctimas vulnerables afecte a los derechos de defensa, pero debe regularse legislativamente la prueba preconstituida respecto de las víctimas vulnerables como ya se hizo en 2021 respecto de los menores de 14 años. De lo contrario, derivamos en la judicatura una labor que no les es propia. La judicatura deberá interpretar los parámetros de «vulnerabilidad» de acuerdo con el contexto social en que ésta deba ser aplicada, pero sobre la base de una ley orgánica previa a la vista de los derechos fundamentales implicados: derecho de defensa y derecho a la tutela judicial efectiva.

BIBLIOGRAFÍA

I. Doctrina

Albaladejo García, Manuel, *Comentarios al Código Civil y compilaciones forales*, Edersa, vol. II, 1981.

Armenta Deu, Teresa:

— *Jueces, fiscales y víctimas en un proceso en transformación*, Marcial Pons, Madrid, 2023.

— *Derivas de la Justicia. Tutela de los derechos y solución de controversias en tiempos de cambios*, Marcial Pons, Madrid, 2021.

— «Personas con discapacidad: especialidades en el proceso civil y penal», *Revista General de Derecho Procesal*, núm. 62, 2024.

Armengot Vilaplana, Alicia, «El estatuto de la persona encausada en el anteproyecto de LECrim», *Revista de la Asociación de Profesores de Derecho Procesal de las Universidades Españolas*, núm. 3, 2021, pp. 291-329.

Álvarez Buján, María Victoria, «Reflexiones críticas en torno a la prueba en el proceso penal español: especial referencia a la prueba preconstituida y a la prueba anticipada», *Boletín de Información*, Gobierno de España, núm. 2180, 2015.

Avilés Palacios, Lucía, «Una mirada crítica y feminista del derecho de acceso a la justicia», *Análisis de la Justicia desde la perspectiva de género*, Tirant Lo Blanch, Valencia, 2018, pp. 71-137.

Arangüena Fanego, Coral, «Declaración de personas vulnerables y preconstitución de la prueba en el proceso penal», *Revista Brasileira de Direito Processual Penal*, vol. 8, núm. 3, 2022, pp. 1093-1126.

Arantegui Arràez, Laura, «El uso de cámaras Gesell con niños: derechos humanos y victimización secundaria», *Revista de Victimología*, núm. 33, 2022, pp. 35-64.

Ariza Colmenarejo, María Jesús, «Lectura fácil y resoluciones judiciales» en *Justicia: ¿garantías versus eficiencia?* (dirs. Fernando Jiménez Conde y Rafael Bellido Penadés), Tirant Lo Blanch, Valencia, 2019, pp. 537-547.

Asencio Mellado, José María:

— «El proceso penal con todas las garantías», *Ius et Veritas*, núm. 33, 235-247.

— *Prueba prohibida y prueba preconstituida*, Trivium, Madrid, 1989.

— «Presunción de inocencia y presunciones iuris tantum en el proceso penal», *Revista General de Derecho Procesal*, núm. 36, 2015, pp. 1-51.

Barona Vilar, Silvia:

— *Proceso penal desde la historia*, Tirant lo Blanch, Valencia, 2017.

— «La prueba» en *Proceso Penal* (coords. Juan Luis Gómez Colomer y Silvia Barona Vilar), Tirant lo Blanch, Valencia, 2023.

— *Algoritmización del Derecho y de la Justicia. De la Inteligencia Artificial a la Smart Justice*, Tirant lo Blanch, Valencia, 2021.

Bellido Penadés, Rafael:

— «Cuestiones fundamentales sobre el proceso penal por delitos leves», *Revista General de Derecho Procesal,* núm. 43, 2017, pp. 1-60.

— *Derecho de Defensa y principio acusatorio en el juicio por faltas*, Dykinson, Madrid, 2012.

Berenguenas Sanchez, María Elena, «Capítulo 9: Tratamiento y efectos de la violencia familiar en niños y adolescentes» en *Manual para la prevención, detección y tratamiento* (coord. Miguel Ángel Soria Verde), Editorial MAD S.L., España, 2006, pp. 269-272.

Bodelón, Encarna, «Violencia institucional y violencia de género», *Anales de la Cátedra Francisco Suárez*, núm. 48, 2014, pp. 131-155.

Bujosa Vadell, Lorenzo, «La declaración testifical del menor en el proceso penal de adultos y las nuevas tecnologías como instrumentos de protección» en *Nuevos paradigmas del Derecho procesal* (coord. Carina Gómez Fröde), Universidad Nacional Autónoma de México, 2016.

Burgorgue-Larsen, Laurence, «La vulnerabilidad comprendida desde la filosofía, la sociología y el derecho. De la necesidad de un diálogo interdisciplinario», *Revista del Postgrado en Derecho de la UNAM Nueva Época*, núm. 1, 2014, pp. 121-132.

Carnelutti, Francesco, *La prueba civil*, Ediciones Depalma, Buenos Aires, 1982.

Carrasco Durán, Manuel, «La definición constitucional del derecho a la tutela judicial efectiva», *UNED Revista de Derecho Político*, núm. 107, 2020, pp. 13-40

Castillejo Manzanares, Raquel, «Hacia un nuevo Proceso Penal: investigación y juicio de acusación», *Estudios penales y criminológicos*, núm. 29, 2009, pp. 207-270.

Cucarella Galiana, Luis Andrés:

— «Administración local, jurisdicción e intereses generales», *Revista Doctrinal Distrital*, núm. 021, pp. 114-117.

— *Derecho a la igualdad, prohibición de discriminación y Jurisdicción*, Wolters Kluwer, 2019.

Cucarella Galiana, Luis Andrés; **Camargo Solano**, Álvaro y **Martínez Londoño**, Claudia, «La oralidad y el legado de una justicia ancestral», *Inciso*, núm. 21(2), 2019, pp. 229-243.

Delgado Martín, Joaquín, «La Orden de protección de las víctimas de violencia doméstica», *La Ley Penal*, núm. 2, 2004.

Döhring, Erich, *La prueba. Su práctica y apreciación*, Ediciones Jurídicas Europa-América, Buenos Aires, 1972.

Gómez Orbaneja, Emilio y **Herce Quemada**, Vicente, *Derecho procesal penal*, Artes Gráficas y Ediciones S.A., Madrid, 1986.

Colmenero Guerra, José Antonio, «Ciudadanía y Justicia. Eficacia y legitimidad de la administración de justicia», *Nuevas Políticas Públicas. Anuario multidisciplinar para la modernización de las Administraciones Públicas*, 2009, pp. 117-137.

Cuadrado Salinas, Carmen, «Personas vulnerables y ajustes del procedimiento. Luces y sombras de su regulación actual», *Revista General de Derecho Procesal,* núm. 62, 2024, pp. 1-33.

Esteve Pardo, José, *El camino a la desigualdad. Del imperio de la ley a la expansión del contrato*, Marcial Pons, Madrid, 2023.

Etxeberría Guridi, José Francisco, «Protagonismo probatorio de la víctima en el proceso penal: inconvenientes y ¿posibles soluciones? (al hilo del Convenio de Estambul)», *Revista Boliviana de Derecho*, núm. 33, 2022, pp. 326-363.

Fernández Nieto, Josefa, «Dispensa del deber de declarar del art. 416 LECrim: el camino que queda por andar», *La Ley derecho de familia*, núm. 36, 2022, pp. 1-34.

García Rodríguez, Manuel José:

— «Evaluación individual de las víctimas para determinar sus necesidades especiales de protección y asistencia en el marco del proceso penal», *Revista General de Derecho Procesal*, núm. 41, 2017, pp. 23-26.

— «Ventajas de la nueva regulación de la prueba preconstituida para la declaración de las víctimas menores de edad y con discapacidad necesitadas de especial protección en el proceso penal», *Boletín del Ministerio de Justicia*, núm. 2258, Gobierno de España, 2022.

Garrity-Rokous, Gates y **Brescia**, Raymond H., «Procedural Justice and International Human Rights: Towards a Procedural Jurisprudence for Human Rights Tribunals», *Yale*, núm. 18, 1993, pp. 559-605.

Gimeno Sendra, Vicente, «La prueba preconstituida de la policía judicial», *Revista Catalana de Seguretat Pública*, 2010, pp. 37-67.

Gómez Colomer, Juan Luis:

— *Estatuto Jurídico de la víctima del delito (La posición jurídica de la víctima ante la Justicia Penal. Un análisis basado en el Derecho comparado y en la Ley 4/2015, de 27 de abril, del Estatuto de la Víctima del delito en España)*, Aranzadi, Navarra, 2015.

— «La prueba. Aspectos comunes» en *Proceso Civil* (coords. Juan Luis Gómez Colomer y Silvia Barona Vilar), Tirant lo Blanch, Valencia, 2023.

— «Los principios del proceso penal» en *Introducción al Derecho Procesal* (coords. Gómez Colomer y Barona Vilar), Tirant lo Blanch, 2023, pp. 277-292.

Guasp Delgado, Jaime, «La prueba en el proceso civil español», *Revista de la Universidad de Oviedo*, núm. 6, 1944, pp. 21-82.

Guzmán Fluja, Vicente Carlos, *Anticipación y preconstitución de la prueba en el proceso penal*, Tirant Lo Blanch, Valencia, 2006.

Héllmer, Malin, *La violencia contra los niños y las niñas en el ámbito familiar*, Tirant lo Blanch, Valencia, 2018.

Iglesias Canle, Inés Celia, «La denominada prueba pericial preconstituida. La nueva redacción del art. 788.2 LEcrim», *Actualidad jurídica Aranzadi*, núm. 605, 2003.

Jamardo Lorenzo, Andrea:

— *La preconstitución de la prueba en el proceso penal*, Trabajo Final de Grado, 2016.

— «La preconstitución de la prueba en el proceso penal», *Diario La Ley*, núm. 8906, 2017, pp. 1-11.

Jiménez Fortea, Francisco Javier, «La evolución histórica del enjuiciamiento de los menores de edad en España», *Revista Boliviana de derecho*, núm. 18, 2014, pp. 160-181.

Kühne, Hans-Heiner., *Kriminologie: Victimologie der Notzucht,* Juristische Schulung, Deutschland, 1986.

Laurenzo Copello, Patricia, «La violencia de Género en la Ley Integral: Valoración político-criminal», *Revista Electrónica de Ciencia Penal y Criminología*, 2005.

Levesque, Roger J.R., *Child Maltreatment and the Law. Returning to First Principles*, Springer.

Llorente Sánchez-Arjona, Mercedes, «La ciberviolencia de género: nuevas formas de victimización» en *El proceso penal ante una nueva realidad tecnológica europea* (dirs. Montserrat Hoyo Sancho y Esther Pillado González), Aranzadi, 2023, pp. 416-436.

López Jara, Manuel, «Requisitos para que el testimonio del menor, víctima de delitos de naturaleza sexual, constituya prueba de cargo para la condena del acusado», *La Ley derecho de familia*, 2015, pp. 1-13.

Luaces Gutiérrez, Ana Isabel, «La prueba preconstituida en menores de edad tras la LO 8/2021: especial referencia a la utilización de Cámaras Gesell como instrumento para evitar la victimización secundaria», *La Ley Derecho de Familia*, núm. 34, 2022, pp. 1-22.

Magro Servet, Vicente:

— «Necesidad de la práctica de la prueba preconstituida con menores de edad en el Juzgado de instrucción en los delitos contra la libertad sexual», *Diario La Ley,* núm. 6972, 2008, pp. 1-10.

— «Preceptividad de la práctica de la prueba preconstituida con víctimas en el proceso penal», *La Ley Penal*, núm. 92, 2012.

— «La necesidad de evitar la reiteración de las declaraciones de la víctima de malos tratos ante la justicia. El otorgamiento del valor de su primera declaración como prueba preconstituida», *Diario La Ley,* núm. 7879, 2012, pp. 1-11.

Maris González, Stella, *La protección de la Infancia en el marco del Derecho Internacional*, Cruz Roja Española, Oficina Central, 1991.

Martínez García, Clara y **Del Moral Blasco**, Carmela, *Guía para la evaluación y determinación del interés superior del menor*, Save the Children, 2017.

Martínez García:

— *Juzgar en el siglo XXI*, Tirant lo Blanch, 2024.

— «La igualdad y la violencia de género: elementos para la reflexión en España y en Europa» en *Género y Derecho Penal* (dir. José Hurtado Pozo), Instituto Pacífico, 2017.

— *Eficacia de la prueba ilícita en el proceso penal (a la luz de la STC 81/98, de 2 de abril)*, Tirant lo Blanch, Valencia, 2003.

Molina Gimeno, Javier, «Sugerencias de reforma en materia penal derivadas de la aplicación práctica de la LO 1/2004 de medidas de protección integral contra la violencia de género», *Boletín de Derecho de Familia,* núm. 73, 2007.

Montero Aroca, Juan:

— «La prueba. Nociones generales (I)», *Derecho Jurisdiccional II,* Tirant Lo Blanch, Valencia, 2017.

— «Los principios del procedimiento», *Derecho Jurisdiccional I,* Tirant lo Blanch, Valencia, 2017.

Moreno Catena, Víctor:

— «Algunos problemas del derecho de defensa», *La reforma del proceso penal*, II Congreso de Derecho Procesal de Castilla y León. Madrid: Ministerio de Justicia, Centro de Publicaciones, 1989, pp. 449-469

— «Sobre el Derecho de Defensa: cuestiones generales», *Teoría y Derecho*, núm. 8, 2010, pp. 16-38.

Moreno Catena, Víctor y **Cortés Domínguez, Valentín**, *Derecho Procesal Penal*, Tirant Lo Blanch, Valencia, 2023.

Muerza Esparza, Julio, «Sobre los límites a la prueba preconstituida en el proceso penal», *Revista General de Derecho Procesal*, núm. 39, 2016.

Nieva Fenoll, Jordi:

— «La razón de ser de la presunción de inocencia», *InDret*, núm. 1, 2016, pp. 1-23.

— «La prueba preconstituida: un concepto erróneo e imposible», *Diario La Ley*, núm. 10532, 2024, pp. 1-20.

— «Neurociencia y juicio jurisdiccional: pasado y presente. ¿Futuro?», *Civil Procedure Review*, vol. 7, núm. 3, 2016.

Nacarino Lorente, José María, «La declaración del menor víctima del delito como prueba preconstituida», *La Ley Probática*, núm. 1, 2020.

Ortells Ramos, Manuel, «Eficacia probatoria del acto de investigación sumarial. Estudio de los artículos 730 y 714 de la Ley de Enjuiciamiento Criminal», *Revista General de Derecho,* 1980-1981.

Palomino Pinedo, María Teresa, «Problemas en la aplicación de la entrevista única en Cámara Gesell para víctimas de violencia sexual. Análisis del funcionamiento empírico del mecanismo», *Revista de Victimología,* núm. 11, 2020, pp. 135-160.

Pereda, Noemí y **Andreu, Laura**, «La protección de los niños y niñas ante la victimización secundaria: propuestas de actuación profesional» en *La protección de las víctimas en el Espacio Europeo* (dirs. Juan Carlos Vegas Aguilar y Silvia Sempere Faus), Tirant lo Blanch, Valencia, 2023, pp. 101-136.

Pérez-Cruz Martín, Agustín Jesús y **Ferreiro Baamonde, Xulio**, «La protección de la víctima en la vista del juicio oral» en *Investigación y prueba en el proceso penal* (dir. Nicolás González-Cuéllar Serrano), Colex, 2006, pp. 283-302.

Pérez Daudí, Vicente, «La transformación digital de la justicia civil» en *Digitalización de la justicia: prevención, investigación y enjuiciamiento* (dirs. Mercedes Llorente Sánchez Arjona y María Sonia Calaza López) Aranzadi, Pamplona, 2022, pp. 461-494.

Pillado González, Esther, «La declaración de la víctima menor y las medidas para evitar su revictimización» en *Justicia poliédrica en periodo de mudanza. Nuevos conceptos, nuevos sujetos y nueva intensidad* (ed. Silvia Barona Vilar), Tirant lo Blanch, Valencia, 2022.

Platón, *La República,* Diálogo, Valencia, 2009.

Presno Lirena, Miguel Ángel, «La vulnerabilidad», *Cuadernos sobre el derecho de asilo en España*, núm. 2, 2022, pp. 30-53.

Prieto-Castro, Leonardo y **Gutiérrez de Cabiedes,** Eduardo, *Derecho Procesal Penal,* Madrid, 1989.

Rodríguez Fernández, Ricardo, «Prueba preconstituida y prueba anticipada: análisis jurisprudencial», *Diario La Ley*, núm. 8487, 2015.

RUIZ VADILLO, Enrique, «La prueba en el proceso penal», *Cuadernos de Derecho Judicial*, CGPJ, 1992.

SÁNCHEZ MELGAR, Julián, «Prueba preconstituida en las declaraciones de los menores y discapacitados, tras la LO 8/2021», *La Ley derecho de familia*, núm. 32, 2021, pp. 1-19.

SÁNCHEZ RUBIO, Ana:

— «La toma de declaración a través de la cámara Gesell como medio para evitar la doble victimización», *Estudios Penales y Criminológicos*, núm. 42, 2022, pp. 1-30.

— «El uso del test P300 en el proceso penal español: algunos aspectos controvertidos», *Revista Electrónica de Ciencia Penal y Criminológica*, 2016, pp. 1-23.

SANZ HERMIDA, Ágata, «Hacia la consolidación del estatuto jurídico de los sospechosos y acusados en el espacio de libertad, seguridad y justicia. Los últimos instrumentos: presunción de inocencia, derecho a estar presente en el juicio y protección de derechos de menores sospechosos o acusados», *Revista General de Derecho Procesal*, núm. 39, 2016, pp. 1-13.

SEMPERE FAUS, Silvia:

— «La declaración de la víctima menor de edad como prueba preconstituida tras la ley orgánica 8/2021 de protección integral a la infancia y la adolescencia frente a la violencia» en *La protección de las víctimas en el Espacio Europeo* (dirs. Juan Carlos VEGAS AGUILAR y Silvia SEMPERE FAUS), Tirant lo Blanch, Valencia, 2023, pp. 137-186.

— «La grabación audiovisual de la declaración del menor de edad: la prueba preconstituida y la eficacia de la cámara Gesell en la reducción de la victimización secundaria», *Revista General de Derecho Procesal*, núm. 48, 2019, pp. 1-49.

SOTOCA, Andrés; **MUÑOZ**, José Manuel; **GONZÁLEZ,** José Luis y **MANZANERO,** Antonio L. «La prueba preconstituida en casos de abuso sexual infantil: aportaciones desde la psicología jurídica», *La Ley Penal,* núm. 102, 2013, pp. 1-13.

SCHWARTZ, Lita Linzer e **ISSER**, Natalie K., *Child Homicide. Parents Who Kill*, Taylor & Francis Group, 2006.

SUBIJANA ZUNZUNEGUI, Ignacio José y **PORRES GARCÍA**, Izaskin, «La viabilidad de la justicia terapéutica, restaurativa y procedimental en nuestro ordenamiento jurídico», *Cuadernos penales José María Lidón,* núm. 9, 2013, pp. 21-58.

Taruffo, Michele, *La prueba de los hechos*, Trotta, 2002.

Ulfe Herrera, Elisabeth Consuelo, «Tecnología que evita la revictimización en niños, niñas y adolescentes: cámara Gesell», *Revista semestral de divulgación científica*, vol. 2, núm. 2, 2015, pp. 58-66.

Varona Martínez, Gema María:

— «Victimización secundaria, en particular en delitos contra la seguridad vial, sistema de justicia y la creencia en seres mitológicos», *Cuadernos Penales José María Lidón,* núm. 14,2018, pp. 247-284.

— «El concepto de memoria desde la victimología: cinco conclusiones provisionales sobre las relaciones entre memoria, justicia y políticas. Victimales en las dinámicas de graves victimizaciones ocultas, directas e indirectas», *Eguzkilore,* núm. 28, 2014.

— «La enseñanza académica de la Victimología en el mundo», *Revista de Victimología,* núm. 6, 2007, pp. 103-112.

— «Justicia restaurativa digital, conectividad y resonancia en tiempos del COVID-19», *Revista de victimología,* núm. 10, 2020, pp. 9-42.

Vázquez Sotelo, José Luis, «Presunción de inocencia y prueba indiciaria» en *Investigación y prueba en el proceso penal* (dir. Nicolás González-Cuéllar Serrano), Colex, 2006, pp. 32-80

Vegas Torres, Jaime, «La presunción de inocencia y el escenario de la prueba penal», *Persona y Derecho,* núm. 55, 2006, pp. 741-767.

Veerman, Philip E., *The Rights of the Child and the Changing Image of Childhood,* Martinuns Nijhoff Publishers, 1992.

Vidagany Peláez, José Manuel, «La protección de las víctimas vulnerables con discapacidad», *La protección de las víctimas en el Espacio Europeo* (dirs. Juan Carlos Vegas Aguilar y Silvia Sempere Faus), Tirant lo Blanch, Valencia, 2023, pp. 213-238.

Viguer Soler, Pedro Luis, «Estatuto de la víctima, protección del menor y prueba preconstituida», *Cuadernos Penales José María Lidón*, núm. 14,2018, pp. 49-81.

Villa Navarro, Andrea, *Víctimas invisibles: el impacto de la violencia de género en los menores*, Trabajo Final de Grado, 2023.

Villamarin Lopez, María Luisa, «El derecho de los testigos parientes a no declarar en el proceso penal», *Indret*, núm. 4, 2012.

Yáñez Velasco, Ricardo:

— «El olvido, una excusa autorreferencial prácticamente indestructible», *Diario La Ley*, núm. 8601, 2015, pp. 1-7.

— «Érase una vez, un Estado de Derecho», *Diario La Ley*, núm. 9068, 2017, pp. 1-4.

Yust Escobar, Joaquín, «La protección de la víctima en el Estatuto aprobado por Ley 4/2015 de 27 de abril», *Cuadernos Digitales de Formación*, núm. 47, 2016.

II. Jurisprudencia

1. Tribunal Supremo

- STS 579/2019 de 26 de noviembre de 2019 (ECLI: ES:TS:2019:3857).
- STS, 7289/1995, de 4 de mayo de 1995 (ECLI:ES:TS:1995:7284).
- STS 161/2015, de 17 de marzo de 2015 (ECLI:ES:TS:2015:812).
- STS, de 10 de noviembre de 1972.
- STS Roj:12157/1989, de 14 de marzo de 1989 (ECLI:ES:TS:1989:12157).
- STS Roj: 12032/1989, de 21 de abril de 1989 (ECLI:ES:TS:1989:12032).
- STS Roj: 7982/1989, de 28 de abril de 1989 (ECLI:ES:TS:1989:7928).
- STS Roj: 13319/1990, de 26 de marzo de 1990 (ECLI:ES:TS:1990:13319).
- STS Roj: 3927/1990, de 23 de mayo de 1990 (ECLI:ES:TS:1990:3927).
- STS Roj: 14952/1990, de 28 de junio de 1990 (ECLI:ES:TS:1990:14952).
- STS Roj: 16313/1990, de 27 de septiembre de 1990 (ECLI:ES:TS:1990:16313).
- ATS Roj: 2357/1990, de 31 de octubre de 1990 (ECLI:ES:TS:1990:2357A).
- STS Roj: 7803/1990, de 31 de octubre de 1990 (ECLI:ES:TS:1990:7803).
- STS 632/2014, de 14 de octubre de 2014 (ECLI:ES:TS:2014:3916).
- STS 686/2016, de 26 de julio de 2016 (ECLI:ES:TS:2016:3920).
- STS 598/2015, de 14 de octubre de 2015 (ECLI:ES:TS:2015:4426).
- STS 1072/2009, de 9 de noviembre de 2009 (ECLI:ES:TS:2009:6734).
- ATS 1353/2007, de 12 de julio de 2007 (ECLI:ES:TS:2007:9322A).
- STS 96/2009, de 10 de marzo de 2009 (ECLI:ES:TS:2009:1804).
- STS 151/2007, de 28 de febrero de 2007 (ECLI:ES:TS:2007:1585).
- STS 750/2016, de 11 de octubre de 2016 (ECLI:ES:TS:2016:4521).
- STS 642/2015, de 29 de octubre de 2015 (ECLI: ES:TS:2015:4667).
- STS 937/2013, de 11 de diciembre de 2013 (ECLI:ES:TS:2013:5839).
- STS 222/2019, de 24 de abril de 2019 (ECLI:ES:TS:2019:1413).

- STS 626/2006, de 2 de junio de 2006 (ECLI:ES:TS:2006:3678).
- STS 71/2015, de 4 de febrero de 2015 (ECLI:ES:TS:2015:459).
- STS 743/2010, de 17 de junio de 2010 (ECLI:ES:TS:2010:4235).
- STS 593/2012, de 7 de julio de 2012 (ECLI:ES:TS:2012:5087).
- STS 19/2013, de 9 de enero de 2013 (ECLI:ES:TS:2013:173).
- STS 247/2018, de 24 de mayo de 2018 (ECLI:ES:TS:2018:2003).
- STS 663/2018, de 17 de diciembre de 2018 (ECLI:ES:TS:2018:4343).
- STS 519/2022, de 26 de mayo de 2022 (ECLI:ES:TS:2022:2193).
- STS 194/2022, de 2 de marzo de 2022 (ECLI:ES:TS:2022:1029).
- STS 181/2015, de 1 de abril de 2015 (ECLI:ES:TS:2015:1246).
- STS 342/2021, de 23 de abril de 2021 (ECLI:ES:TS:2021:1731).
- STS 205/2018, de 25 de abril de 2018 (ECLI:ES:TS:2018:1629).
- STS 225/2020, de 25 de mayo de 2020 (ECLI:ES:TS:2020:1559).
- STS 389/2020, de 10 de julio de 2020 (ECLI:ES:TS:2020:2493).
- STS 758/2018, de 9 de abril de 2019 (ECLI:ES:TS:2019:1073).
- STS 884/2010, de 6 de octubre de 2010 (ECLI:ES:TS:2010:5244).
- ATS 1594/2011, de 13 de octubre de 2011 (ECLI:ES:TS:2011:11145A).
- STS 742/2017, de 16 de noviembre de 2011 (ECLI:ES:TS:2017:3989).

2. Tribunal Constitucional

- STC 137/1988 (ECLI:ES:TC:1988:137).
- STC 182/1989 (ECLI:ES:TC:1989:182).
- STC 31/1981 (ECLI:ES:TC:1981:31).
- STC 161/1990 (ECLI:ES:TC:1990:161).
- STC 283/1994 (ECLI:ES:TC:1994:283).
- STC 328/1994 (ECLI:ES:TC:1994:328).
- STC 80/1986 (ECLI:ES:TC:1986:80).
- STC 44/1989 (ECLI:ES:TC:1989:44).
- STC 24/1984 (ECLI:ES:TC:1984:24).
- STC 145/1988 (ECLI:ES:TC:1988:145).
- STC 94/2002 (ECLI:ES:TC:2002:94).
- STC 345/2006 (ECLI:ES:TC:2006:345).
- STC 323/1993 (ECLI:ES:TC:1993:323).

- STC 107/1985 (ECLI:ES:TC:1985:107).
- STC 41/1991 (ECLI:ES:TC:1991:41).
- STC 174/2011 (ECLI:ES:TC:2011:174).

3. Audiencias Provinciales

- SAP Barcelona 257/2015, de 9 de marzo de 2015 (ECLI:ES:APB:2015:1614).
- SAP Salamanca 8/2021, de 25 de febrero de 2021 (ECLI: ES:APSA:2021:6).
- SAP Madrid 517/2018, de 9 de julio de 2018 (ECLI: ES:APM:2018:10498).

4. Tribunal Europeo de Derechos Humanos

- Asunto Axen c. Alemania, 8 de diciembre de 1983 (Demanda núm. 8273/78).
- Asunto Gani c. España, 19 de febrero de 2013 (Demanda núm. 61800/08).
- Asunto Artner c. Austria, 28 de agosto de 1992 (Demanda núm. 13161/87).
- Asunto Z. c. Letonia, 24 de enero de 2008 (Demanda núm. 14755/03).
- Asunto Kostovski c. Países Bajos, 20 noviembre 1989 (Demanda núm. 11454/85).
- Asunto Lüdi c. Suiza, 15 de junio de 1992 (Demanda núm. 12433/86).
- Asunto van Mechelen y otros c. Países Bajos, 23 de abril de 1997 (Demanda núm. 21363/93).
- Asunto Bocos-Cuesta c. Países Bajos, 10 de noviembre de 2005 (Demanda núm. 54789/00).
- Asunto Carta c. Italia, 20 de abril de 2006 (Demanda núm. 4548/02).
- Asunto Lucà c. Italia, 27 de febrero de 2001 (Demanda núm. 33354/96).
- Asunto P. S. c. Alemania, de 20 de diciembre de 2001 (Demanda núm. 33900/96).
- Asunto S. N. c. Suecia, 2 de julio de 2002 (Demanda 34209/96).
- Asunto W c. Finlandia, 24 de abril de 2007 (Demanda núm. 14151/02).
- Asunto A. H. c. Finlandia, 10 de mayo de 2007 (Demanda núm. 46602/99).
- Asunto A.L. c. Finlandia, 27 de enero de 2009 (Demanda núm. 23220/04).
- Asunto D. c. Finlandia, 7 de julio de 2009 (Demanda núm. 30542/04).
- Asunto A.S. c. Finlandia, 28 de septiembre de 2010 (Demanda núm. 40156/07).

5. Tribunal de Justicia de la Unión Europea

- STJUE de 16 de junio de 2005, Asunto C-105/03.
- STJUE de 21 de diciembre de 2011, Asunto C-507/10.

ANEXO

EXTRACTOS DE SENTENCIAS

En los anexos se indicará el tribunal que dicta la sentencia, el hecho enjuiciado (caso), las alegaciones de la defensa que guardan estrecha relación con la preconstitución probatoria —dejando fuera cuestiones sustantivas— los fundamentos extraídos textualmente de las sentencias y el fallo. En aquellos casos en que ha lugar al recurso se indicarán las palabras del tribunal para que el lector pueda observar cuándo se anula el juicio y se dicta sentencia absolutoria y cuándo se retrotraen las actuaciones.

Respecto de los extractos de sentencias de las Audiencias Provinciales, aun siendo consciente de que no crean jurisprudencia, se añaden por el interés que suscitan sus pronunciamientos respecto de la preconstitución probatoria, el uso de cámaras Gesell y la lectura fácil. En estos casos, por tratarse de la sentencia en primera instancia, se ha suprimido el apartado «defensa». En cuanto a los extractos de sentencias del TEDH, la defensa siempre alega el derecho a un juicio justo del artículo 6.1 y 6.3 CEDH y, consecuentemente, este apartado queda suprimido. Por lo que respecta a los extractos de sentencias ante el TJUE, se trata de cuestiones prejudiciales emitidas por magistrados y, consecuentemente, se suprime el apartado «defensa» y el fundamento y fallo se unen en un único apartado.

Es importante indicar que estos anexos sirven para facilitar al lector el seguimiento de las sentencias de la monografía, pero que un estudio en profundidad requeriría la lectura de todas las sentencias ya que las situaciones de fondo no siempre resultan fácilmente comparables. Así, encontramos variados motivos para la denegación de la preconstitución probatoria: desde no haberse realizado ante juez competente siguiendo las indicaciones legales hasta la falta de informes psicológicos que lo justifiquen.

I. Tribunal Supremo

TS	CASO	DEFENSA	FUNDAMENTO	FALLO
STS Roj: 12157/ 1989, de 14 de marzo de 1989 (ECLI:ES:TS: 1989:12157)	Agresión sexual y robo	Presunción de inocencia	La presunción de prístina inocencia de todo acusado por razón de delito o de falta siempre ha subyacido o estado latente a lo largo del articulado de la Ley de Enjuiciamiento Criminal y, especialmente, en su exposición de motivos, pero la proclamación dogmática, terminante y explícita de la presunción *iuris tantum*, de inocencia, de los acusados y, consecuentemente, la remisión, a los acusadores de la carga de la prueba de la culpabilidad de los mentados acusados, ha sido mérito indiscutible de la Constitución Española de 1978, la cual, en el último inciso del párrafo primero del núm. 2 de su art. 24, consagra dicha presunción. Desde entonces, la invocación casacional de este legítimo medio de Defensa se ha hecho proverbial y constituye leitmotiv de buen número de impugnaciones, produciéndose con ello una cierta subversión o desnaturalización de la misión y fines del recurso de casación, el cual, de ordinario, tiende primordialmente a corregir errores *in iudicando* o *in procedendo*, cometidos en la interpretación o en la aplicación, bien de la Ley sustantiva, bien de la de las leyes de procedimiento y sólo excepcionalmente, a corregir y enmendar errores de hecho cometidos a la hora de valorar las pruebas practicadas, siendo deseable que la proliferación de recursos basados en la presunción de inocencia cesara de constituir un socorrido y muchas veces infundado medio defensivo, reservando su alegación tan sólo para aquellos casos en los que no se ha practicado prueba alguna de cargo o bien éstas carecen de todo poder de convicción. [...] En este caso, desdeñando el atestado policial, e incluso las diligencias de identificación del presunto culpable y de comprobación del delito y de las circunstancias que le acompañaron, las cuales se practicaron en período sumarial, y atendiendo tan sólo, como es aspiración ideal, a los acreditamientos llevados a cabo durante el curso de las sesiones del juicio oral, practicadas con respeto absoluto de los derechos fundamentales de las personas reconocidas por las leyes y observancia estricta de todos los principios que informan la fase plenaria del proceso español, del examen de dicho juicio oral, mejor dicho, del acta extendida al efecto.	No ha lugar al recurso

TS	CASO	DEFENSA	FUNDAMENTO	FALLO
STS Roj:12032/ 1989, de 21 de abril de 1989 (ECLI:ES:TS: 1989:12032)	Colaboración con banda armada, tenencia ilícita de armas, asesinato	Presunción de inocencia y mínima actividad probatoria	La presunción de inocencia equivale a una especie de verdad interina que acompaña al inculpado al iniciarse el proceso y durante su desarrollo, en tanto no quede desvirtuada por un resultado probatorio adverso a cuyo través venga a evidenciarse la participación criminal que se imputa al inculpado. No existe vulneración del derecho a la presunción de inocencia cuando el Tribunal, en las apreciaciones llevadas a cabo en su resolución, ha dispuesto de un mínimo de actividad probatoria de cargo sobre la que elaborar sus conclusiones, haciendo uso de la soberanía que le asiste para su apreciación «en conciencia» —art. 741 de la Ley de Enjuiciamiento Criminal—, formando al respecto su íntima convicción, obteniendo un grado de certidumbre que, al menos, supera la simple probabilidad o el mero juicio de verosimilitud.	No ha lugar al recurso
STS Roj:7982/ 1989, de 28 de abril de 1989 (ECLI:ES:TS: 1989:7928)	Alzamiento de bienes	Presunción de inocencia y mínima actividad probatoria	Las alegaciones de la parte recurrente poco tienen que ver con el derecho fundamental a la presunción de inocencia, cuya violación se denuncia. Lo propio de éste, como es bien sabido, es la existencia en la causa de un auténtico vacío probatorio, incompatible con aquellas alegaciones.	No ha lugar al recurso

TS	CASO	DEFENSA	FUNDAMENTO	FALLO
STS Roj: 13319/ 1990, de 26 de marzo de 1990 (ECLI:ES:TS: 1990:13319)	Falsificación de documento privado	Presunción de inocencia	Ha de entenderse salvaguardado el principio cuando el Tribunal, en las apreciaciones llevadas a cabo en su resolución, ha dispuesto de un mínimo de actividad probatoria de cargo sobre la que elaborar sus conclusiones, haciendo uso de la soberanía que le asiste para su apreciación «en conciencia» —art. 741 de la Ley de Enjuiciamiento Criminal—, formando al respecto su íntima convicción, obteniendo un grado de certidumbre que, al menos, supera la simple probabilidad o el mero juicio de verosimilitud. Ello obedecerá a una apreciación lógica de la prueba que aboque en una historificación de los hechos en adecuado ensamblaje con ese acervo, de mayor o menor amplitud, de datos acreditativos y reveladores, que haya sido posible concentrar en el proceso. [...] El Tribunal ponderó cuantos factores tuvo a la vista y quedaron sujetos a su apreciación. La prueba circunstancial o indiciaría tiene acogida en el ámbito jurisdiccional penal con determinadas exigencias que presten apoyo para la con figuración de la inferencia que permita la deducción de un hecho qué se desconoce a través de otros conocidos y detectables; exigencias aquéllas que hacen relación tanto a las condiciones exteriores de los indicios como a su número. Sobre tal basamento actúan principios de experiencia, que valen tanto como normas de naturaleza o del pensamiento. El indicio aislado generalmente se ofrece inconsistente y ambiguo, debiendo darse en concurso o pluralidad con otros, radicando en su coincidencia o afinidad significativa la fuerza indicativa o de dirección que se les reconoce; los hechos o datos indiciarios han de ser recogidos a virtud de prueba directa y aparecer relacionados o en conexión con la infracción criminal que se investiga. Aquella armonía o concomitancia y el vigor o potencialidad reveladora de cada acto o elemento en sí, es lo que puede llevar al Tribunal a formar una convicción ausente de cualquier duda razonable (*Cfr.* Sentencias del TS de 21 de abril y 22 de julio de 1987 y 3 de marzo de 1988). En el supuesto de autos el valor de los indicios se sumó significativamente a la prueba directa. Contó la Sala de instancia con un sustrato probatorio de cargo mínimo capaz de desvirtuar la presunción de inocencia.	No ha lugar al recurso

TS	CASO	DEFENSA	FUNDAMENTO	FALLO
STS Roj: 3927/ 1990, de 23 de mayo de 1990 (ECLI:ES:TS: 1990:3927)	Robo con fuerza en las cosas	Presunción de inocencia. Prueba de cargo con todas las garantías	A tenor de una jurisprudencia tan reiterada que releva de toda cita pormenorizadora, tanto del Tribunal Constitucional como de esta Sala, la presunción de inocencia, además de constituir un principio o criterio informador del ordenamiento procesal penal, es ante todo un derecho fundamental que el art. 24.2 de la Constitución Española reconoce y garantiza a todo ciudadano; precisando para ser desvirtuada una actividad probatoria mínima y suficiente, razonablemente de cargo, y revestida de todas las garantías procesales que la legitimen. [...] Las declaraciones en el acto del juicio oral coinciden fundamentalmente con lo expuesto. El Tribunal contó, pues, con una plataforma probatoria de cargo algo más que mínima, que le permitió formar su convicción incriminatoria apreciando en conciencia las pruebas obrantes en la causa conforme a los arts. 741 de la Ley de Enjuiciamiento Criminal y art. 117.3 de la Constitución. No puede olvidarse la fuerza ilustrativa y aleccionadora proporcionada por la inmediación.	No ha lugar al recurso
STS Roj: 14952/ 1990, de 28 de junio de 1990 (ECLI:ES:TS: 1990:14952)	Imprudencia temeraria	Presunción de inocencia. Valoración de hechos	Constituye arraigada doctrina tanto del Tribunal Constitucional como de esta Sala 1.ª de que la presunción inocencia es una presunción *iuris tantum* que exige para ser desvirtuada la existencia de una mínima y suficiente actividad probatoria, constitucionalmente legítima, producida con las debidas garantías procesales, que se ofrezca racionalmente de cargo y de la que se pueda deducir la culpabilidad del procesado; todo ello en relación con el delito de que se trate y los elementos específicos que le configuran. Así, Sentencias del Tribunal Constitucional de 27 de noviembre de 1985, 19 de febrero de 1987, 19 de septiembre y de 1 de diciembre de 1988 y 20 de febrero de 1989, y de esta Sala de 19 de mayo de 1987, 17 y 20 de octubre de 1988, por cita de algunas.	No ha lugar al recurso

TS	CASO	DEFENSA	FUNDAMENTO	FALLO
STS Roj: 16313/ 1990, de 27 de septiembre de 1990 (ECLI:ES:TS: 1990:16313)	Alzamiento de bienes y lesiones	Presunción de inocencia	El examen de los autos permite constatar la existencia en ellos de los siguientes particulares: [...] Todo ello, junto con el interrogatorio de los procesados y testigos que comparecieron al acto del juicio oral, constituye un conjunto probatorio, practicado con las debidas garantías, del que no es ilógico, irracional ni absurdo, llegar a la convicción de culpabilidad a que ha llegado el Tribunal de instancia, que es el único competente para valorar en conciencia la prueba (*vid*. arts. 117.3 de la Constitución y 741 de la Ley de Enjuiciamiento Criminal), debiendo por ello limitarse esta Sala a dicha constatación. No cabe hablar, por tanto, de vulneración del derecho a la presunción de inocencia.	No ha lugar al recurso
ATS Roj: 2357/ 1990, de 31 de octubre de 1990 (ECLI:ES:TS: 1990:2357A)	Salud Pública	Presunción de inocencia	La presunción de inocencia, cuya violación denuncia el recurrente, supone la proclamación *ab initio* de la inocencia del procesado que podrá ser desvirtuada si se ha practicado en el juicio oral una actividad probatoria obtenida lícitamente, con observancia de los principios que informan el enjuiciamiento criminal de los delitos, de oralidad, inmediación, contradicción efectiva y publicidad, que produzcan una actividad inequívocamente de cargo, es decir, de la que puede deducirse de forma lógica y razonable la participación en los hechos delictivos del titular del derecho fundamental, correspondiendo a esta Sala, a través del recurso de casación, constatarla existencia de una actividad probatoria, de cargo y practicada en condiciones de licitud que permitan su valoración por la Sala sentenciadora en los términos del art. 741 de la Ley Procesal (Sentencias de 5 de abril de 1988 y 22 de marzo de 1988). La lectura del acta del juicio oral pone de manifiesto la existencia de una actividad probatoria lícitamente obtenida e inequívocamente de cargo. Frente a la declaración del procesado, negando los hechos de la acusación, declaró el Policía que le detuvo, y a preguntas de la acusación y de la defensa, ratificó el atestado policial, declarando cómo vieron al procesado entregar una papelina de sustancia tóxica a cambio de dinero, siéndole intervenida a la compradora. Constatada la existencia de una actividad probatoria, susceptible de ser valorada en los términos contenidos en el hecho probado, el motivo deviene carente de contenido casacional, siendo de aplicación la causa de inadmisión del art. 885.1 de la Ley de Enjuiciamiento Criminal.	No ha lugar al recurso

TS	CASO	DEFENSA	FUNDAMENTO	FALLO
STS Roj: 7803/ 1990, de 31 de octubre de 1990 (ECLI:ES:TS: 1990:7803)	Robo con violencia	Presunción de inocencia y error de hecho en la apreciación de la prueba	Como prueba de cargo, aparece el reconocimiento judicial en presencia de Letrado, sin género de dudas que a su vez ratificaba el que practicó en la Guardia Civil. Pero lo importante es destacar cómo sucedieron los hechos. La víctima denuncia los hechos y a los pocos días reconoce por la calle a uno de sus dos agresores y es él quien llama telefónicamente a la Guardia Civil para que lo detengan, a cuyo efecto le acompaña al lugar donde se encuentra. No era necesario el reconocimiento, no era razonablemente precisa la diligencia para la identificación del acusado porque no era dudosa su determinación, conforme al artículo 368 y siguientes de la Ley de Enjuiciamiento Criminal.	No ha lugar al recurso
STS, 7289/ 1995, de 4 de mayo de 1995 (ECLI:ES:TS: 1995:7284) [Sigue en la siguiente página]	Tráfico de hachís	Presunción de inocencia. Principios del proceso. Contradicción de parte	Tales principios procesales naturalmente que han de ser acomodados a los derechos contenidos en el art. 24 de la Constitución en todo cuanto significa el desarrollo del proceso con las previas garantías dentro del legítimo derecho de defensa que al inculpado afecta, con objeto fundamental de lograr la respuesta razonada a su pretensión, que eso es lo que representa el derecho a la tutela judicial efectiva, con absoluta proscripción de la indefensión. Pero es erróneo creer que los principios y derechos consignados únicamente deben hacerse valer en el plenario, es erróneo creer que las pruebas de la instrucción carecen de valor, si han sido practicadas con las formalidades legales oportunas (Sentencia de 20 de septiembre de 1994). Dichas pruebas son, pues, eficaces si llegan a constatarse en la vista oral, en el supuesto de pruebas anticipadas o preconstituidas o cuando se trata de pruebas normales, especialmente testificadas, que por causa independiente a la voluntad de las partes no pueden reproducirse en el plenario, para rectificarse o para ratificarse, lo que obliga, de acuerdo con el art. 730 procedimental, a su lectura, no a tenerlas simplemente por reproducidas. Cuando el plenario se desarrolla de esa manera es evidente que la lectura permite argumentar sobre su contenido, rechazando o defendiendo el mismo. De ahí que haya de darse al verbo reproducir su exacto significado. Tal lectura representa la garantía procesal de la tutela efectiva y de la justicia más eficaz (Sentencias del Tribunal Constitucional de 14 de marzo de 1994, 8 de noviembre de 1993, 16 de enero de 1992 y 3 de octubre de 1989).	No ha lugar al recurso

TS	CASO	DEFENSA	FUNDAMENTO	FALLO
[Continuación] STS, 7289/ 1995, de 4 de mayo de 1995 (ECLI:ES:TS: 1995:7284)	Tráfico de hachís	Presunción de inocencia. Principios del proceso. Contradicción de parte	La contradicción de parte naturalmente que se satisface siempre que se permita en la vista oral la defensa o la refutación de que antes se ha hablado respecto de cualquier prueba reproducida, aunque sea únicamente leída. [...] El motivo se ha de desestimar. La libre valoración de las pruebas, en el contexto de lo antes explicitado, permite al Tribunal asumir, dentro de la legalidad constitucional, lo que su íntima convicción les dicta.	No ha lugar al recurso
STS 626/ 2006, de 2 de junio de 2006 (ECLI:ES:TS: 2006:3678) [Sigue en la siguiente página]	Abuso sexual a menor de 3 años de edad	Presunción de inocencia. Ausencia de prueba de cargo válida en el plenario	Considerando que, pese a ello, se respetó el derecho de defensa del acusado y el derecho de contradicción, que —según se afirma en la resolución impugnada— «no se agota ni se manifiesta exclusivamente en el plenario». Y, a este respecto, se destaca en la sentencia: a) que «la menor víctima tenía tres años cuando ocurrieron los hechos», «lo que implica una notable dificultad descriptiva de los mismos que incluso podía calificarse de potencial incapacidad [...] para asumir la condición de testigo, en los términos exigidos por la LECrim. (artículo 417.3.º)»; b) que, ello no obstante, el Juez de Instrucción llevó a cabo la «exploración» de la menor, con intervención de «todas las partes» (entre ellas, lógicamente, el Letrado del acusado); c) que de la anterior diligencia se levantó el correspondiente acta «cuyo contenido fue introducido en el plenario a instancia de la acusación particular»; d) que «concurría un riesgo cierto de victimización secundaria», por «la reintroducción siete años después de tales dramáticas experiencias» (el juicio se celebró transcurridos siete años desde tuvieron lugar los hechos enjuiciados); e) que el legislador —mediante la reforma operada en la Ley de Enjuiciamiento Criminal por la LO 14/1999— ha previsto la posibilidad de que, tratándose de testigos menores de edad, el Tribunal acuerde su no presencia física en el plenario (v. art. 707LECrim.); f) que es posible «una interpretación finalística del artículo 730 LECrim, con invocación expresade la Ley orgánica 1/1996, de protección del menor» (v. SSTS de 2 de marzo y 31 de julio de 2002); g) que el Tribunal Constitucional ha dado un espaldarazo a esta corriente jurisprudencial (v. STC n.º 41/2003);	No ha lugar al recurso

TS	CASO	DEFENSA	FUNDAMENTO	FALLO
[Continuación] STS 626/ 2006, de 2 de junio de 2006 (ECLI:ES:TS: 2006:3678)	Abuso sexual a menor de 3 años de edad	Presunción de inocencia. Ausencia de prueba de cargo válida en el plenario	h)que el Tribunal Europeo de Derechos Humanos ha otorgado «suficiencia probatoria para destruir la presunción de inocencia a la prueba testifical indirecta relativa a la declaración del policía especializado que interrogó al menor víctima del abuso sexual», al haber dispuesto de una «potencial intervención contradictora (que) satisfacía las exigencias del artículo 6.1 y 6.3 d) CEDH » (v. STEDH de 2 de julio de 2002); [...] Y, a este respecto, hemos de reconocer que, en el presente caso, el Tribunal de instancia -cuya sentencia podemos calificar de ejemplar- ha respetado, en términos jurídicamente aceptables, tanto los derechos de la víctima, como los de defensa y contradicción del acusado, dando cumplimiento, en forma satisfactoria también, a la obligación de motivar las resoluciones judiciales (v. art. 120.3 CE).	No ha lugar al recurso
STS 151/ 2007, de 28 de febrero de 2007 (ECLI:ES:TS: 2007:1585) [Sigue en la siguiente página]	Agresión sexual con el subtipo agravado (víctima de 3 años)	Derecho fundamental a la defensa: denegación de la exploración de la menor el día del juicio oral	En la impugnación que expresa en este recurso refiere la indefensión porque en la grabación hay dos interrupciones que, a su juicio, evidencian la necesidad de la práctica de la exploración en el juicio oral. [...] El tribunal de instancia ha justificado la ausencia en el juicio oral de la víctima, se recuerda de tres años al tiempo de los hechos objeto del enjuiciamiento en el hecho de que esa declaración, y el sometimiento a nuevas pericias, había sido desaconsejado por los profesionales que la trataban bajo pena de agravar las secuelas derivadas de su condición de víctima, y en resultar ello de los principios básicos recogidos en la Exposición de Motivos de la LO 1/96, de 15 de enero de Protección Jurídica del Menor, y en el art. 3 de la Convención de derechos del Niño de Naciones Unidas, ratificada por España el 30-11-90, y tuvo en cuenta que la exploración fue llevada a cabo de forma anticipada, con presencia de las partes del enjuiciamiento y su práctica fue grabada para su reproducción en el juicio. Señalado lo anterior, esto es, el marco de decisión, analizamos la impugnación del recurrente, esto es la indefensión por la denegación de la exploración de la menor. En el juicio oral se vio y escuchó la grabación videográfica de la exploración de la menor a la que asistieron, además de médicos y psicólogos, la Juez, el Fiscal y los abogados de las partes personadas.	No ha lugar al recurso

TS	CASO	DEFENSA	FUNDAMENTO	FALLO
[Continuación] STS 151/ 2007, de 28 de febrero de 2007 (ECLI:ES:TS: 2007:1585)	Agresión sexual con el subtipo agravado (víctima de 3 años)	Derecho fundamental a la defensa: denegación de la exploración de la menor el día del juicio oral	En esa grabación se practicó el interrogatorio cruzado de las partes, con la intervención directa de la Juez para preservar los derechos de la menor y efectuando las preguntas a través de la psicóloga que atendía la situación de la menor, para evitar que la diligencia de averiguación de los hechos pudiera suponer un riesgo en la menor que deponía. En este sentido, el tribunal de instancia decide la denegación de la prueba que apoya en el tiempo transcurrido desde los hechos, la edad de la víctima, la consideración de prueba preconstituida de la grabación videográfica de la exploración de la menor y innecesariedad de esa exploración en el juicio oral, pues obraba la grabación de la exploración sumarial con todas las partes presentes, sin poner en riesgo a la menor. [...] Desde la perspectiva expuesta ninguna indefensión se ha producido por la denegación de una prueba cuando ésta fue practicada en el juicio oral, mediante la grabación de la exploración como prueba preconstituida. Las alegaciones de indefensión se desvanecen ante los fundamentos opuestos por el recurrente, limitados a dos cortes en la grabación cuyo contenido carece de relevancia a los efectos de perjudicar el derecho de defensa.	No ha lugar al recurso
ATS 1353/ 2007, de 12 de julio de 2007 (ECLI:ES:TS: 2007:9322A)	Delito contra los derechos de ciudadanos extranjeros (318 bis CP)	Presunción de inocencia y prueba anticipada	Lo que, en definitiva, plantea el recurrente es un tema de suficiencia de la prueba practicada que se ha de resolver en el sentido de que entender que lo determinante no es el número de posibles testigos que la Sala hubiese podido oír, y que, como se ha dicho, no fueron promovidos por ninguna de las partes con excepción de los cuatro testigos citados más arriba y los funcionarios de Policía. Lo determinante es si esa prueba es bastante y para ello, nos remitimos a lo señalado más arriba en cuanto que, en efecto, las declaraciones como prueba anticipada de los testigos, así como el reconocimiento indubitado sobre las personas que conducían el cayuco, constituyen prueba suficiente para sostener el pronunciamiento condenatorio.	No ha lugar al recurso

TS	CASO	DEFENSA	FUNDAMENTO	FALLO
STS 96/ 2009, de 10 de marzo de 2009 (ECLI:ES:TS: 2009:1804)	Delito continuado de abusos sexuales a menor de 5 años de edad	Presunción de inocencia y juicio justo	El Tribunal de Justicia de las Comunidades Europeas, Gran Sala, Sentencia de 16 de junio de 2005, proa. C-105/2003 «Caso Pupino» declara que los arts. 2, 3 y 8 apartado 4 de la Decisión marco 2001/220/JAI del Consejo, de 15 de marzo de 2001, relativa al estatuto de la víctima en el proceso penal debiera interpretarse en el sentido de que «el órgano jurisdiccional nacional debe poder autorizar que niños de corta edad que aleguen haber sido víctima de malos tratos presten declaración según unas formas que garanticen a dichos niños un nivel adecuado de protección, por ejemplo, fuera de la audiencia pública y antes de la celebración de ésta». El órgano jurisdiccional está obligado a tomar en consideración todas las normas del Derecho nacional y a interpretarlas, en todo lo posible, a la luz de la letra y de la finalidad a dicha Decisión marco. Se trata de una decisión de gran alcance y con indudable incidencia en el caso que nos ocupa. En efecto, la Decisión marco 2001/220/JAI del Consejo, de 15 de marzo de 2001, relativa al estatuto de la víctima en el proceso penal, obliga a brindar a los sujetos pasivos de hechos delictivos que sean especialmente vulnerables un trato específico acorde con su situación (art. 2, apartado 2). En particular, prevé que testifiquen en condiciones que permitan su efectiva protección frente a las consecuencias de prestar declaración en audiencia pública (artículo 8, apartado 4). Los Estados miembros estaban obligados a incorporar las previsiones de la decisión marco a sus ordenamientos internos el 22 de marzo de 2.002, como muy tarde.	No ha lugar al recurso, **con votos particulares**

TS	CASO	DEFENSA	FUNDAMENTO	FALLO
STS 1072/ 2009, de 9 de noviembre de 2009 (ECLI:ES:TS: 2009:6734)	Delito contra la Salud Pública	Presunción de inocencia	Se alega, en síntesis, en el motivo que, ante la inexistencia de prueba directa, el pronunciamiento condenatorio se basa en la declaración del presunto comprador en fase instructora y no en el juicio oral, eliminando a la defensa de la posibilidad de interrogarlo, sin que los agentes policiales intervinientes en los hechos observaran en momento alguno la realización de venta o intercambio de droga por dinero. Siendo así el examen de la cuestión planteada requiere traer a colación, aun sucintamente, la reiterada doctrina de este Tribunal sobre el derecho a la presunción de inocencia y los requisitos constitucionalmente exigibles a la prueba indiciaria para desvirtuar dicha presunción (por todas STS. 716/2009 de 2.7). [...] Pues bien en el caso enjuiciado, una lectura de las diligencias, vía art. 899 LECrim permite constatar que la declaración ante el Juez instructor del testigo Bienvenido (folios 21 y 22) se prestó el mismo día que la del acusado y con asistencia del letrado de éste y del Ministerio Fiscal, con cumplimiento de las exigencias del art. 448 LECrim. y su introducción en el plenario, por la vía del art. 730 LECrim. mediante su oportuna y completa lectura, a la vista de la imposibilidad material de localización y citación de dicho testigo, previa petición del Ministerio Fiscal, sin que por la defensa se solicitara la suspensión del juicio ante su incomparecencia ni se formulara protesta alguna. Consecuentemente dicha declaración fue introducida correctamente en el juicio oral y pudo ser valorada por la Sala a efectos de formar su convicción sobre la realidad de los hechos acaecidos. Consecuentemente ha existido actividad probatoria de cargo constituidas por las declaraciones del testigo comprador de la droga, los agentes de la policía —que no es contradictoria con la de aquél— y del propio recurrente, declaraciones que son valoradas junto con otros datos como son los billetes encontrados en poder del recurrente coincidentes en número y cantidad con los señalados por el testigo y la falsedad de la versión del acusado, por lo que siendo racional, lógica y conforme a las reglas de la experiencia, la convicción de la Sala, no se aprecia la vulneración del derecho a la presunción de inocencia	Ha lugar al recurso, pero por otros motivos.

TS	CASO	DEFENSA	FUNDAMENTO	FALLO
STS 743/ 2010, de 17 de junio de 2010 (ECLI:ES:TS: 2010:4235)	Abusos sexuales a menor de 4 años de edad	Denegación de prueba pericial para valorar la credibilidad del testimonio de la menor, denegación de la exploración de la menor en el plenario y rechazo de prueba documental	Vuelve a plantearse ante esta Sala la cuestión relativa a la declaración de los menores víctimas de delitos como el enjuiciado en relación con la confrontación de dos principios reconocidos como son el de defensa del interés del menor y el del acusado a un juicio con todas las garantías. Debemos señalar que la Audiencia expresamente se refiere al testimonio o exploración llevado a cabo ante el Juez de Instrucción como prueba preconstituida «recogido en las circunstancias y con las garantías formales de los artículos 433 y 448 de la LECrim», añadiendo (fundamento de derecho primero) que, «como ya se expuso en nuestro auto de 1 de septiembre pasado (2009), la repetición de un nuevo interrogatorio personal y directo de la menor había de ocasionar un agravamiento de las consecuencias inherentes al abuso, de haberse producido, y además porque, dada la corta edad de la testigo, cinco años en la fecha de los hechos, y el tiempo transcurrido entre la ocurrencia de los hechos denunciados y el momento del enjuiciamiento, más de tres años, consideramos más fiable y ajustado a la realidad de lo sucedido lo que hubiere podido manifestar en una exploración realizada con la inmediatez temporal a los hechos con se produjo la exploración grabada que las que pudiere producirse al responder a preguntas sobre esos mismos hechos pero referidas ahora a un momento pasado tan alejado» (sic). Estos argumentos están extraídos directamente del informe de peritaje psicológico (folios 453 y siguientes de las diligencias del sumario) llevada a cabo por el Equipo de Asesoramiento Técnico Penal dependiente del Departamento de Justicia, que incluye como conclusiones los dos razonamientos empleados por la Audiencia para desestimar la presencia de la menor en el acto del juicio oral, de forma que no se trata de una decisión del Tribunal carente de base científica expuesta por las psicólogas que refrendan dicho informe.	Ha lugar al recurso por cuestiones ajenas a la prueba preconstituida y el TS reduce la pena de prisión a cinco años en lugar de los siete años y un día impuestos por la sala de instancia

TS	CASO	DEFENSA	FUNDAMENTO	FALLO
STS 884/ 2010, de 6 de octubre de 2010 (ECLI:ES:TS: 2010:5244)	Abusos sexuales a menor de edad	Tutela judicial efectiva	Con todos estos antecedentes, es evidente que la exigencia de los arts. 448, 777.2 y 797.2 LECrim acerca de que se prevea la «imposibilidad» de practicar una prueba testifical en el juicio oral para quedar justificada su práctica adelantada durante la fase sumarial —con todas las garantías que tales preceptos establecen— no puede ya ser interpretada sino con posible inclusión en tal hipótesis de los casos de niños víctimas de delitos sexuales. Serán, pues, las circunstancias del caso las que, mediante un razonable equilibrio de los derechos en conflicto, aconsejen o no la ausencia del menor en el juicio, valorando las circunstancias concurrentes para, en caso de estimarse procedente su ausencia, evitar así los riesgos de la victimización secundaria, especialmente importantes en menores de muy corta edad. Pero excluir la práctica de la exploración por el Juez de Instrucción cuando el menor puede expresarse en las condiciones y con las cautelas establecidas sólo en supuestos verdaderamente excepcionales, en el sentido de que lo anterior no sea posible, lo que no se justifica en el presente caso, puede admitirse.	No ha lugar al recurso presentado por la acusación
ATS 1594/ 2011, de 13 de octubre de 2011 (ECLI:ES:TS: 2011:1114A)	Delito continuado de abusos sexuales a menor de edad	Presunción de inocencia	La declaración mediante videoconferencia u otro mecanismo semejante es, como el precepto procesal que se invoca expresa literalmente (pues dice que el Tribunal «podrá acordar»), una facultad discrecional, y no imperativa, de la que pueden hacer uso los Tribunales si lo consideran oportuno. Por lo tanto, no ha de optar el Juzgador ineludiblemente por este mecanismo cuando, como sucede en este caso, resultan posibles otras formas igualmente garantistas, en las que quedan debidamente salvaguardados el principio de contradicción y el derecho de defensa, tal y como con absoluta claridad constatamos en este caso. De hecho, según enunciábamos con anterioridad, la propia Defensa que ahora se opone a la valoración de esta diligencia probatoria, prestó su conformidad a la renuncia del testimonio de la menor en aquel estado. Y la posibilidad de formular con posterioridad, directamente a su presencia, cuantas preguntas fueran del interés de la Defensa impide estimar producido el más mínimo menoscabo de las garantías del acusado. En definitiva, la Sala de instancia optó por un sistema que permitió garantizar de forma equilibrada tanto los derechos de la menor como los del acusado, por todo lo cual el motivo debe ser inadmitido de plano (artículo 885.1 LECrim).	No ha lugar al recurso

TS	CASO	DEFENSA	FUNDAMENTO	FALLO
ATS 1791/ 2012, de 2 de febrero de 2012 (ECLI:ES:TS: 2012:1791:A)	Robo con violencia	Presunción de inocencia	Respecto a las diligencias de reconocimiento en rueda efectivamente se realizaron por videoconferencia, pero ello no las invalida como se pretende por los recurrentes, pues, como se razona en la sentencia, ante la misma denuncia formulada en la instancia (fundamento de derecho primero de la sentencia), esa forma de practicarlas obedece o se justifica por la dificultad o imposibilidad de encontrar en pequeñas poblaciones personas que guarden semejanza con los sospechosos, y en todo caso se respetaron todas las garantías y llevaron a cabo en presencia del Juez y del letrado que asistía a los detenidos, quien no manifestó objeción alguna ni formuló protesta.	No ha lugar al recurso
STS 593 /2012, de 7 de julio de 2012 (ECLI:ES:TS: 2012:5087)	Prostitución y abusos sexuales a menores de trece años de edad	Prueba preconstituida, vulneración del derecho a la tutela judicial efectiva y a un juicio con todas las garantías	El instructor de la causa en trance de tomar declaración a unos menores extranjeros, uno de ellos saharaui acogido en España y el otro alemán, opta, con buen criterio, por acordar la práctica de la prueba anticipada, de tal suerte que en el testimonio sumarial de los menores, grabado en DVD, practicado a la judicial presencia y con la fe de secretario, asistieron y tuvieron participación activa el M.º Fiscal, las defensas de los menores y la de los acusados, gozando de todas las posibilidades de interrogar a los niños. [...] No hay, pues, quebrantamiento de forma consistente en la denegación indebida de una prueba pertinente, sino la imposibilidad material de practicar la prueba en los términos interesados a pesar de los esfuerzos del tribunal por hacerla posible. La grabación que se reprodujo en el juicio fue sometida a contradicción, como acabamos de indicar, tanto cuando se preconstituyó en fase sumarial como cuando se volvió a considerar en el plenario, todo ello procurando hacer compatible al máximo el interés de la justicia y la protección de las víctimas por un lado con el derecho de defensa, por otro. Es indudable que el tribunal de origen llevó a cabo la práctica de las gestiones razonables para localizar a los menores, pero no debemos olvidar la legislación que sobre el particular existe tratando de evitar la innecesaria o superflua asistencia a juicio de los menores con riesgo de una victimización secundaria. [...] Sobre la primera de las objeciones casacionales, es cierto que uno de los testimonios de los menores se reprodujo de forma íntegra en el juicio oral, pero se detectó una anomalía técnica en el segundo testimonio (el de Carmelo) que impidió se escuchara y visualizara completo.	Ha lugar al recurso por cuestiones ajenas a la prueba preconstituida, condenando por prostitución de menores, pero no por los abusos sexuales

TS	CASO	DEFENSA	FUNDAMENTO	FALLO
STS 19/ 2013, de 9 de enero de 2013 (ECLI:ES:TS: 2013:173)	Delito continuado de abusos sexuales a menor de 4 años de edad	Presunción de inocencia y prueba de cargo	En definitiva, la síntesis de los pronunciamientos del TEDH que han sido citados indica que la protección del interés del menor de edad que afirma haber sido objeto de un delito justifica y legitima que, en su favor, se adopten medidas de protección que pueden limitar o modular la forma ordinaria de practicar su interrogatorio [...] De esta manera, es posible evitar reiteraciones y confrontaciones innecesarias y, al mismo tiempo, es posible someter las manifestaciones del menor que incriminan al acusado a una contradicción suficiente, que equilibra su posición en el proceso. Recientemente hemos dicho —STS 925/2012, 8 de noviembre— que no siendo pacífico admitir la preconstitución probatoria durante la fase de investigación o instrucción (arts. 433.2 y 448.3 y 4 LECrim) como sustitutivo de la deposición de los menores en el acto del juicio oral, sí que lo es convenir que en supuestos como el examinado ese tipo de preconstitución facilita el enjuiciamiento pues impide la contaminación del material probatorio e introduce desde el primer momento en una prueba de especial fragilidad como es el testimonio de niños, la garantía de la contradicción. [...] Como se ha argumentado por los especialistas, no se trata solo de consideraciones victimológicas, que por sí mismas serían suficientes, sino que también concurren poderosas razones epistémicas que aconsejan esa práctica: se elude el riesgo de empobrecimiento de los testimonios ocasionado por el transcurso del tiempo o de contaminación a los que se muestran especialmente permeables los testimonios de niños de corta edad. La concurrencia de un profesional experto en la realización de esas entrevistas tiene un valor especial, aunque desde luego resulta irrenunciable la dirección y supervisión judicial y la contradicción asegurada por la presencia de todas las partes.	No ha lugar al recurso

TS	CASO	DEFENSA	FUNDAMENTO	FALLO
STS 937/ 2013, de 11 de diciembre de 2013 (ECLI:ES:TS: 2013:5839)	Agresión sexual a víctima extranjera mayor de edad	Prueba preconstituida y derecho de defensa	Como apunta el Ministerio Fiscal, las llamadas «pruebas preconstituidas» son aquéllas cuya práctica no tiene lugar ante el Tribunal juzgador, sino ante el Juzgado de Instrucción, y están previstas para aquellos casos en los que ya en la fase sumarial se advierta la imposibilidad o dificultad de reproducción en el juicio oral, tanto en el Procedimiento Ordinario (art. 448 LECrim) como en el Abreviado (art. 777 LECrim). Concretamente en el ámbito del Procedimiento Ordinario, el art. 448 LECrim se refiere a la prueba de testigos con imposibilidad de concurrir a dicho acto por haber de ausentarse del territorio nacional, exigiendo dicho precepto que se practiquen asegurando la posibilidad de contradicción de las partes. Y su introducción en el juicio oral ha de tener lugar por la vía del art. 730 LECrim a través de la lectura de esas declaraciones, o, en su caso, mediante la reproducción del DVD en el que han sido grabadas las declaraciones. En el presente caso la testigo víctima de los hechos, natural de Canadá, ya manifestó en sede policial que se hallaba en España de vacaciones y que regresaría a su país de origen el 20 de agosto, por lo que el Juzgado instructor dispuso la práctica de prueba preconstituida, oyéndola en declaración a presencia del Ministerio Fiscal y del letrado defensor del imputado, quienes a través de un intérprete pudieron formularle las preguntas oportunas, siendo grabadas sus declaraciones en formato DVD, según figura a los folios 35 y siguientes de la causa. En su escrito de calificación provisional, el Ministerio Fiscal interesó la declaración de la víctima a través de videoconferencia o, en su defecto, tras visionar el DVD de la prueba preconstituida, llevándose a efecto esto último, sin que formulara ninguna protesta el letrado de la defensa, la cual en su escrito se había adherido a la petición de prueba del Fiscal. Por tanto, no cabe oponer ninguna objeción a la validez de la prueba preconstituida de la declaración de la víctima, al haberse practicado con las debidas garantías procesales.	No ha lugar al recurso

TS	CASO	DEFENSA	FUNDAMENTO	FALLO
STS 632/ 2014, de 14 de octubre de 2014 (ECLI:ES:TS: 2014:3916) [Sigue en la siguiente página]	Abuso sexual a menor de 5 años de edad	Derecho público con todas las garantías y a utilizar medios de prueba pertinentes para la defensa	Es necesario recordar —STS. 381/2014 de 21, 5, 95/2014 de 20.2—, lo que parece una obviedad que los delitos contra la libertad sexual, máxime cuando afecten a menores de edad, merecen un especial reproche moral y social que impone una contundente reacción penal, proporcionada a su acentuada gravedad, a la especial relevancia del bien jurídico contra el que atentan y a la reforzada tutela de dichas personas merecen como víctimas de los mismos. Pero siendo todo ello cierto, en ningún caso puede aceptarse que el carácter odioso de los hechos denunciados determine una degradación de las garantías propias del proceso penal y especialmente del derecho constitucional a la presunción de inocencia, que constituye un principio fundamental y presupuesto básico de todas las demás garantías del proceso. Por ello, siendo la Constitución norma jurídica suprema de aplicación directa e inmediata (máxime en materia de derechos y garantías fundamentales) obliga a los distintos órganos de jurisdicción ordinaria a reinterpretar, conforme al principio de constitucionalidad de las normas jurídicas, los preceptos que afecten o puedan afectar a la tutela judicial efectiva del derecho constitucional a la presunción de inocencia, de modo que aquellos preceptos resulten compatibles con la Constitución. Efectuada esta precisión previa necesariamente hemos de partir de cómo esta Sala —STS 129/2014 de 26.2, 428/2013 de 29.5, 263/2012 de 28.3, 1278/2011 de 29.11, 245/2010 de 15.6—, entre otras muchas tiene declarado, que nuestro sistema casacional no queda limitado al análisis de cuestiones jurídicas y formales y a la revisión de las pruebas por el restringido cauce que ofrece el art. 849.2 LECrim. [...] Es evidente que no se puede, ni se debe, sustituir la regla general de la presencia del testigo en el acto del juicio oral por la regla general contraria cuando se trate de menores. Por ello la regla general debe ser la declaración de los menores en el juicio, con el fin de que su declaración sea directamente contemplada y valorada por el Tribunal sentenciador y sometida a contradicción por la representación del acusado, salvaguardando el derecho de defensa.	Ha lugar al recurso, casando, anulando y dictando nueva sentencia: Debemos absolver y absolvemos a Ramón del delito de abusos sexuales a menor

TS	CASO	DEFENSA	FUNDAMENTO	FALLO
[Continuación] STS 632/ 2014, de 14 de octubre de 2014 (ECLI:ES:TS: 2014:3916)	Abuso sexual a menor de 5 años de edad	Derecho público con todas las garantías y a utilizar medios de prueba pertinentes para la defensa	[...] En el caso analizado la prueba testifical indirecta ha sustituido a la directa, con la imposibilidad de que el valor probatorio de esta última hubiese sido apreciado por el tribunal, sin que existieran razones fundadas y explicitas (informe psicológico sobre un posible riesgo para la menor en caso de compasión) que acreditasen la imposibilidad material de ser oída en la instrucción o de que su testimonio fuese propuesto para su practica en el plenario.	Ha lugar al recurso, casando, anulando y dictando nueva sentencia: Debemos absolver y absolvemos a Ramón del delito de abusos sexuales a menor
STS 71/ 2015, de 4 de febrero de 2015 (ECLI:ES:TS: 2015:459)	Abuso sexual a menor de 5 años de edad	Presunción de inocencia y tutela judicial efectiva	Pero, en estos casos, debe salvaguardarse el derecho de defensa del acusado, sustituyendo la declaración en el juicio por la reproducción videográfica de la grabación de la exploración realizada durante la instrucción, en cuyo desarrollo se haya preservado el derecho de la defensa a formular a los menores, directa o indirectamente, cuantas preguntas y aclaraciones estimen necesarias. Lo que constituye, resumidamente, la doctrina consolidada de esta Sala en esta materia. [...] Aplicando la doctrina jurisprudencial que se ha dejado expresada al caso que examinamos en el presente recurso, y una vez examinadas las actuaciones, puede comprobarse que la menor presunta víctima de los hechos, de cinco años de edad, no declaró en el acto del juicio oral ya que ni siquiera fue pedida su citación para ese acto y, como se explica en el tercero de los fundamentos jurídicos de la sentencia recurrida, la menor no solo no declaró en el acto del juicio oral sino que tampoco lo hizo en cualquier otro momento frente a la Sala de enjuiciamiento ni ante el juez instructor y en el quinto de los fundamentos jurídicos se hace referencia a la pericial psicológica de la menor sin que conste que a esa prueba fueran citados los defensores del acusado, y se recoge que en ese acto la menor solo recordó que Estanislao (el acusado) le «hacía cosquillas». [...] Por todo lo que se deja expresado, en el caso que examinamos, era legítimo adoptar medidas de protección en favor de una presunta víctima menor de edad, incluso rechazar su presencia en juicio para ser personalmente interrogada; más tales cautelas, perfectamente legítimas, tenían que haber sido compensadas con la posibilidad de que el acusado hubiera ejercido adecuadamente su derecho de defensa con una contradicción limitada pero suficiente para, incluso a través de terceros, haber podido realizar las preguntas o aclaraciones que entendiese precisas para su defensa .	Ha lugar al recurso, casar, anular y dictar una nueva sentencia: Que debemos absolver a Estanislao del delito de abusos sexuales de que fue acusado

TS	CASO	DEFENSA	FUNDAMENTO	FALLO
STS 161/ 2015, de 17 de marzo de 2015 (ECLI:ES:TS: 2015:812)	Delito contra las instituciones del Estado, atentado, asociación ilícita y falta de daños (15M)	Principio de inmediación y límites del derecho de reunión y la libertad de expresión	Esta Sala entiende que la decisión de la Audiencia Nacional de ofrecer a testigos y peritos la utilización de la videoconferencia como medio adecuado para la práctica y la constancia de su declaración, no fue arbitraria y, lo que resulta decisivo, no introdujo ninguna distorsión perceptiva o valorativa que pudiera afectar a los sujetos destinatarios de la inmediación y que pudiera, en fin, contravenir el contenido material de alguno de los derechos invocados por el Fiscal en su recurso. [...] Ritmo al que se suceden los avances tecnológicos obliga a no descartar que en un futuro no muy lejano la opción entre el examen presencial de los testigos/peritos y su interrogatorio mediante videoconferencia, sea una cuestión que no se plantee en términos de principalidad y subsidiariedad. Sin embargo, en el actual estado de cosas, el entendimiento histórico- convencional del principio de inmediación sigue siendo considerado un valor que preservar, sólo sacrificable cuando concurran razones que, debidamente ponderadas por el órgano jurisdiccional, puedan prevalecer sobre las ventajas de la proximidad física y personal entre las fuentes de prueba y el Tribunal que ha de valorarlas. Es cierto, con carácter general, que tanto los arts. 229.3 de la LOPJ y 731 bis de la LECrim, evocan una idea de justificada excepcionalidad. El recurso a la videoconferencia se encuentra subordinado a la concurrencia de razones de «utilidad» o a la finalidad de evitar que la comparecencia en la sede del órgano ante el que se desarrolle el plenario «resulte gravosa o perjudicial». Ese texto no contiene ningún criterio de valoración de la primera, pero, en una lectura contextual, cabe entender, tendría que tratarse, preferentemente, de una utilidad o conveniencia para la causa, lo que viene a significar que, al ser el medio técnico de uso menos gravoso que el convencional, debería o podría acudirse a él en el caso de similitud o virtual paridad de los resultados razonablemente esperables.	Ha lugar al recurso, pero por motivos ajenos a la prueba preconstituida

TS	CASO	DEFENSA	FUNDAMENTO	FALLO
STS 181/ 2015, de 1 de abril de 2015 (ECLI:ES:TS: 2015:1246)	Delito continuado de abusos sexuales que comienzan cuando la menor tiene 3 años	Error en la valoración de la prueba	Esta regla general, como es sabido, ha experimentado alguna modulación, en el supuesto de causas seguidas por alguna clase de delitos, como los relacionados con la libertad sexual de los menores, a fin de evitar a estos la nueva experimentación de vicisitudes que (de haberse producido realmente las denunciadas) tendrían que ser particularmente duras y perturbadoras para los afectados. A esa finalidad -como subraya la sentencia de esta sala n.º 226/2014, de 19 de marzo- se orientan, dentro de la normativa de la Unión Europea, la Decisión marco 2001/220/JAI del Consejo y, más recientemente, la Directiva 2012/29/UE del Parlamento Europeo y del Consejo, de 25 de octubre de 2012, cuyo art. 24 establece que «en las investigaciones penales, todas las tomas de declaración de las víctimas menores de edad pueden ser grabadas por medios audiovisuales y estas declaraciones grabadas puedan utilizarse como elementos de prueba en procesos penales». Una disposición de la que también se ha hecho eco la sentencia de esta sala de n.º 940/2013. Esta regla general, como es sabido, ha experimentado alguna modulación, en el supuesto de causas seguidas por alguna clase de delitos, como los relacionados con la libertad sexual de los menores, a fin de evitar a estos la nueva experimentación de vicisitudes que (de haberse producido realmente las denunciadas) tendrían que ser particularmente duras y perturbadoras para los afectados. A esa finalidad -como subraya la sentencia de esta sala n.º 226/2014, de 19 de marzo- se orientan, dentro de la normativa de la Unión Europea, la Decisión marco 2001/220/JAI del Consejo y, más recientemente, la Directiva 2012/29/UE del Parlamento Europeo y del Consejo, de 25 de octubre de 2012, cuyo art. 24 establece que «en las investigaciones penales, todas las tomas de declaración de las víctimas menores de edad puedan ser grabadas por medios audiovisuales y estas declaraciones grabadas puedan utilizarse como elementos de prueba en procesos penales». Una disposición de la que también se ha hecho eco la sentencia de esta salade n.º 940/2013.	No ha lugar al recurso

TS	CASO	DEFENSA	FUNDAMENTO	FALLO
STS 598/ 2015, de 14 de octubre de 2015 (ECLI:ES:TS: 2015:4426)	Abusos sexuales continuados en víctimas menores de edad (10 y 11 años en el momento de los hechos)	Presunción de inocencia, prueba preconstituida	Concretamente, en la STEDH de 27 de febrero de2001, caso Lucà, declaró que «los derechos de defensa se restringen de forma incompatible con las garantías del art. 6.º del Convenio cuando una condena se funda exclusivamente o de forma determinante en declaraciones hechas por una persona que el acusado no ha podido interrogar o hacer interrogar ni en la fase de instrucción ni durante el plenario». El Tribunal Constitucional y esta Sala Segunda del Tribunal Supremo, por su lado, parten de la afirmación según la cual solo son válidas, a los efectos de enervar la presunción de inocencia, las pruebas practicadas en el acto del juicio oral, pero admiten determinadas excepciones que, con carácter general, exigen el cumplimiento de una serie de presupuestos y requisitos. En particular, se condiciona la validez como prueba de cargo preconstituida de las declaraciones prestadas en fase sumarial al cumplimiento de los siguientes aspectos: a)Materiales: que exista una causa legítima que impida reproducir la declaración en el juicio oral; b) Subjetivos: la necesaria intervención del Juez de Instrucción; c) Objetivos: que se garantice la posibilidad de contradicción, para lo cual ha de haber sido convocado el Abogado del imputado, a fin de que pueda participar en el interrogatorio sumarial del testigo; y d) Formales: la introducción del contenido de la declaración sumarial a través de la lectura del acta en que se documenta, conforme a lo ordenado por el art. 730 LECrim, o a través de los interrogatorios, o si la disponibilidad de medios tecnológicos lo permite, mediante el visionado de la grabación de la diligencia, lo que posibilita que su contenido acceda al debate procesal público y se someta a confrontación con las demás declaraciones de quienes sí intervinieron directamente en el juicio oral. Debe plantearse, pues, si en los supuestos de menores víctimas de un delito puede estimarse concurrente una causa legítima que impida su declaración en el juicio oral, y, en consecuencia, que permita atribuir validez, como prueba de cargo preconstituida, a las declaraciones prestadas en fase sumarial con las debidas garantías. Y, en segundo lugar, cuáles son los supuestos y los requisitos exigibles para prescindir de dicha declaración.	No ha lugar al recurso

TS	CASO	DEFENSA	FUNDAMENTO	FALLO
STS 642/ 2015, de 29 de octubre de 2015(ECLI: ES:TS: 2015:4667)	Agresión sexual a víctima extranjera mayor de edad	Prueba preconstituida y derecho de defensa	El derecho del imputado al examen del testigo de cargo en el enjuiciamiento con inmediación, que -hay que insistir- es inmediación actual, constituye un elemento estructural del proceso y un factor esencial del derecho de defensa del imputado, inherente también al principio de contradicción, y que, por ello, no es potestativamente disponible por la contraparte. Precisamente, porque el acusado es y debe ser tratado como inocente, quien insta contra él el ejercicio del ius puniendi debe asumirla carga de la presencia en el juicio, para que este se desarrolle con una calidad de garantías que no puede ser discrecional o arbitrariamente degradada. Y a ello se debe que la reducción de este estándar solo resulte admisible en supuestos excepcionales, y aparezca rigurosamente condicionada por la ley a la constancia de alguno de los antecedentes aludidos, que aquí, ciertamente, no se ha dado. En efecto, pues la testigo, una mujer adulta, tuvo a su alcance la posibilidad de prestar declaración por videoconferencia, es decir, sin necesidad de moverse de su lugar de residencia ni de compartir espacio físico y confrontarse directamente con el acusado, esto es, con una molestia mínima. Cabe, que la interesada, de nacionalidad estadounidense, desconociera el deber de hacerlo que impone nuestro derecho. Pero esto no cambia en nada el marco constitucional y legal de referencia. Pues bien, siendo así, la conclusión es que la declaración de la denunciante en la instrucción fue indebidamente llevada al juicio, dado que el tribunal, en las circunstancias dadas, no estaba legalmente habilitado para hacerlo, que es por lo que debe tenerse por no producida. Y, eliminada de este modo del cuadro probatorio, sucede que lo que hay es un auténtico vacío de acreditación de lo que hubiera podido suceder entre los implicados en la causa, pues los restantes elementos de prueba, por completo periféricos, carecen por sí solos de significación en ausencia de la información de cargo que, eventualmente, aquella habría podido aportar. De este modo, la hipótesis acusatoria, indebidamente acogida en la sentencia, carece de sustento.	Ha lugar al recurso anulando la resolución y dictando una nueva: Se absuelve libremente a Gines, del delito de agresión sexual por el que había sido condenado. **Voto particular justificando desestimar el recurso de casación**

TS	CASO	DEFENSA	FUNDAMENTO	FALLO
STS 686/ 2016, de 26 de julio de 2016 (ECLI:ES:TS: 2016:3920)	Trata de seres humanos y abuso sexual continuado	Prueba preconstituida	Ninguna de las dos testigos víctimas declaró en el acto del juicio oral. Una de ellas no pudo ser localizada ni, por tanto, citada. La otra, pese a comparecer y estar preparada su declaración a través de videoconferencia, alegó una situación de miedo y angustia. Se le dispensó de declarar por esa razón. [...] La idea de equidad actúa como parámetro ponderativo para dilucidar a quién podría achacarse la concreta ausencia de contradicción por imposibilidad sobrevenida. El problema de la falta de contradicción no se resuelve mediante rígidas reglas de prohibición de valoración sino sopesando si las exigencias de equidad justifican el aprovechamiento mayor o menor de la información testifical obtenida en las fases previas. Los déficits contradictorios en la producción de la fuente de prueba se pueden compensar aplicando estándares más cautelosos en la valoración de la prueba. El problema se desplaza de la admisión del medio de prueba a su valoración [...] El TEDH es muy flexible en el examen del modo en el que debe realizarse la contradicción en la producción de la fuente de prueba. Es suficiente que pueda detectarse un marco potencial de producción contradictoria, no necesariamente jurisdiccionalizado —Caso S.N c /Suecia, de 2 de julio de 2002; caso Bocos- Cuesta c/ Holanda, STEDH de 10 de noviembre de 2005; caso P.S c/ Alemania, STEDH de 20 de diciembre de 2001; o caso A.M c/Italia, STEDH de 14 de diciembre de 1999—. Nuestro Tribunal Constitucional en ese punto es más exigente. No basta la declaración policial. Es imprescindible la comparecencia en el juicio de quienes oyeron tal declaración. Hace falta jurisdiccionalidad.	Ha lugar al recurso, casando, anulando y dictando nueva sentencia: Absolver a Saturnino del delito de determinación coactiva a la prostitución. [...] Se mantiene el resto de la sentencia de instancia

TS	CASO	DEFENSA	FUNDAMENTO	FALLO
STS 750/ 2016, de 11 de octubre de 2016 (ECLI:ES:TS: 2016:4521)	Asesinato, tentativa de asesinato y maltrato familiar	Prueba preconstituida	Esa ponderación tiene su reflejo, no tanto en la exclusión del testimonio del menor, como en la adopción de cautelas concretas respecto del mismo. [...] Pero una cosa es que el juicio de ponderación justifique la exclusión de una determinada modalidad en la emisión del testimonio comparecencia en estrados a la vista del juicio oral y otra que tenga que conducir inexorablemente a la erradicación de toda rememorización, es decir, incluso si se procede a la reducción de motivos para el impacto emocional en la prueba preconstituida. La prescindencia de un testimonio con cautelas resulta tanto menos justificada si advertimos que el menor ya tenía 14 años y nueve meses de edad al tiempo del juicio oral. El visionado del vídeo grabado en la diligencia de instrucción al que hemos procedido al amparo de la habilitación del artículo 899 de la Ley de Enjuiciamiento Criminal no permite valorar como desmesurados los eventuales efectos emocionales de los recuerdos del hecho suscitados por quienes le interrogaron. De ahí que la pregunta que hemos de hacernos es si el cumplimiento de las garantías irrenunciables para la defensa del acusado era asumible desde aquella ponderación de intereses y si la praxis observada en este caso se acomodó a tal canon de constitucionalidad. [...] En conclusión: a) Resultaba proporcionada la denegación del medio probatorio en cuanto instaba que se practicara en forma ordinaria en juicio oral, pues el mismo fin de acreditación de hechos podía alcanzarse con las formas legalmente previstas para garantizar la minimización de secuelas victimizantes para el testigo menor; b) pero el informe pericial y el visionado de la diligencia ya practicada en la instrucción no auguran razonablemente un impacto emocional con secuelas de especial intensidad en el menor cuya edad rebasa ya la infancia y alcanza la pubertad.	Ha lugar al recurso: En consecuencia, se procederá a reponer las actuaciones a dicho trámite siguiéndose entonces por el cauce del sumario ordinario a enjuiciar por la Audiencia Provincial con tres Magistrados y exclusión del Jurado, debiendo el nuevo Tribunal resolver sobre la pretensión de declaración del menor, conforme a las pautas que hemos expuesto, y demás medios de prueba propuestos en relación con la imputación del acusado por ese asesinato intentado

TS	CASO	DEFENSA	FUNDAMENTO	FALLO
STS 742/ 2017, de 16 de noviembre de 2011 (ECLI:ES:TS: 2017:3989) [Sigue en la siguiente página]	Delito de abuso sexual contra menores de 13 años	Derecho fundamental a la defensa y a un juicio con todas las garantías	En autos, el dictamen del perjuicio para los menores derivado de su reexamen en el plenario, ha sido examinado y sopesado de manera individualizada, con ponderación de las varias exploraciones ya sufridas; la última de esas exploraciones, por expreso mandato de la Sala, tras recurso de la defensa, fue practicada expresamente como preconstituida ante el Juez de Instrucción y consecuentemente grabada, con presencia de profesionales psicólogos, pero garantizando la contradicción con interrogatorio directo y cruzado de las partes, con presencia del acusado e intervención activa de la defensa; lo que determina una contradicción plena y ausencia de toda merma del derecho de defensa. Grabaciones que se visionaron en la vista oral. Además, median otras pruebas de corroboración como son el reportaje fotográfico en torno a la morfología y disposición de las aulas, la ubicación de la mesa del profesor donde la disposición del aula coincide con la descripción que realizan los menores que fueron interrogados al respecto, la forma de la mesa del profesor, cuyo frente queda parcialmente oculto por un panel que impide la visión completa de la mitad inferior del cuerpo de la persona o personas que se sientan allí, aunque no sea completamente cerrado, la existencia de pupitres muy cercanos a dicha mesa y la nula visibilidad de la mesa del profesor desde las ventanas. Además de ello; la adición de que en varios casos, algunos menores, además de víctimas, fueron testigos de los abusos a otros menores; el testimonio de los padres, testigos directos en cuanto el comportamiento detectado en los menores y su afectación, congruente con los abusos; y aunque con diversa intensidad o relevancia en cada caso, el informe del CIASI que aunque no emite conclusión definitiva por la forma en que se desarrollaron los interrogatorios, si encuentra indicios de verisimilitud en varias de las exposiciones de los menores. Todo ello, permite concluir que en el caso de autos, la prueba de cargo y en especial la exploración de los menores, se califique o no de preconstituida, fue contradictoriamente practicada y no medió conculcación del derecho a un juicio justo;	No ha lugar al recurso

TS	CASO	DEFENSA	FUNDAMENTO	FALLO
[Continuación] STS 742/ 2017, de 16 de noviembre de 2011 (ECLI:ES:TS: 2017:3989)	Delito de abuso sexual contra menores de 13 años	Derecho fundamental a la defensa y a un juicio con todas las garantías	pues incluso aunque se entendiera que la contradicción adolecía de algún defecto, el enjuiciamiento de autos superaba el examen de las reglas establecidas en Al-Khawaja y Tahery c. Reino Unido, de 15 de diciembre de 2011 y más ampliamente desarrolladas, en Schatschaschwili c. Alemania (Gran Sala),de 15 de diciembre de 2015, en aras de concluir la existencia de un juicio equitativo o con todas las garantías.	No ha lugar al recurso
STS 205/ 2018, de 25 de abril de 2018 (ECLI:ES:TS: 2018:1629)	Maltrato habitual, abusos y agresiones sexuales	Derecho a la dispensa	Ese criterio ha cristalizado en el Acuerdo del Pleno no jurisdiccional de esta Sala Segunda antes citado en el que con una amplísima mayoría quedó fijado de esta forma: «El acogimiento en el momento del juicio oral a la dispensa del deber de declarar establecida en el art. 416 LECrim impide rescatar o valorar anteriores declaraciones del familiar- testigo, aunque se hubieran efectuado con contradicción o se hubiesen efectuado con el carácter de prueba preconstituida».	No ha lugar al recurso **con voto particular** (esta sentencia es previa a la reforma del artículo 416 LECrim)
STS 247/ 2018, de 24 de mayo de 2018 (ECLI:ES:TS: 2018:2003)	Homicidio doloso en grado de tentativa acabada y maltrato en el ámbito familia	Presunción de inocencia	Se trata de delitos en la intimidad, y no puede exigirse a la acusación que aporte al plenario testigos ajenos a las víctimas que declaren sobre hechos, cuando puede que estos testigos no existan al cometerse en la intimidad del hogar, pero sin que ese miedo que han tenido por denunciar se les vuelva en contra cuando se deciden a hacerlo. Y ello, ante una especie de «síndrome de Estocolmo», como perfil típico en muchos casos de violencia de género y doméstica. Incluso no es prueba de descargo que la defensa, como aquí se alega, aporte prueba al proceso de vecinos o testigos que no han presenciado hechos de malos tratos, ya que pueden haber ocurrido sin que estos los presencien por la intimidad de la ejecución delictiva en este tipo de hechos. Todo ello articulado en el propio hogar creando una especie de «escenario del miedo» por la persistencia en un maltrato en el propio hogar que va minando poco a poco a las víctimas.	El recurso muestra la aplicación de la perspectiva de género al dictar sentencia. Se acepta el recurso del Ministerio Fiscal y de la acusación particular por cuestiones ajenas a la preconstitución probatoria, que no es objeto de la sentencia

TS	CASO	DEFENSA	FUNDAMENTO	FALLO
STS 663/ 2018, de 17 de diciembre de 2018 (ECLI:ES:TS: 2018:4343)	Lesiones en el ámbito familiar, abusos sexuales a menores de trece años y violencia habitual en el ámbito familiar	Derecho a un proceso con todas las garantías. Derecho a la dispensa	Dos cuestiones. PRIMERA: La resolución del Tribunal, así concebida, carece de la fundamentación necesaria, pues para denegar la declaración de la víctima en el juicio oral no es suficiente con invocar que se dispone de la grabación de la exploración realizada en la fase sumarial, aunque lo haya sido con todas las garantías propias de la prueba preconstituida. Ni tampoco acudiendo como criterio a la mayoría de edad, pues no puede establecerse como regla general, sin datos ni consideraciones añadidas, que la comparecencia de un menor de edad en el plenario está excluida porque le causará necesariamente, o con una alta probabilidad, serios perjuicios psíquicos. En el caso, de la edad de los menores, especialmente de Belarmino, no se desprende directamente con suficiente claridad la inconveniencia de su interrogatorio directo; los hechos, aunque no se discuta su carácter traumático para la víctima, como ocurre con cualquier abuso sexual, no han sido incardinados entre aquellos que, por presentar una especial gravedad, se consideran supuestos agravados (artículo 183.4 CP), ni tampoco presentan características especialmente graves; y no se dispone de informes médicos que desaconsejen el sometimiento de los menores a un interrogatorio en el plenario, teniendo en cuenta, además, las distintas posibilidades que ofrece en la actualidad la legislación procesal para minimizar los posibles efectos de la práctica de la prueba (artículo 707 en relación con los artículos 433 y 448 de la LECrim). Por lo tanto, la decisión de la Audiencia denegando la práctica de la prueba de exploración de los menores propuesta por la defensa, no está basada en razones suficientes para justificar la limitación del derecho de la defensa a interrogar a los testigos en el plenario bajo los principios de inmediación y contradicción. SEGUNDA: La jurisprudencia de esta Sala ha entendido que tal advertencia es necesaria cuando los menores tengan la suficiente madurez. Aspecto éste que puede depender de numerosas circunstancias que deben ser valoradas expresamente por el Tribunal. Cuando carecen de la necesaria madurez, la decisión corresponde al progenitor no privado de la patria potestad y que sea ajeno a los hechos objeto del proceso.	Ha lugar al recurso casando y anulando la sentencia impugnada y el juicio oral, y ordenando retrotraer las actuaciones al momento de admisión de la prueba para que, por un Tribunal con diferente composición, se resuelva de forma debidamente fundamentada respecto de la declaración en el plenario de los menores víctimas de los hechos y proceda a la celebración de un nuevo juicio oral.

TS	CASO	DEFENSA	FUNDAMENTO	FALLO
STS 758/ 2018, de 9 de abril de 2019 (ECLI:ES:TS: 2019:1073)	Abuso sexual a menor de 12 años	Presunción de inocencia	En este caso el Tribunal sentenciador analizó el testimonio del menor desde ese triple prisma de valoración. No obvió las divergencias entre sus distintas manifestaciones en el proceso, a las que no resultó ajeno, y asilo explicó la sentencia, el estado de nerviosismo que pudo suponer el sometimiento al escrutinio público que conlleva el acto del juicio oral o el transcurso del tiempo desde que ocurrieron los hechos, que transformó al niño que era entonces en un joven adolescente. Y se decantó la Sala de instancia por considerar probada la versión que mantuvo en el acto del juicio, en coincidencia con lo que dijo en todas las ocasiones en que fue interrogado. Es decir, que en la situación de dependencia en que se encontraba respecto a quien era su guía espiritual, accedió a realizarle una felación al acusado, despreciando otras hipótesis de hecho respecto a las que la versión del joven pudo variar o no obtuvo refrendo suficiente. Consideró el Tribunal la declaración del menor afectado creíble tanto por la forma en que fue prestada, de la que destacó «su naturalidad y espontaneidad». [...] Así señaló expresamente «Es cierto que los dictámenes periciales psicológicos sobre la credibilidad de la declaración de un menor no constituyen un documento que evidencien, por su propio poder acreditativo directo, la veracidad de una declaración testifical, pero pueden constituir un valioso elemento complementario de la valoración, como ocurre en el caso de autos, es decir, el juicio del psicólogo jamás podrá sustituir al del Juez, pero sí podrá ayudar a conformarlo, como sucede en el caso de autos, en cuanto establece al contrastar sus declaraciones con los datos empíricos elaborados por la ciencia, si existen o no elementos que permitan dudar de su fiabilidad. Y este Tribunal entiende corroborada la credibilidad del menor por dicho informe pericial, ratificado en juicio, significando como en el mismo se afirma que el relato del menor presenta una estructura lógica y de elaboración no estructurada, no impresiona de susceptible a la sugestión y no se advierten motivos para declarar, ni presiones para declarar en falso».	No ha lugar al recurso

TS	CASO	DEFENSA	FUNDAMENTO	FALLO
STS 222/2019, de 24 de abril de 2019 (ECLI:ES:TS:2019:1413)	Dos delitos de abusos sexuales cometidos sobre menores de 13 años con acceso carnal vía bucal	Derecho a un juicio justo	En este caso no se han cumplido con los requisitos establecidos para que las declaraciones de las menores prestadas en fase de instrucción puedan acceder al juicio mediante su visionado. Esas declaraciones fueron realizadas ante la perito judicial, sin intervención del juez y de las partes. Se puede objetar a esta afirmación aludiendo al hecho de que en realidad son unas entrevistas realizadas en el contexto de un informe pericial y no declaraciones de investigación sumarial. [...] Si se hubieran cumplido las exigencias anteriores las menores podrían no haber comparecido a juicio, siempre que el tribunal así lo hubiere dispuesto de forma fundada, siendo suficiente el visionado de su testimonio e incluso, aunque hubieran comparecido se podría haber contrastado su declaración sumarial con la prestada en el juicio si ello fuera necesario, pero no se procedió de esa manera. La grabación de las declaraciones no debería haber accedido al juicio oral y tampoco debería haber sido valorada en la sentencia para integrar las manifestaciones que las niñas prestaron en el juicio. Su admisión constituye una vulneración de las normas procesales que ha lesionado el derecho de defensa del acusado, razón por la que la grabación y los testimonios de referencia sobre las manifestaciones de las menores también deben ser excluidas del acervo probatorio (STC 68/2010, de 18 de octubre). Una vez eliminada la prueba ilícita incorporada al juicio, el material probatorio fundamental que resta es el siguiente: Declaraciones testificales de referencia de los padres de las menores y de un vecino, declaraciones de las menores, declaraciones del propio acusado y de su esposa, así como el informe pericial forense realizado sobre la persona de este último.	Ha lugar al recurso: De conformidad con lo argumentado en la sentencia de casación, procede la libre absolución del recurrente por los dos delitos de abusos sexuales

TS	CASO	DEFENSA	FUNDAMENTO	FALLO
STS 579/ 2019, de 26 de noviembre de 2019 (ECLI:ES:TS: 2019:3857)	Abuso sexual en víctima menor de edad (13 años cuando suceden los hechos)	Prueba preconstituida	Cuando se lleve a cabo un uso motivado y fundado del derecho de las víctimas a no declararen el plenario por el Tribunal por haberse conformado la prueba preconstituida y con posterior informe técnico, o razones fundadas y apreciadas motivadamente por el Tribunal, atendido el caso concreto, que aprecie la victimización, esta motivación del Juez o Tribunal, bien en el auto de admisión de pruebas, bien en cualquier otro momento posterior, no se entenderá invadido y afectado el derecho de la defensa a interrogar a los menores en el plenario. En consecuencia, y por todo ello, en el presente caso se deberán valorar las circunstancias concretas para en el nuevo juicio que se celebre, y, en concreto, la edad de la menor al momento de declarar en el juicio al momento de decidir sobre la comparecencia, o incomparecencia del menor en el juicio, pero resolviendo deforma motivada y con parámetros objetivables sobre la decisión de «posible victimización», no de un derecho consustancial al hecho de ser menor que cercene el derecho de la defensa a que las pruebas se practiquen en el plenario cuando existe prueba preconstituida. [...] No es correcta, por ello, la aseveración del Tribunal en la sentencia de que "no es necesario para la determinación de la necesidad de la practicar la prueba preconstituida ampararse en ningún informe psicológico previo", ya que este informe, o bien cualquier otro dato objetivable de relevancia, era preciso para evitar la comparecencia, y, además, resolución motivada, escrita u oral, en cualquier momento anterior a la práctica de la prueba que explique y avale la incomparecencia con el soporte del informe técnico, pero nunca sin él. Si no se verifica de este modo queda afectado el principio de contradicción y el derecho de defensa, y se atenta con la obligación de que las pruebas se practiquen en el plenario.	Ha lugar al recurso: declarando la nulidad del juicio oral, así como la sentencia, y de la resolución sobre admisión de prueba, a cuyo momento ha de retrotraerse el procedimiento para que la causa sea nuevamente juzgada. Y ello con intervención de un tribunal en el que no se integren los mismos Magistrados que dictaron la sentencia que anulamos, debiéndose juzgar nuevamente la causa con arreglo a los criterios expuestos en la presente resolución.

TS	CASO	DEFENSA	FUNDAMENTO	FALLO
STS 2163 /2019, de 27 de junio de 2019 (ECLI:ES:TS: 2019:2163) [Sigue en la siguiente página]	Abuso sexual en víctima menor de edad (14 años cuando suceden los hechos)	Proceso con todas las garantías	El uso de la videoconferencia permite la total conexión en los puntos de origen y destino como si estuvieran presentes en el mismo lugar, con lo que se da cumplimiento a la premisa de que se celebre la actuación judicial en unidad de acto. No se vulnera ningún principio procesal al poder dirigir las partes a los testigos las preguntas que sean declaradas pertinentes con contradicción y sin que pueda existir indefensión ni vulneración de la tutela judicial efectiva. Además, el Estatuto de la Corte Penal Internacional aprobado en Roma el 17 de julio de 1998, cuya ratificación ha sido autorizada mediante LO 6/2000, de 4 de octubre (BOE de 5 de octubre de 2000) incorpora entre sus previsiones algunos preceptos que abren la puerta a la práctica de actos procesales conforme a las nuevas tecnologías. Del mismo modo, ya lo avalaron el Convenio de la Unión Europea relativo a la asistencia judicial en materia penal celebrado por Acto del Consejo de 29 de mayo de 2000, o la Decisión Marco del Consejo de la UE de 15 de marzo de 2001 relativa al Estatuto de la víctima en el proceso penal. [...] Pero si en el día del juicio puede declarar por videoconferencia es preferible esta opción si la tecnología permite esa presencia por videoconferencia del testigo el día del plenario, ya que no existe vulneración procedimental por este uso de la videoconferencia que supone la presencia física del testigo en el plenario concurriendo, pues, la inmediación de la práctica de la prueba en el plenario con la «concentración» de la misma en el juicio oral, y es lo que ha permitido al Tribunal formar su criterio y convicción acerca de la credibilidad de los testigos y la comparación de las pruebas. Pero no puede achacarse a la no práctica de diligencias instructoras vulneración. alguna por tener la fase de instrucción una finalidad propia y específica que no puede ser ensanchada por el recurrente más allá de lo que constituye su verdadera y propia naturaleza. Hay que recordar, también, que, como señala la doctrina, la videoconferencia no es más que un instrumento técnico que permite que la prueba acceda al proceso, una modalidad de práctica de la prueba, de modo que será el medio de prueba de que se trate, y de acuerdo con sus propias reglas, el que deberá ser analizado en cuanto a las garantías que deben concurrir en su práctica.	No ha lugar al recurso

TS	CASO	DEFENSA	FUNDAMENTO	FALLO
[Continuación] STS 2163 /2019, de 27 de junio de 2019 (ECLI:ES:TS: 2019:2163)	Abuso sexual en víctima menor de edad (14 años cuando suceden los hechos)	Proceso con todas las garantías	Y puede asegurarse que la utilización de la videoconferencia y de los demás medios técnicos que establece el art. 230 de la LOPJ no es una posibilidad facultativa o discrecional a disposición del juez o tribunal, sino un medio exigible ante el Tribunal y constitucionalmente digno de protección. Además, incide la doctrina que, dentro del proceso penal, se cumplen los principios del proceso, a saber: 1.- **Inmediación.** En cuanto a la fase de instrucción, la utilización de la videoconferencia, lejos de suponer un obstáculo para la inmediación, permite un mejor cumplimiento de este principio, en cuanto posibilita que el Juez o Tribunal que conoce del asunto presencie directamente la práctica de la prueba, en los casos de auxilio judicial, tanto nacional como internacional (incluso, en este último caso, posibilitando la directa aplicación de la legislación nacional en la práctica de la diligencia de que se trate).En relación con el juicio oral, el asunto es aún más sencillo en cuanto, en realidad, se produce una equiparación jurídica de la presencia física con la presencia virtual. 2.- **Publicidad.** No existe la más mínima afectación. Más bien pueden mejorar las condiciones de publicidad de las actuaciones judiciales, en cuanto las nuevas tecnologías garantizan la "asistencia" a las actuaciones judiciales de un número mayor de personas y permite seguimiento especializado (prensa) en mejores condiciones. 3.- **Principios de oralidad, concentración y unidad de acto.** No existe la más mínima afectación en cuanto, como anteriormente se ha indicado, existe una equiparación jurídica entre la presencia física y la virtual. 4.- **Contradicción.** El principio de contradicción está asegurado en cuanto las posibilidades de interrogatorio y contrainterrogatorio son exactamente iguales para las partes con la presencia física del acusado o del testigo que con la virtual. Es cierto que colocar al testigo inmerso en la parafernalia formal de la justicia, en cuanto aumenta la tensión opresión ambiental, es un método para asegurar que se aproxima más a la verdad en su declaración, mientras que en un lugar remoto podría hacerle disminuir la importancia de la situación, o hacerle sentir más seguro. Pero también puede argumentarse justamente lo contrario: muchas veces los medios electrónicos pueden revelar más acerca de la credibilidad y honestidad de un testigo que lo que puede descifrarse físicamente y en directo (puede visualizarse varias veces el testimonio, desde diferentes ángulos, puede aumentarse la imagen, etc.).	No ha lugar al recurso

TS	CASO	DEFENSA	FUNDAMENTO	FALLO
[Continuación] STS 2163 /2019, de 27 de junio de 2019 (ECLI:ES:TS: 2019:2163)	Abuso sexual en víctima menor de edad (14 años cuando suceden los hechos)	Proceso con todas las garantías	Esta Sala del Tribunal Supremo ha venido avalando con reiteración esta opción del uso de la videoconferencia en el plenario desde la aprobación de la Ley 13/2003 con testigos y peritos (Tribunal Supremo, Sala Segunda, de lo Penal, Sentencias de 5 de enero y de 27 febrero de 2007. Incluso, como apunta la STS 1215/2006 de 4 de diciembre «Para que la víctima o testigo pueda declarar por videoconferencia no es preciso que se le haya otorgado el estatuto de "testigo protegido"».	No ha lugar al recurso
STS 225/ 2020, de 25 de mayo de 2020 (ECLI:ES:TS: 2020:1559) [Sigue en la siguiente página]	Delito continuado de abusos sexuales a menor de 16 años, que es la hermana del agresor	Derecho a la dispensa	Esa ponderación judicial del nivel de desarrollo emocional e intelectual del menor, así como de su capacidad por contrapesar los intereses en juego, cuando se trata de edades en las que estas cualidades del testigo pueden resultar controvertidas, impone al tribunal, no introspeccionar su conformidad o adhesión con la opción del menor, sino valorar la calidad de su opción, esto es, que la facultad se ejerce en las condiciones de libertad, de información, y de conocimiento con las que esencialmente se regiría el posicionamiento de una persona con plena capacidad de obrar. El Tribunal debe explorar que el menor alcanza a comprender, de una manera suficientemente sentada y reflexiva, cuál es la repercusión de su decisión respecto de todos los intereses que van a resultar concernidos y a los que hemos hecho anterior referencia. El órgano judicial debe tasar que el testigo guía su conclusión por los ordinarios parámetros de pensamiento libre, fundado e independiente con los que puede regir su esquema decisional en el caso concreto una persona formada. Si la edad es un elemento fundamental para evaluar el grado de madurez de un menor a estos efectos, existen otros parámetros que facilitan ponderar si está en condiciones de ejercer el derecho por sí mismo cuando la edad se ubica en unos márgenes que no sean lo suficientemente elocuentes. Que el testigo sea la víctima de los hechos que se enjuician o que, por el contrario, sea un mero observador de lo que aconteció, es un elemento que condiciona el reconocimiento de su facultad de optar; como lo es también la naturaleza pública o privada de la acción penal establecida para la persecución de los hechos; la gravedad del delito investigado; su repercusión punitiva; la gravedad del daño irrogado a la víctima; la naturaleza del vínculo del testigo con el procesado; la repercusión que su declaración pueda tener en su relaciones familiares futuras; o la repercusión psíquica con la que los hechos pueden sacudir el futuro del menor.	Ha lugar al recurso y se anula la sentencia

TS	CASO	DEFENSA	FUNDAMENTO	FALLO
[Continuación] STS 225/ 2020, de 25 de mayo de 2020 (ECLI:ES:TS: 2020:1559)	Delito continuado de abusos sexuales a menor de 16 años, que es la hermana del agresor	Derecho a la dispensa	[...] El recurso niega que pueda apreciarse en los padres un conflicto de intereses por aspirar también a la protección de su hijo acusado, denunciando que con este argumento se les ha negado legitimación para decidir si la menor debía de acogerse o no a la dispensa de declarar contra su hermano. [...] Proclamar que la menor carecía de madurez para ejercitar su derecho de manera libre e informada, y negar que los padres pudieran decidir en su nombre, en modo alguno facultaba al Tribunal de enjuiciamiento a que, de oficio o a instancia de la acusación pública, pudiera utilizarse como prueba de cargo la declaración prestada por la menor en sede de instrucción.	Ha lugar al recurso y se anula la sentencia
STS 389/ 2020, de 10 de julio de 2020 (ECLI:ES:TS: 2020:2493)	Allanamiento de morada	Proceso público y con todas las garantías y derecho a la dispensa	Validamos la interpretación que lleva a cabo el órgano judicial *a quo* (tanto la Audiencia como el Tribunal Superior de Justicia), desde la perspectiva de que no puede acogerse a la dispensa quien ha ostentado la posición de acusación particular en la causa.	No ha lugar al recurso, **con votos particulares** (cuestión superada tras la modificación legislativa del artículo 416 LECrim)
STS 342/ 2021, de 23 de abril de 2021 (ECLI:ES:TS: 2021:1731) [Sigue en la siguiente página]	Delito continuado de abusos sexuales por parte del padre de la menor. Las agresiones comienzan cuando la menor tiene 6 años y continúan hasta los 8 años	Presunción de inocencia y derecho a la dispensa	El derecho a la dispensa es un derecho público subjetivo cuya titularidad corresponde exclusivamente al menor, conforme al artículo 24 CE y al artículo 3 de la Ley Orgánica 1/1996, de 15 de enero, de Protección Jurídica del Menor. [...] En este caso la testigo 15 años y resulta muy dudoso que careciera de madurez para conocer las implicaciones del derecho a la dispensa. Tan es así que la menor fue informada de ese derecho en una de las dos declaraciones sumariales que prestó. En todo caso, la limitación de derechos constitucionales debe ser objeto de una interpretación restrictiva (STS 205/2018, de 25 de abril) y motivada y en este proceso no hubo resolución alguna, verbal o escrita, dirigida a justificar la limitación del derecho constitucional. La decisión de no informar del derecho a la dispensa en la declaración prestada el día 21/09/18 no parece que fuera una decisión intencionada y basada en la falta de madurez, parece más bien que fue un olvido, ya que en la declaración sumarial anterior se informó a la menor del contenido del artículo 416.1 de la LECrim y manifestó querer declarar. [...] En cuanto a la coherencia y persistencia de la declaración se observa que la menor ha prestado un testimonio extenso y detallado y que en lo sustancial no ha variado.	No ha lugar al recurso

TS	CASO	DEFENSA	FUNDAMENTO	FALLO
[Continuación] STS 342/ 2021, de 23 de abril de 2021 (ECLI:ES:TS: 2021:1731)	Delito continuado de abusos sexuales por parte del padre de la menor. Las agresiones comienzan cuando la menor tiene 6 años y continúan hasta los 8 años	Presunción de inocencia y derecho a la dispensa	La menor en sus dos declaraciones ha descrito los hechos de forma similar y, en cuanto a la existencia o no de penetración, también ha relatado los hechos de forma parecida. Así en la declaración ante el juez y preguntada si hubo penetración, Carina respondió: «meterla metía, pero que ella recuerde no hubo desgarro, sangrado, ni dolor». También dijo que «no le metía los dedos, pero sí el pene». En su declaración en la cámara Gesell narró algo similar, y dijo que sentía «que se frotaba en sus partes, pero que la sentía por dentro,—no sabe cómo decirlo—, que no lo llegaba a meter en la vagina... que no la llegaba a notar entrar del todo... que le rozaba con sus partes genitales, aunque no llegaba a metérsela del todo, que era así porque no le llegó a dolor, solamente le molestó alguna vez y se supone que debe doler mucho y a ella no le dolió».	No ha lugar al recurso
STS 194/ 2022, de 2 de marzo de 2022 (ECLI:ES:TS: 2022:1029)	Delito continuado de abusos sexuales a menor de 13 años	Falta de contradicción y ausencia de prueba	Ley de Enjuiciamiento Criminal contiene una regulación específica para recibir declaración a los menores con la finalidad de protegerles y evitar su victimización secundaria en un proceso judicial y también el hecho de que el menor, cuando es de corta edad, puede olvidar los hechos, modificar su recuerdo a medida que progresa su desarrollo madurativo o incluso alterar su relato por influencias externas. Permite la ley recibirle una única declaración que puede serlo en fase de instrucción como prueba preconstituida, con participación del juez y de las partes, en una sala apropiada y con la intervención directa de un especialista, mediante la llamada Cámara Gesell, que posibilita a través de la utilización de diversos medios técnicos (como puede ser la videoconferencia),el disponer de la posibilidad de observar cómo se desarrolla la entrevista que realiza un especialista con un menor, sin que aquel sea consciente de que está siendo observado. Tal actuación no solamente ha tenido el respaldo de la Ley 4/2015, de 27 de abril, del Estatuto de la Víctima, sino hoy también en la LO 8/2021, de protección del menor (infancia y adolescencia). Es doctrina de esta Sala Casacional, que para la realización de determinados peritajes especialmente los médicos, psiquiátricos y psicológicos, el facultativo debe realizar la pertinente anamnesis, recabando de la persona examinada los datos de interés para la elaboración de su informe y esa actuación puede dar lugar a que esa persona revele información sobre el hecho investigado.	No ha lugar al recurso

TS	CASO	DEFENSA	FUNDAMENTO	FALLO
STS 519/ 2022, de 26 de mayo de 2022 (ECLI:ES:TS: 2022:2193)	Violencia de género y doméstica. Abuso psicológico, físico y sexual	Proceso con todas las garantías	La Ley de Enjuiciamiento Criminal permitía y permite actualmente que los tribunales pueden tomar declaración testifical a los menores mediante la llamada Cámara Gesell, que posibilita a través de la utilización de diversos medios técnicos (como puede ser la videoconferencia), el disponer de la posibilidad de observar cómo se desarrolla la entrevista que realiza un especialista con un menor, sin que aquel sea consciente de que está siendo observado. Además, en el curso de la declaración se le puede hacer llegar al experto que realice el interrogatorio las preguntas o aclaraciones que soliciten los sujetos procesales, para que declare en un ambiente no hostil, como podría ser el propio del juicio. Se facilita con ello una mayor espontaneidad, que el menor se exprese en su lenguaje y que su intervención procesal no sea traumática. La presencia de las partes en lugar en que no pueden ser vistas por el menor y su comunicación a través del experto posibilita una comunicación indirecta con éste que garantiza el respeto del principio de contradicción procesal, en condiciones suficientes y óptimas para salvaguardar el derecho de defensa.	No ha lugar al recurso
ATS 15488/ 2022, de 20 de octubre de 2022 (ECLI:ES:TS: 2022:15488A)	Delito de abuso sexual	Presunción de inocencia	Hemos destacado en nuestra sentencia número 331/2019, de 27 de junio, que el uso de la videoconferencia permite la total conexión en los puntos de origen y destino como si estuvieran presentes en el mismo lugar, con lo que se da cumplimiento a la premisa de que se celebre la actuación judicial en unidad de acto. No se vulnera ningún principio procesal al poder dirigir las partes a los testigos las preguntas que sean declaradas pertinentes con contradicción y sin que pueda existir indefensión ni vulneración de la tutela judicial efectiva.	No ha lugar al recurso

TS	CASO	DEFENSA	FUNDAMENTO	FALLO
STS 2093/ 2023, de 17 de mayo de 2023 (ECLI:ES:TS: 2023:2093)	Prostitución y trata con víctima menor de edad	Presunción de inocencia	En cuanto a la queja de la recurrente relativa a la práctica de la declaración testifical de la denunciante en el juicio, por videoconferencia en la que solo se le escuchaba, pero no se la veía, invocando la nulidad de esta, resulta no viable. Con respecto a la declaración de un testigo de forma «oculta» sin ser visto por los acusados resulta, irrelevante, porque no existe ninguna merma del derecho de defensa por la circunstancia de tratarse de un testigo identificado, pero simplemente oculto a los efectos de la práctica de la prueba, no se expone cuál ha sido la merma en el ejercicio del derecho de defensa que se ha producido. Ya se expuso por esta Sala en sentencias 98/2023, de 15 de febrero y 119/2019 de 6 Mar. 2019, que: «es cierto, también, que la víctima puede padecer una situación de temor o "revictimización" por volver a revivir lo sucedido al contarlo de nuevo al Tribunal, y tras haberlo hecho en dependencias policiales y en sede sumarial, lo que junto con los factores que citamos a continuación pueden ser tenidos en cuenta a la hora de llevar a cabo el proceso de valoración de esta declaración, como son los siguientes: 1.- Dificultades que puede expresar la víctima ante el Tribunal por estar en un escenario que le recuerda los hechos de que ha sido víctima y que puede llevarle a signos o expresiones de temor ante lo sucedido que trasluce en su declaración. 2.- Temor evidente al acusado por la comisión del hecho dependiendo de la gravedad de lo ocurrido. 3.- Temor a la familia del acusado ante posibles represalias, aunque estas no se hayan producido u objetivado, pero que quedan en el obvio y asumible temor de las víctimas. 4.- Deseo de terminar cuanto antes la declaración. 5.- Deseo al olvido de los hechos. 6.- Posibles presiones de su entorno o externas sobre su declaración». Sobre esta forma de declaración por videoconferencia hemos señalado en sentencia 331/2019 de 27 Jun. 2019, que: «El uso de la videoconferencia permite la total conexión en los puntos de origen y destino como si estuvieran presentes en el mismo lugar, con lo que se da cumplimiento a la premisa de que se celebre la actuación judicial en unidad de acto. No se vulnera ningún principio procesal al poder dirigir las partes a los testigos las preguntas que sean declaradas pertinentes con contradicción y sin que pueda existir indefensión ni vulneración de la tutela judicial efectiva».	No ha lugar al recurso

TS	CASO	DEFENSA	FUNDAMENTO	FALLO
STS 2093/ 2023, de 17 de mayo de 2023 (ECLI:ES:TS: 2023:2093)	Prostitución y trata con víctima menor de edad	Presunción de inocencia	Por ello, en la declaración por videoconferencia puede que el acusado tampoco vea visualmente a la víctima que declara, pero la defensa sabe quién es y lo tiene identificado y no puede alegarse desconocimiento de su identidad para que puedan hacerse preguntas al testigo que declara tras un biombo o por videoconferencia, sin merma del derecho de defensa, resulta irrelevante la falta de visión de la víctima.	No ha lugar al recurso

II. Tribunal Constitucional

TC	CASO	DEFENSA	FUNDAMENTO	FALLO
STC 31/1981 (ECLI:ES:TC: 1981: 31)	Robo	Presunción de inocencia y diligencias de investigación	En el caso que nos ocupa, del examen de los medios de prueba propuestos por la parte y el Ministerio Fiscal se deduce que sólo la confesión del procesado ante la policía, recogida en el folio 21 del sumario, podría desvirtuar la presunción de inocencia. Ahora bien, dicha declaración al formar parte del atestado tiene, en principio, únicamente valor de denuncia, como señala el art. 297 de la LECrim., y no basta para que se convierta en prueba de confesión con que se dé por reproducida en el juicio oral; es preciso que sea reiterada y ratificada ante el órgano judicial, circunstancia que no concurre en el caso presente, pues el procesado no sólo negó los hechos en el juicio oral, sino también ante el Juez instructor número 8 de Barcelona y ante el Juez instructor de Pamplona. Por otra parte, ha de añadirse que la declaración, que tuvo lugar en fecha anterior a la de la Constitución, se realizó sin la presencia de Abogado, con lo que, en todo caso, al no haberse ratificado, se estaría incorporando a un proceso penal posterior a la entrada en vigor de la Constitución un medio de prueba que no va acompañado de las garantías que la propia Constitución establece en su art. En consecuencia, una vez aprobada la Constitución y consagrada en el art. 24 la presunción de inocencia como derecho fundamental de la persona que vincula a todos los poderes públicos no puede considerarse que las o la declaración del procesado ante la policía sin las garantías establecidas en el art. 17 y sin haber sido ratificada ante el órgano judicial constituye base suficiente para desvirtuar dicha presunción.	Estimar parcial el recurso de amparo declarando la nulidad de la Sentencia de 16 de octubre de 1979 de la Sección Tercera de la Audiencia Provincial de Barcelona, retrotrayendo las actuaciones al Auto de conclusión del sumario

TC	CASO	DEFENSA	FUNDAMENTO	FALLO
STC 24/1984 (ECLI:ES:TC: 1984: 24)	Hurto	Presunción de inocencia y prejudicialidad penal	El Juez penal, conformándose por cierto con el Ministerio Fiscal, se limita a afirmar «que no se ha logrado traer a la convicción del juzgador una certeza plena de que el denunciado substrajese las cantidades que se expresan», por lo que teniendo dudas sobre si las huchas pudieron ser manipuladas por personas distintas al denunciado, declara a éste inocente, en virtud, dice el Juez, del principio in dubio pro reo, aunque debió decir, porque es norma directamente aplicable por cualquier Juez, en virtud del derecho fundamental a la presunción de inocencia del art. 24.2 de la Constitución. Ni jurídica ni lógicamente es lo mismo decir que está probado que alguien no ha sido autor de un hecho, que afirmar que no está probado que alguien es autor de ese mismo hecho. La Sentencia penal que analizamos se sitúa en esta segunda afirmación y por ello llega a la absolución, concepto jurídico, basándose en que, no habiéndose probado como hecho cierto la autoría del denunciado, éste ha de ser tenido como inocente. Al no haberse probado la autoría —hecho material— permanece viva la inocencia —concepto jurídico—. Por su parte, el Juez laboral de la instancia (y a sólo él contraemos ahora nuestro análisis, pues el Tribunal de casación ni modifica ni podría modificar los hechos) tampoco afirma el hecho material de la autoría, sino que se limita a sostener que la falta de monedas «sólo es achacable» a Sebastián Gabriel Moreno García. Cuando el Tribunal Supremo examina esa apreciación la traduce en términos jurídicamente más claros al decir que «la versión fáctica» del Magistrado «permite apreciar que es racional la conclusión a que se llega por el mismo a considerar culpable de las irregularidades advertidas al empleado» hoy recurrente.	Denegar el amparo

TC	CASO	DEFENSA	FUNDAMENTO	FALLO
STC 107/1985 (ECLI:ES:TC: 1985:107)	Conducir bajo la influencia de bebidas alcohólicas	Presunción de inocencia y proceso con todas las garantías	La realización de esta prueba, por lo tanto, así como la comprobación de otro modo por agentes del orden público de la identidad y estado de los conductores, no requiere de las garantías inscritas en el art. 17.3 de la Norma fundamental, dispuestas específicamente en protección del detenido y no de quienquiera que se halle sujeto a las normas de la policía de tráfico. Lo anterior nos lleva, así, a concluir que no se produjo en este caso vulneración alguna de los derechos del recurrente recogidos en el art. 17.3 con ocasión de la realización de las pruebas de alcoholemia llevadas posteriormente al proceso penal. La verificación misma de las pruebas -único aspecto a considerar aquí, por su incidencia ulterior en la condena penal- no configura el supuesto de «detención» contemplado en aquel precepto constitucional ni ha de rodearse, por ello, de unas garantías llamadas a tutelar una situación bien distinta y que, por lo demás, resultarían de satisfacción harto difícil en un caso como el que se considera. Tampoco ostentaba derecho fundamental alguno el hoy demandante, como se le hizo saber en la Sentencia dictada en apelación, a que se le indicara expresamente por los agentes el fin al que se encaminaba la práctica de la prueba, alegato este que parece basarse en un inexistente derecho a la ignorancia del ordenamiento.	Denegar el amparo

TC	CASO	DEFENSA	FUNDAMENTO	FALLO
STC 80/1986 (ECLI:ES:TC:1986:80)	Robo	Presunción de inocencia	El relato que antecede evidencia la ausencia de prueba de cargo que permita al Tribunal sentenciador tener por desvirtuada la presunción de inocencia, pues en el juicio oral no se practicó ninguna que merezca tal consideración y aunque las formalidades constitucionales y procesales que rigen actualmente la práctica de las pruebas ante la policía y el Juez de Instrucción puedan conferir a éstos valor probatorio susceptible de ser apreciado en conciencia por la jurisdicción penal cuando se reproducen en el juicio oral con las garantías de contradicción y oralidad legalmente establecidas, resulta que ni siquiera en el sumario existe auténtica prueba acusatoria, dado que la única que podría calificarse de tal, una vez producida la retractación de Jorge Muntané, sería la de identificación del demandante como coautor del atraco; pero esta prueba fue realizada por la policía al margen de lo establecido en el art. 369 de la Ley de Enjuiciamiento Criminal, que estaba obligada a observar conforme a lo dispuesto en el art. 297 de la misma Ley, y ello constituye incumplimiento de garantías legales que privan a esa prueba de valor frente a la presunción de inocencia. La expresada ausencia probatoria del atestado no fue subsanada ni en el sumario ni en el juicio oral, quizás por la inercia de la costumbre, ya desautorizada por el legislador de 1882, según recuerda la Sentencia 173/1985, de «dar escaso o ningún valor a las pruebas del plenario, buscando principal o casi exclusivamente la verdad en las diligencias sumariales practicadas a espaldas del acusado», que no son más que «preparación del juicio verdadero que comienza con la calificación provisional y la apertura del debate oral ante el Tribunal, celebrado en condiciones de igualdad entre el acusado y el acusador»; éste no debe olvidar que a él le corresponde la aportación de pruebas de cargo en condiciones que garanticen el derecho de la defensa a contradecirlas y que la falta de las mismas determina, cualquiera que sea la convicción moral del juzgador, en la cual no corresponde entrar a este Tribunal, la plena efectividad de la presunción de inocencia que consagra el art. 24.2 de la Constitución.	Otorgar el amparo

TC	CASO	DEFENSA	FUNDAMENTO	FALLO
STC 137/1988 (ECLI:ES:TC: 1988:137)	Robo y tenencia ilícita de armas	Presunción de inocencia y diligencias de investigación	Es doctrina consolidada de este Tribunal desde su STC 31/1981, de 28 de julio (recurso de amparo 113/1980), que únicamente pueden considerarse auténticas pruebas que vinculen a los órganos de la justicia penal en el momento de dictar Sentencia aquellas a las que se refiere el art. 741 de la Ley de Enjuiciamiento Criminal, esto es, las practicadas en el juicio oral. En efecto, conforme a lo que se declara en su propia exposición de motivos, la citada Ley, frente al sistema inquisitivo precedente, introdujo en nuestro ordenamiento procesal penal los principios de publicidad, oralidad e inmediación, que en la actualidad no sólo constituyen elementos consustanciales del sistema acusatorio en que se inscribe nuestro proceso, sino que tienen el valor que les otorga el reconocimiento constitucional efectuado en el art. 120.1 y 2 de la Norma fundamental. Conforme a ellos, el procedimiento probatorio ha de tener lugar necesariamente en el debate contradictorio que, en forma oral, se desarrolla ante el mismo Tribunal que ha de dictar Sentencia, de suerte que la convicción de éste sobre los hechos enjuiciados se alcance en contacto directo con los medios aportados a tal fin por las partes; y por lo que atañe en concreto a la prueba testifical, la STC 101/1985, de 4 de octubre, declaró ya que su restricción al juicio oral viene a formar parte de los derechos mínimos que las normas internacionales reconocen al acusado con el fin de garantizar un proceso penal adecuado [art. 6.3 d) del Convenio para la Protección de los Derechos Humanos y de las Libertades Fundamentales, de 4 de noviembre de 1950, y art. 14.3 e) del Pacto Internacional de Derechos Civiles y Políticos, de 16 de diciembre de 1966]. Por el contrario, las diligencias sumariales son actos de investigación encaminados a la averiguación del delito e identificación del delincuente (art. 299 de la LECrim) y que, como se advierte en la citada STC 101/1985, constituyen en sí mismas pruebas de cargo.	Otorgar el amparo

TC	CASO	DEFENSA	FUNDAMENTO	FALLO
STC 145/1988 (ECLI:ES:TC:1988:145)	Delitos dolosos menos graves y flagrantes	Juez ordinario predeterminado por la ley y proceso público con todas las garantías	Lo que se acaba de exponer no conduce, sin embargo, a la consecuencia de que sea inconstitucional toda la Ley 10/1980 o a que en la práctica la inconstitucionalidad de la acumulación de las funciones instructora y juzgadora acarree la imposibilidad de aplicarla. Pueden darse casos, en efecto, en que en este procedimiento no se produzca una verdadera actividad instructora, en cuyo supuesto no habrá lugar a la abstención o a la recusación. Pero aun en el caso en que el Juez haya realizado diligencias instructoras al abstenerse o al ser aceptada su recusación, entrarán en juego los mecanismos de substitución previstos legalmente (art. 55 de la LECrim y 227 de la LOPJ) como en los demás casos de abstención o recusación. No se oculta a este Tribunal que la obligada separación entre la función instructora y la juzgadora afecta a un principio organizativo del procedimiento regulado por la Ley Orgánica 10/1980 y que, en consecuencia, los efectos de la aplicación de la causa de abstención o recusación aquí examinada son más amplios y más complejos que los que se provocan por la aplicación de otras causas que sólo actúan muy esporádicamente. Ello conduce a que sea sin duda el legislador quien debe asumir la tarea de reformar ese procedimiento o substituirlo por otro, removiendo los riesgos que el procedimiento actual crea tanto para los derechos fundamentales como para la buena marcha y eficaz funcionamiento del proceso.	Estimar parcial

TC	CASO	DEFENSA	FUNDAMENTO	FALLO
STC 44/1989 (ECLI:ES:TC:1989:44)	Agresión a menores	Presunción de inocencia: *in dubio pro reo*	Nuestra doctrina y jurisprudencia penal han venido sosteniendo que, aunque ambos puedan considerarse como manifestaciones de un genérico *favor rei,* existe una diferencia sustancial entre el derecho a la presunción de inocencia, que desenvuelve su eficacia cuando existe una falta absoluta de pruebas o cuando las practicadas no reúnen las garantías procesales y el principio jurisprudencial in dubio pro reo que pertenece al momento de la valoración o apreciación probatoria, y que ha de juzgar cuando, concurrente aquella actividad probatoria indispensable, exista una duda racional sobre la real concurrencia de los elementos objetivos y subjetivos que integran el tipo penal de que se trate. Desde la perspectiva constitucional la diferenciación entre la presunción de inocencia y la regla in dubio pro reo resulta necesaria en la medida que la presunción de inocencia ha sido configurada por el art. 24.2 de la Constitución como garantía procesal del imputado y derecho fundamental del ciudadano protegible en la vía de amparo, lo que no ocurre propiamente con la regla in dubio pro reo, condición o exigencia «subjetiva» del convencimiento del órgano judicial en la valoración de la prueba inculpatoria existente aportada al proceso. Es cierto que la distinción entre medio probatorio y resultado probatorio no puede ser tan radical en cuanto que la presunción de inocencia es también una «regla de juicio» a favor de ella que obliga a decidir a favor de la presunción de inocencia cuando no existan pruebas de las que puedan deducirse la culpabilidad, esto es, pruebas de carácter inculpatorio. El que ahora el principio *pro reo* pueda tener un más sólido fundamento constitucional no permite que pueda confundirse el principio in dubio pro reo con el derecho constitucional a la presunción de inocencia, ni tampoco convertir el proceso de amparo en una nueva instancia en que pueda discutirse el resultado valorativo de una actividad probatoria de cargo realizada en el juicio oral y con todas las garantías.	Denegar el amparo

TC	CASO	DEFENSA	FUNDAMENTO	FALLO
STC 182/1989 (ECLI:ES:TC: 1989:182)	Robo	Presunción de inocencia y prueba de cargo	Por lo que atañe al pretendido valor como prueba de cargo del atestado policial, debe reiterarse, una vez más, que dicho atestado, aunque es un elemento importante tanto en la fase sumarial como en la interpretación y articulación lógica de las pruebas practicadas en el juicio oral, no puede en modo alguno venir a sustituirlas. De manera que el atestado policial, conforme prescribe el art. 297 de la LECrim, y se desprende del propio contenido esencial del derecho fundamental controvertido, debe tener sustancialmente el valor de denuncia para los efectos legales con respecto al hecho constatado y al autor a quién se imputa; su alcance, por tanto, ha de situarse en su debido contexto: el de la fase de averiguación o instrucción sumarial. En virtud de lo expuesto, sólo puede concederse valor de auténtico elemento probatorio en el proceso al atestado si es reiterado y ratificado en el juicio oral, normalmente mediante la declaración testifical de los agentes de policía firmantes del mismo, con la finalidad de preservar los principios constitucionales de oralidad y de contradicción por la parte acusada, que permitan un adecuado ejercicio del derecho de defensa con las garantías procesales debidas; todo ello sin perjuicio de matizaciones o excepciones como son los supuestos en los que las diligencias policiales no reflejan simples declaraciones testificales sino pruebas que puedan considerarse lato sensu, como periciales o que resulten de imposible repetición posterior; pero ninguna de estas excepciones concurre en el presente supuesto de hecho. Por lo demás, con esta doctrina (SSTC, entre otras, 31/1981, 100/1985, 101/1985, 145/1985, 22/1988, 5/1989, etc.) no se pretende minusvalorar el alcance del atestado policial, sino antes bien situarlo en su adecuado lugar en el proceso que no es el que corresponde a la prueba.	Otorgar el amparo

TC	CASO	DEFENSA	FUNDAMENTO	FALLO
STC 161/1990 (ECLI:ES:TC: 1990:161)	Robo	Presunción de inocencia	El control del cumplimiento de las garantías requeridas para la integración del resultado de las diligencias de investigación en la actividad probatoria, en los términos señalados, sólo puede hacerse a través de la correspondiente acta, levantada por el Secretario judicial que, conforme a los arts. 280 y 281 de la LOPJ, ha de documentar fehacientemente el acto y el contenido del juicio oral. Y en orden a la actividad probatoria desarrollada en el juicio oral, ha de estarse a lo que el acta dice, y a lo que no dice. En consecuencia, no cabe afirmar que se haya practicado un determinado medio de prueba por el hecho de que se haya pedido e incluso que se haya admitido, si la actuación no queda reflejada en el único instrumento previsto para su constancia externa y fehaciente. [...] No se aprecia, en definitiva, posibilidad alguna de que la Audiencia Provincial pudiera valorar con inmediación, y previa la contradicción necesaria, las declaraciones anteriores de los coacusados, referentes al señor Generelo, efectuadas en presencia de autoridad judicial distinta, y contrarias a lo por él manifestó en la vista. Conforme a la doctrina de este Tribunal, el órgano sentenciador, de acuerdo con el principio de libre valoración de la prueba, podía inclinarse por una u otra versión; pero para ello era necesario que contara con las explicaciones sobre la respectiva verosimilitud que ha de proporcionar el juicio oral, si no se quiere que este trascendental acto resulte formulario e inoperante, contrariando no sólo el espíritu de la LECrim., sino las garantías procesales que reconoce el art. 24.2.	Otorgar el amparo

TC	CASO	DEFENSA	FUNDAMENTO	FALLO
STC 41/1991 (ECLI:ES:TC: 1991:41)	Cohecho	Presunción de inocencia	No admitir la prueba preconstituida con las debidas garantías supondría hacer depender el ejercicio del ius puniendi del Estado del azar o de la malquerencia de las partes (por ejemplo, mediante la amenaza a los testigos; STC 154/1990, fundamento jurídico segundo; pudiendo dejarse sin efecto lo actuado sumarialmente. Un sistema que pondere adecuadamente tanto la necesidad social de protección de bienes jurídicos esenciales, como el haz de garantías frente a posibles abusos de los ciudadanos, con independencia de su posición, ha de estar en condiciones de hacer valer la seriedad de lo actuado por los órganos encargados de la represión penal; siempre que lo actuado lo haya sido con pleno respeto a aquellas garantías (SSTC 107/1985, fundamento jurídico 2.°; 182/1989, fundamento jurídico 2.°). [...] La concatenación de hechos acreditados, claramente reflejados en las actuaciones, ha permitido inferir al órgano judicial, sin mayores dificultades ni de conocimiento ni de trabazón lógica, la implicación penal por la que, entre otros, ha sido condenado el recurrente. Dado, pues, que la argumentación manifestada en primera instancia y confirmada en apelación, aparece suficientemente motivada - aunque no convenza al actor, se cumplen los requisitos sobre la prueba indiciaria que este Tribunal, desde sus SSTC 170/1985 y 170/1985, ha señalado como constitucionalmente necesarios.	Denegar el amparo

TC	CASO	DEFENSA	FUNDAMENTO	FALLO
STC 323/1993 (ECLI:ES:TC:1993:323)	Robo	Tutela judicial efectiva y presunción de inocencia	Este Tribunal ha señalado reiteradamente que la valoración del material probatorio aportado al proceso es facultad que pertenece a la potestad jurisdiccional, que corresponde en exclusiva a los Jueces y Tribunales (SSTC 88/1986, 98/1989 y 98/1990, por todas), sin que quepa hablarse de falta de tutela judicial efectiva cuando el procedimiento probatorio que llevó al Juzgador a la convicción de culpabilidad del hoy recurrente tuvo lugar en el debate contradictorio que en forma oral se desarrolló ante el Tribunal que dictó Sentencia. De otra parte, cuando las diligencias o actuaciones sumariales son de imposible o muy difícil reproducción en el juicio oral, o cuando por uno u otros motivos los testigos que han depuesto durante las diligencias de instrucción no pueden comparecer en el acto de la vista, si tales declaraciones figuran en autos vertidos con las debidas garantías es lícito traerlas al mismo como prueba anticipada o preconstituida, en tanto que prueba documentada, siempre y cuando se haya posibilitado el ejercicio del principio de contradicción en los términos señalados por el art. 730 de la LECrim, esto es, solicitando la lectura en el juicio oral conforme ha afirmado en reiteradas ocasiones este Tribunal (SSTC 62/1985, 25/1988, 201/1989, 51/1990, 154/1990 y 41/1991). No admitir la prueba practicada con las debidas garantías supondría hacer depender el ejercicio del *ius puniendi* del Estado del azar o de la malquerencia de las partes, pudiendo dejarse sin efecto lo actuado sumarialmente. Un sistema que pondere adecuadamente tanto la necesidad social de protección de bienes jurídicos esenciales, como el haz de garantías frente a posibles abusos de los ciudadanos, con independencia de su posición, ha de estar en condiciones de hacer valer la seriedad de lo actuado por los órganos encargados de la represión penal; siempre que lo actuado lo haya sido con pleno respeto a aquellas garantías (SSTC 107/1985, 181/1989 y 41/1991). Ahora bien, de lo expuesto se desprende claramente que las declaraciones testificales hechas con anterioridad al juicio oral han de haberse conseguido con escrupuloso respeto a las normas procesales y garantías constitucionales consiguientes.	Denegar el amparo

TC	CASO	DEFENSA	FUNDAMENTO	FALLO
STC 283/1994 (ECLI:ES:TC: 1994:283)	Robo	Presunción de inocencia	En segundo término, según una línea jurisprudencial iniciada ya en la STC 31/1981, únicamente puede considerarse como auténticas pruebas de cargo que desvirtúan la presunción de inocencia las practicadas en el acto del juicio oral, pues solo así cabe garantizar un debate contradictorio y permitir que el juzgador alcance su convicción sobre los hechos enjuiciados, en directo contacto con los medios de prueba que se aportan por la acusación y la defensa (SSTC 80/1986, 201/1989, 118/1991, 10/1992 y 82/1992, por todas). Si bien se ha estimado que esta regla no es absoluta, pues no cabe negar toda eficacia probatoria a las diligencias judiciales practicadas en la fase de instrucción con el debido respeto a las garantías procesales y constitucionales, siempre que puedan traerse al acto de la vista oral y ser sometidas a la contradicción de las partes, lo que ocurre en el caso de las llamadas pruebas preconstituidas (SSTC 137/1988, 51/1990, 10/1992 y 323/1992, entre otras). A cuyo fin es aplicable lo previsto en el art. 730 de la Ley de Enjuiciamiento Criminal (LECrim.). [...] En el presente caso el recurrente ha alegado que no existió ninguna prueba incriminatoria salvo los reconocimientos en rueda practicados ante la policía y el Juez de Instrucción. Pero tales diligencias no pueden desvirtuar el derecho a la presunción de inocencia que el art. 24.2 le reconoce por cuanto el testigo que efectuó el reconocimiento no compareció en el acto del juicio oral y, por tanto, no ratificó su declaración; y al haber renunciado el Ministerio Fiscal a dicha prueba sin solicitar la suspensión de la vista por la incomparecencia de aquel, fue privado de un debate contradictorio y con inmediación de lo declarado ante el Juez instructor por el único testigo de cargo.	Otorgar el amparo
STC 328/1994 (ECLI:ES:TC: 1994:328)	Ejercicio de la profesión sin colegiación obligatoria	Prueba de cargo	Cómo en el acta del juicio no consta ninguna prueba ni directa ni preconstituida; y las declaraciones testificales y pruebas documentales a que se hace referencia en las Sentencias impugnadas, son meras diligencias preparatorias del juicio y no pruebas, aunque así se califiquen por los juzgadores, es obvio que en estas circunstancias la presunción de inocencia invocada por el recurrente tiene que ser acogida por este Tribunal, en razón de la jurisprudencia señalada en el fundamento jurídico anterior que, dando al acto de la vista la importancia que tiene en los procesos penales, resulta de inexcusable aplicación.	Otorgar el amparo

TC	CASO	DEFENSA	FUNDAMENTO	FALLO
STC 94/2002 (ECLI:ES:TC: 2002:94) [Sigue en la siguiente página]	Detención ilegal	Proceso con todas las garantías y presunción de inocencia	Ahora bien, esta doctrina general tiene como excepciones, de acuerdo con una reiterada jurisprudencia constitucional, los actos de instrucción constitutivos de prueba sumarial anticipada y preconstituida, siempre y cuando dichos actos de prueba se hayan obtenido con la estricta observancia de los siguientes requisitos: a) material: que versen sobre hechos que, por su fugacidad, no puedan ser reproducidos el día de la celebración del juicio oral; b) subjetivo: que sean intervenidas por la única autoridad dotada de la suficiente independencia para generar actos de prueba, como es el Juez de Instrucción, sin perjuicio de que, por especiales razones de urgencia, también esté habilitada la policía judicial para recoger y custodiar los elementos del cuerpo del delito; c) objetivo: que se garantice la contradicción, para lo cual, siempre que sea factible, se le ha de permitir a la defensa la posibilidad de comparecer en la ejecución de dicha prueba sumarial, a fin de que pueda interrogar al testigo; d) formal: que el régimen de ejecución de la prueba sumarial sea el mismo que el del juicio oral (diferenciándose de este modo los correlativos actos de investigación en los que las preguntas a las partes han de formularse a través del Juez de Instrucción), así como que su objeto sea introducido en dicho juicio público mediante la lectura de documentos, la cual ha de posibilitar someter su contenido a la confrontación de las demás declaraciones de los intervinientes en el juicio oral (SSTC 217/1989, de 21 de diciembre, FJ 3; 303/1993, de 25 de octubre, FJ 3; 36/1995, de 6 de febrero, FJ 2; 200/1996, de 3 de diciembre, FJ 2; 40/1997, de 27 de febrero, FJ 2; 153/1997, de 29 de septiembre, FJ 5; 49/1998, de 2 de marzo, FJ 2; 115/1998, de 1 de junio, FJ 2; 97/1999, de 31 de mayo, FJ 5; 72/2001, de 26 de marzo, FJ 3; 141/2001, de 18 de junio, FJ 4; 209/2001, de 22 de octubre, FJ 4; 12/2002, de 28 de enero, FJ 4). Procede asimismo recordar que este Tribunal tiene señalado que, si bien en principio la prueba testifical debe practicarse en el juicio oral, pues de sus propias características no deriva ni su carácter irrepetible ni su imposibilidad genérica de ser practicada en el mismo, no obstante, excepcionalmente, puede ser incorporada al proceso como prueba anticipada, si, dadas las circunstancias del caso, existe una imposibilidad real de que sea practicada en el juicio oral, así, por ejemplo, en los supuestos de imposibilidad del testigo de acudir al juicio oral por fallecimiento (SSTC 10/1992, de 10 de enero, FJ 4; 41/1991, de 25 de febrero; 209/2001, de 22 de octubre, FJ 4).	Denegar el amparo

TC	CASO	DEFENSA	FUNDAMENTO	FALLO
[Continuación] STC 94/2002 (ECLI:ES:TC: 2002:94)	Detención ilegal	Proceso con todas las garantías y presunción de inocencia	Más concretamente este Tribunal ha declarado que, aun cuando la residencia fuera del territorio nacional constituye una dificultad para la comparecencia en el juicio, no puede ser equiparada con "la imposibilidad de citación o de articular fórmulas para trasladar directamente al proceso las declaraciones de la víctima del delito" (SSTC 35/1995, de 6 de febrero, FJ 3; 209/2001, de 22 de octubre, FJ 5).	Denegar el amparo
STC 345/2006 (ECLI:ES:TC: 2006:345)	Robo	Presunción de inocencia	El examen de las actuaciones permite constatar, además, que, a la declaración sumarial de la víctima, que se prestó el 27 de septiembre de 2001, no fue convocado el defensor del demandante, pese a que ya entonces este último había sido declarado imputado en el Auto de incoación de diligencias previas, de 19 de septiembre anterior (folios 7 y 15 de las actuaciones). A lo expuesto se ha de añadir que en la documentación de dicha declaración no aparece más firma que la de la víctima, sin que su contenido aparezca refrendado por la autoridad del Juez de Instrucción ni por la fe pública del Secretario judicial (folios 15 y 16 de las actuaciones). El déficit de contradicción denunciado y constatado, unido a las graves irregularidades formales en la documentación de la declaración sumarial que han sido expuestas, impiden dar validez a la lectura de los folios en los que aparece dicho testimonio incriminatorio, el cual carece de validez probatoria capaz de desvirtuar la presunción de inocencia del acusado. Siendo ésta la única prueba de cargo que justificó la condena del demandante, su invalidez conlleva la estimación de la pretensión de amparo por vulneración de la presunción de inocencia y, por ella, la declaración de nulidad de las Sentencias condenatorias impugnadas. Lo que nos exonera de analizar las mismas desde la perspectiva del derecho a la tutela judicial efectiva, cuya vulneración, complementariamente, se planteaba en la demanda en relación con la calificación jurídica de los hechos objeto de acusación.	Otorgar el amparo

TC	CASO	DEFENSA	FUNDAMENTO	FALLO
STC 174/2011 (ECLI:ES:TC: 2011:174)	Abusos sexuales	Proceso público con todas las garantías	En cualquiera de los numerosos pronunciamientos en los que el Tribunal Europeo de Derechos Humanos ha abordado la conformidad al Convenio de las medidas de protección de la víctima adoptadas durante el desarrollo de los procesos penales, ha reconocido que frecuentemente los procesos por delitos contra la libertad sexual son vividos por las víctimas como «una auténtica ordalía»; no se trata sólo de la obligación jurídica de rememorar y narrar ante terceros las circunstancias de la agresión, sino también de la indebida reiteración con la que, a tal fin, es exigida su comparecencia en las diversas fases del procedimiento. Tales circunstancias se acentúan cuando la víctima es menor de edad (SSTEDH de 20 de diciembre de 2001, caso P.S. contra Alemania; 2 de julio de 2002, caso S.N. contra Suecia; 10 de noviembre de 2005, caso Bocos-Cuesta contra Holanda; 24 de abril de 2007, caso W. contraFinlandia; 10 de mayo de 2007, caso A.H. contra Finlandia; 27 de enero de 2009, caso A.L. contra Finlandia; 7 de julio de 2009, caso D. contra Finlandia; o, finalmente, la más reciente de 28 de septiembre de 2010, caso A.S. contra Finlandia). En definitiva, en estos supuestos, cuando la víctima es menor de edad, resulta legítimo adoptar medidas de protección en su favor, incluso rechazar su presencia en juicio para ser personalmente interrogada; más tales cautelas han de ser compatibles con la posibilidad que ha de otorgarse al acusado de ejercer adecuadamente su derecho de defensa, a cuyo fin los órganos judiciales están obligados, simultáneamente, a tomar otras precauciones que contrapesen o reequilibren los déficits de defensa que derivan de la imposibilidad de interrogar personalmente al testigo de cargo en el juicio oral	Otorgar el amparo

III. Audiencias Provinciales

AP	CASO	FUNDAMENTO	FALLO
SAP Barcelona 257/2015, de 9 de marzo de 2015 (ECLI:ES:APB: 2015:1614) [Sigue en la siguiente página]	Agresión sexual	La convicción plena de que los hechos ocurrieron según el relato efectuado arriba la hemos logrado después de reproducir en el plenario las declaraciones prestadas durante la instrucción sumarial por la denunciante y víctima de tales hechos, la turista estadounidense Virginia, quien fue propuesta como testigo para el juicio para declarar mediante videoconferencia desde su país de residencia, en los Estados Unidos de América, siendo admitida tal prueba y el formato de realización propuesto, sin éxito, pues fueron desplegadas cuantas actividades -sendas comisiones rogatorias- debían permitir la declaración en el juicio de la testigo mediante la videoconferencia, que no pudo llevarse a cabo por la negativa abierta y manifestada por la testigo para declarar nuevamente sobre estos hechos, según se consignó en la respuesta obtenida a la comisión rogatoria que debía haber permitido su declaración en el plenario. Ante tal negativa, y dada la radicación de la testigo, fuera del alcance jurisdiccional del Tribunal, al no ser posible su conminación para declarar en las circunstancias en que había sido admitida, se tuvo la prueba como de imposible introducción en los debates plenarios, acudiendo entonces a la reproducción prevista en el art. 730 de la ley procesal, de la grabación audio-videográfica de la declaración recogida a la dicha testigo durante la instrucción sumarial, con las formalidades y garantías de confrontación previstas en el art. 448 de la LECrim, diligenciada a los folios 7 y 8 de la causa —STC94/2002 de 22 de abril y SSTS 158/2014 de 12 de marzo y 375/2012, de 14 de mayo, en las que se reproduce la doctrina constitucional sobre la admisión de la prueba anticipada y preconstituida como prueba de cargo válida—; permitiéndonos con ello percibir el relato efectuado por la víctima, cierto que sin las ventajas de la inmediación física plena del Tribunal, pero con la aproximación a esa inmediación que posibilita la grabación de sus manifestaciones y la ventaja que aporta la proximidad temporal con el momento de la ocurrencia delos hechos, comprobando desde allí un relato plenamente coincidente con la tesis acusatoria aquí mantenida por el Ministerio Fiscal, tanto en el origen o pretexto aprovechado por el acusado para su aproximación a la testigo, como en el despliegue agresivo impuesto sobre ella.	Condena al agresor

AP	CASO	FUNDAMENTO	FALLO
[Continuación] SAP Barcelona 257/2015, de 9 de marzo de 2015 (ECLI:ES:APB: 2015:1614)	Agresión sexual	La virtualidad que seguimos para el testimonio de cargo que representa la declaración de la víctima, con capacidad para llevarnos a la plena convicción de los hechos objeto de acusación y, por ende, para neutralizarlos efectos de la presunción de inocencia que amparaba al acusado, se logra después de superar la triple exigencia que nuestra jurisprudencia viene reclamando para asignar se nivel de eficacia al testimonio de la víctima cuando se erige en único elemento de incriminación, como es este el caso, y en general en todos aquellos delitos que comprometen la libertad sexual de otro, de ejecución sistemática en el ámbito reservado de agresor y agredida —SSTS 92/2014 de 18 de febrero y 663/2013 de 23 de julio—.	Condena al agresor
SAP Madrid 517/2018, de 9 de julio de 2018 (ECLI: ES:APM: 2018:10498)	Estafas y falsedad documental	En fecha no determinada pero anterior al mes de marzo de 2012 la acusada Felisa, mayor de edad, identificada con DNI NUM002 sin antecedentes penales conoció a Jose Antonio entablándose entre ellos una relación de amistad que se reforzó en el tiempo llegando Jose Antonio a depositar en la acusada su confianza plena en la creencia de un aprecio sincero y en la solidez del vínculo emocional creado entre ambos. Jose Antonio tiene reconocida una minusvalía del 42 % como consecuencia de presentar inteligencia límite y trastorno de la personalidad asociado, lo cual supone una merma de las capacidades adaptativas y condiciona una situación de vulnerabilidad. La situación psicológica mencionada y la total confianza depositada en la acusada determinaron que ésta manipulara fácilmente a Jose Antonio y llevara a cabo las siguientes actuaciones, animada de la intención de obtener dinero a costa de él. [...] Líbrese comunicación a la Fundación A la Par, con testimonio de la presente sentencia, a fin de que se lleve a cabo una versión de la misma en modalidad «lectura fácil», para su posterior notificación al perjudicado Jose Antonio.	Condena por estafa y falsedad documental
SAP Salamanca 8/2021, de 25 de febrero de 2021 (ECLI: ES:APSA: 2021:6) [Sigue en la siguiente página]	Abusos sexuales continuados sobre menor de 14 años con discapacidad del 76 %	Las condiciones en las que deben realizarse las declaraciones en el proceso penal de los menores víctimas de hechos delictivos dio lugar a una jurisprudencia, en un principio altamente discutible como consecuencia de una escasa sensibilidad victimológica y fruto de un hipergarantismo puramente formalista, si bien, en los últimos tiempos, el marco normativo se ha modificado repercutiendo favorablemente en la mejora de la protección de los intereses de los menores en equilibrio con los derechos de los acusados.	Condena al tío del menor y absolución a la tía abuela

AP	CASO	FUNDAMENTO	FALLO
[Continuación] SAP Salamanca 8/2021, de 25 de febrero de 2021 (ECLI: ES:APSA: 2021:6)	Abusos sexuales continuados sobre menor de 14 años con discapacidad del 76 %	Así, debe tenerse en cuenta la Decisión Marco del Consejo de la Unión Europea de 15 de marzo de 2001, relativa al estatuto de la víctima en el proceso penal, la Convención del Consejo de Europa sobre la protección de la infancia contra explotación y el abuso sexual de 25 de octubre de 2007; las Reglas de Brasilia sobre acceso a la justicia de las personas en condición de vulnerabilidad, aprobadas en la asamblea plenaria de la XIV Cumbre Judicial Iberoamericana y, por supuesto, lo dispuesto en los artículos 433.2, 448.3 y 4 LECrim., así como en los artículos 707 y 731 de la misma Ley. En este sentido, la declaración prestada por el menor durante la fase de investigación judicial en un contexto de preconstitución probatoria puede utilizarse para evitar una nueva declaración del menor en el acto del juicio oral y ello para evitar, por una parte, el factor generador de estrés emocional y la probable interferencia en el proceso terapéutico de recuperación del menor victimizado y, por otra, por el hecho de que la reproducción de declaraciones, en el contexto de un interrogatorio cruzado, y por el transcurso del tiempo, pueden favorecer la aparición de fenómenos de contaminación como la creación, reelaboración y remoción de recuerdos, ya que la psicología evolutiva afirma que al grado de atendibilidad las manifestaciones de un niño o niña es inversamente proporcional al número de declaraciones que habían precedido. La prueba preconstituida debe realizarse bajo la dirección y supervisión judicial, con presencia de las partes, aunque sin confrontación visual con el menor como puede ser, por ejemplo, la utilización de la conocida como la o cámara Gesell. De practicarse la prueba preconstituida, no sería necesario una declaración del menoren el acto del juicio oral, al sustituirse por el visionado de la grabación de la entrevista realizada en fase de investigación complementada con una prueba pericial psicológica que puede identificar la concurrencia de indicadores de credibilidad de sus manifestaciones. En el presente caso, el Tribunal, velando ante todo por los intereses del menor, a fin de evitar el estrés emocional y la posible interpretación en la terapia, a la que anteriormente nos hemos referido, así como al riesgo de que, la repetición de interrogatorios, supusiese una reelaboración de las respuestas, procedió al visionado de la grabación de la declaración del menor efectuada ante el Juzgado de Instrucción, observando importantes irregularidades en la misma, particularmente, por el hecho de que el interrogatorio realmente lo efectuó el Ministerio Fiscal, sin intervención de la juez y, por otra parte, la pobre calidad de la grabación, unidas a las dificultades de expresión del menor, a las que anteriormente hemos hecho referencia, obligaron, lamentablemente, a practicar la prueba testifical en el acto del juicio oral evitando la confrontación del menor con los acusados y estando asistido de la persona responsable de su cuidado ante el régimen de acogimiento residencial en el que actualmente se encuentra.	Condena al tío del menor y absolución a la tía abuela

AP	CASO	FUNDAMENTO	FALLO
[Continuación] SAP Salamanca 8/2021, de 25 de febrero de 2021 (ECLI: ES:APSA: 2021:6)	Abusos sexuales continuados sobre menor de 14 años con discapacidad del 76 %	[...] Evidentemente, como se puede observar en la grabación, fue sumamente difícil el interrogatorio del menor por sus particulares circunstancias, pero el menor, sin coacción alguna, dirigir las preguntas o condicionarlas respuestas, al menos dio una serie de datos que, teniendo en cuenta sus especiales circunstancias, y lo afirmado por la médico forense en relación con la dificultad de concentración del menor y alteración del recuerdo, como ella mismo pudo observar que había ocurrido entre lo manifestado por Ovidio a la pediatra en su presencia, en la primera intervención tras la denuncia, y lo recordado y manifestado tan sólo dos meses después, nos lleva a la convicción de que los hechos realmente han ocurrido, al menos en lo que se refiere a la participación en los hechos de Víctor Manuel, si además, existen una serie de corroboraciones periféricas a las que a continuación hacemos referencia. [...] La determinación de la credibilidad de un testimonio corresponde siempre al juez o tribunal sentenciador, que ostenta la inmediación y ese juicio o apreciación no puede ser objeto de pericia, descartadas las situaciones patológicas extremas, según STS de 28 de junio de 2006.	Condena al tío del menor y absolución a la tía abuela

IV. Tribunal Europeo de Derechos Humanos

TEDH	CASO	FUNDAMENTO	FALLO
Asunto Axen c. Alemania, 8 de diciembre de 1983 (Demanda núm. 8273/78)	Imprudencia con resultado de muerte y lesiones	Para el demandante y para una minoría de la Comisión, la decisión del Tribunal Federal de no celebrar una vista oral era contraria al Convenio; en opinión de este Tribunal, sin embargo, parece justificada por las especiales características de los procedimientos seguidos, considerados éstos en su globalidad. En primer lugar, el Tribunal Regional de Lüneburg y el Tribunal de Apelación de Celle conocieron el caso en audiencia pública antes de dar sus respectivos fallos (ver parágrafos 14 y 23 más arriba). Por lo que se refiere al Tribunal Federal de Justicia, que conoce únicamente cuestiones de derecho, éste podía, sin celebrar vista oral, únicamente rechazar el recurso del señor Axen, otorgando firmeza a la sentencia del Tribunal de Apelación de Celle, que concluía un procedimiento cuya compatibilidad con los requisitos de publicidad establecidos en el artículo 6 no ha sido contestada; si el Tribunal Federal hubiese decidido revocar la sentencia del Tribunal de Apelación, no hubiese sido aplicable el artículo 1.2 de la Ley de 15 de agosto de 1969, siendo entonces obligatoria, según el ordenamiento alemán, la celebración de vista oral. En consecuencia, el Tribunal estima que en el presente caso la ausencia de vista oral ante el Tribunal Federal de Justicia no infringe el artículo 6.1.	Hay vulneración del artículo 6.1 CEDH

TEDH	CASO	FUNDAMENTO	FALLO
Asunto Kostovski c. Países Bajos, 20 de noviembre de 1989 (Demanda núm. 11454/85)	Robo a mano armada por fugado de la cárcel	Aunque el incremento de la delincuencia organizada exige, por supuesto, que se tomen medidas adecuadas, entiende el Tribunal que la alegación del Gobierno concede poca importancia a lo que el abogado del demandante llama «el interés de todo ciudadano, en una sociedad civilizada, en contar con un procedimiento judicial justo y de posible revisión». El derecho a una buena administración de justicia ocupa un sitio preeminente en una sociedad democrática (Sentencia Delcourt de 17 de enero de 1970, serie A, núm. 11, pág. 15, apartado 25) que no se puede sacrificar a la mera conveniencia. El Convenio no impide apoyarse, en el período de la instrucción preparatoria, en fuentes como los informantes anónimos; pero el uso posterior de estas declaraciones, como pruebas suficientes para formar una convicción, suscita un problema diferente. En el caso de autos, llevó a limitar los derechos de la defensa de manera opuesta a las garantías del artículo 6. De hecho, el Gobierno reconoce que la condena del demandante se fundó «de forma decisiva» en las declaraciones anónimas.	Hay vulneración del artículo 6.1 CEDH
Asunto Lüdi c. Suiza, 15 de junio de 1992 (Demanda núm. 12433/86)	Tráfico de drogas	Con arreglo a la jurisprudencia constante del Tribunal, los elementos de prueba deben presentarse en principio ante el acusado en audiencia pública a los efectos de un debate contradictorio. Ese principio no carece de excepciones, pero sólo cabe aceptarlas a reserva de los derechos de la defensa. Ahora bien, la condena del interesado no se apoyaba en las declaraciones de testigos anónimos, sino sobre todo en las deposiciones escritas realizadas bajo juramento por un funcionario de policía cuya misión no desconocía el juez de instrucción. Por otra parte, el actor le conocía, si no por su identidad real, al menos por su apariencia física, dado que se habían reunido. Sin embargo, ni el magistrado ni las jurisdicciones enjuiciadoras pudieron o quisieron oír al agente infiltrado y proceder a una confrontación destinada a comparar las declaraciones de éste con las alegaciones del señor Lüdi; además, ni este último ni su asesor tuvieron en ningún momento del procedimiento ocasión de interrogarle y arrojar dudas sobre su credibilidad. Sin embargo, habría sido posible hacerlo teniendo en cuenta el legítimo interés de las autoridades policiales de preservar el anonimato de su agente en un asunto de tráfico de estupefacientes con el fin no sólo de poder protegerle, sino también de seguir utilizándolo en el futuro.	Hay vulneración del artículo 6.1 CEDH

TEDH	CASO	FUNDAMENTO	FALLO
Asunto Artner c. Austria, 28 de agosto de 1992 (Demanda núm. 13161/87)	Usura	Al no poder obtener la presencia de la señorita L. en la Sala, era lícito que el Tribunal, a reserva de los derechos de defensa, tuviera en cuenta las declaraciones recogidas por la policía y el Magistrado instructor, y más aún por cuanto que podían parecerle corroboradas por otros datos que tenía en su poder. De ello resulta que las declaraciones en cuestión de la señorita L. no fueron el único elemento probatorio sobre el que el Tribunal basó su conclusión. Por consiguiente, la imposibilidad de interrogar a la demandante en la audiencia no lesionó, en las circunstancias de la causa, los derechos de defensa hasta el punto de infringir el apartado 1, relacionado con el 3. d) del artículo 6 (cinco votos contra cuatro).	No hay vulneración
Asunto van Mechelen y otros c. Países Bajos, 23 de abril de 1997 (Demanda núm. 21363/93) [Sigue en la siguiente página]	Intento de asesinato y robo con amenaza de violencia	El Tribunal estima que poner en la balanza, por un lado, los intereses de la defensa y, por otro, las argumentaciones a favor del mantenimiento del anonimato de los testigos plantean unos problemas particulares si los mencionados testigos pertenecen a las fuerzas de la policía del Estado. Si los intereses de éstos —como asimismo los de sus familias— merecen también el amparo del Convenio, hay que reconocer que su situación difiere algo de la del testigo desinteresado o de una víctima. Tienen un deber general de obediencia respecto de las autoridades ejecutivas del Estado, así como unos vínculos con el ministerio fiscal; aunque sólo sea por estas únicas razones, no hay que utilizarlos como testigos anónimos más que en circunstancias excepcionales. Asimismo, entra dentro de la naturaleza de las cosas que entre los deberes figure, especialmente en el caso de policías con poderes en materia de detenciones, el de declarar en una vista pública. Por otro lado, el Tribunal ha reconocido en principio, en una sentencia anterior, que siempre que se respeten los derechos de la defensa, puede ser legítimo que unos mandos de la policía deseen proteger el anonimato de un agente que realice actividades secretas, con el fin, no solamente de garantizar su protección y la de su familia, sino también para no comprometer la posibilidad de utilizarle para futuras operaciones. El Tribunal estima que teniendo en cuenta el papel fundamental que tiene el derecho a una buena administración de justicia en una sociedad democrática, cualquier medida que restrinja os derechos de la defensa debe considerarse absolutamente necesaria. De ahí que, si una medida menos restrictiva puede ser aplicada, es la que debe aplicarse. En el presente caso, los policías interrogados se encontraban ante el Juez de instrucción en una estancia en la que habían sido excluidos los acusados y sus abogados. Cualquier comunicación se realizaba a través de una conexión sonora. Por tanto, no solamente la defensa ignoraba la identidad de los policías llamados a declarar, sino que había sido igualmente privado de la posibilidad de observar sus reacciones a preguntas concretas, lo que hubiese permitido controlar su fiabilidad.	Hay vulneración del artículo 6.1 CEDH

TEDH	CASO	FUNDAMENTO	FALLO
[Continuación] Asunto van Mechelen y otros c. Países Bajos, 23 de abril de 1997 (Demanda núm. 21363/93)	Intento de asesinato y robo con amenaza de violencia	El Tribunal no ha considerado satisfactorias las explicaciones que ha recibido en relación con la necesidad de recurrir a unas limitaciones tan extremas del derecho de los acusados a que las pruebas de cargo se presenten en su presencia, ni la razón de que no se hayan previsto unas medidas menos restrictivas. A falta de informaciones más completas, el Tribunal estima que las necesidades de la policía durante las operaciones no pueden constituir por sí mismas una justificación suficiente.	Hay vulneración del artículo 6.1 CEDH
Asunto Lucà c. Italia, 27 de febrero de 2001 (Demanda núm. 33354/96)	Tráfico de drogas	En este caso concreto, el Tribunal señaló que para condenar al demandante las jurisdicciones nacionales se habían basado exclusivamente en las declaraciones realizadas, antes del proceso, por un coacusado en un procedimiento conexo y que ni el demandante ni su abogado defensor habían tenido, en ninguna fase del procedimiento, la posibilidad de interrogarlo.	Hay vulneración del artículo 6.1 CEDH
Asunto P. S. c. Alemania, de 20 de diciembre de 2001 (Demanda núm. 33900/96)	Agresión sexual	At no stage was the girl questioned by a judge and the applicant had no opportunity to observe her demeanour under direct questioning and thus test her reliability. The reasons given by the first instance court for refusing to hear her and in dismissing the applicant's request for an expert opinion were rather vague and speculative and did not, therefore, appear relevant, and although the appeal court obtained a psychological report, this was one and a half years after the events. In the light of this, the procedure followed by the courts did not enable the defence to challenge the girl's evidence, reported in court by third persons. Moreover, the information given by her was the only direct evidence of the offence and the courts based the applicant's conviction to a decisive extent on that information.	Hay vulneración del artículo 6.1 CEDH

TEDH	CASO	FUNDAMENTO	FALLO
Asunto S. N. c. Suecia, 2 de julio de 2002 (Demanda 34209/96)	Abuso sexual	Although M. did not testify in court, he was a «witness» for the purposes of Article 6 § 3 (d). His statements were virtually the only evidence on which the applicant's conviction was based, the evidence of the witnesses who testified in court being limited to purported changes in M.'s personality. It was necessary to have regard to the special features of criminal proceedings concerning sexual offences, which are often seen as an ordeal by the victim, in particular when he or she is unwilling to confront the defendant. These features are even more prominent when a minor is involved. Account must be taken of the victim's right to respect for private life and the Court therefore accepted that certain measures may be taken for the purpose of protecting the victim, provided they can be reconciled with an adequate and effective exercise of defence rights. In the present case, the applicant's claim that he refrained from requesting that M. be heard in person because such a request would not have been acceded to could be accepted. However, the second police interview was held at the request of the applicant's lawyer, who consented to not being present and accepted the manner in which the interview was conducted. He did not request a postponement or ask for the interview to be recorded on video, both of which possibilities were open to him. Moreover, he was able to put questions through the police officer and was apparently satisfied that the questions had actually been put. There had thus been no violation of the applicant's rights on account of his lawyer's absence during the second interview. Nor could it be said that he was denied his rights on the ground that he was unable to have the evidence given by M. examined during the trial and appeal proceedings. Article 6 § 3 (d) could not be taken as requiring in all cases that questions be put directly by the accused or his lawyer, through cross-examination or by other means. In the circumstances of the case, the playing of the video and audio tapes or reading out of the minutes had to be considered sufficient to enable the applicant to challenge M.'s statements and his credibility in the course of the criminal proceedings. Indeed, this challenge resulted in the applicant's sentence being reduced on appeal. Evidence obtained from a witness under conditions in which the rights of the defence cannot be secured to the extent normally required by the Convention must treated with extreme care, but in the present case the necessary care had been taken in evaluating M.'s statements.	No hay vulneración

TEDH	CASO	FUNDAMENTO	FALLO
Asunto Bocos-Cuesta c. Países Bajos, 10 de noviembre de 2005 (Demanda núm. 54789/00)	Abusos sexuales a menores de edad	In appropriate cases, principles of fair trial require that the interests of the defence are balanced against those of witnesses or victims called upon to testify. In this respect, the Court has had regard to the special features of criminal proceedings concerning sexual offences. Such proceedings are often conceived of as an ordeal by the victim, in particular when the latter is unwillingly confronted with the defendant. These features are even more prominent in a case involving a minor. In the assessment of the question whether or not in such proceedings an accused received a fair trial, the victim's interest must be taken into account. The Court, therefore, accepts that in criminal proceedings concerning sexual abuse certain measures may be taken for the purpose of protecting the victim, provided that such measures can be reconciled with an adequate and effective exercise of the rights of the defence. In securing the rights of the defence, the judicial authorities may be required to take measures which counterbalance the handicaps under which the defence labours (see S.N. v. Sweden, cited above, § 47 with further references). (...) On this point, the Court notes that the applicant was not provided with an opportunity to follow the manner in which the children were heard by the police, for instance by watching this in another room via technical devices, nor was he then or later provided with an opportunity to have questions put to them. Furthermore, as the children's statements to the police were not recorded on videotape, neither the applicant nor the trial court judges were able to observe their demeanour under questioning and thus form their own impression of their reliability (see, a contrario, Accardi and Others v. Italy (dec.), no. 30598/02, ECHR 2005-...).	Hay vulneración del artículo 6.1 CEDH

TEDH	CASO	FUNDAMENTO	FALLO
Asunto Carta c. Italia, 20 de abril de 2006 (Demanda núm. 4548/02)	Secuestro	La Cour constate que, en conséquence des circonstances énumérées ci-dessus (voir paragraphes 50 et 51), la défense n'a eu, à aucun stade de la procédure, la possibilité de poser des questions à X. Elle observe cependant que les déclarations de ce témoin n'étaient ni le seul élément de preuve sur lequel les juges du fond ont appuyé la condamnation du requérant, ni un élément déterminant (voir, mutatis mutandis et parmi beaucoup d'autres, Raniolo c. Italie (déc.), no 62676/00, 21 mars 2002, Sangiorgi c. Italie (déc.), no 70981/01, 5 septembre 2002, De Lorenzo, décision précitée, Chifari c. Italie (déc.), no 36037/02, 13 mai 2004, Scheper c. Pays-Bas (déc.), no 39209/02, 5 avril 2005, Jerinò c. Italie (déc.), no 27549/02, 7 juin 2005, Bracci c. Italie, no 36822/02, §§ 57, 13 octobre 2005, et Cipriani c. Italie (déc.), no 37272/05, 9 février 2006). Bien au contraire, il ne s'agissait que d'un des éléments ayant servi à corroborer les autres preuves à charge, qui ont été produites au cours de débats publics et contradictoires (voir, mutatis mutandis, Sofri et autres c. Italie (déc.), no 37235/97, CEDH 2003VIII). Parmi ces preuves, les juges nationaux ont attribué un poids considérable à l'emplacement de la grotte où Y avait été séquestré, à sa position par rapport aux terrains du requérant, à la nature du travail accompli par celui-ci et aux déplacements qu'il avait effectués pendant la période de captivité de Y. De plus, ont été prises également en compte non seulement les relations qui liaient le requérant à X, mais aussi les liens avec d'autres coïnculpés, et notamment son passage à proximité des gardiens du séquestré, ainsi que les exigences et le comportement des ravisseurs. Selon les juges du fond, le comportement des ravisseurs ne pouvait s'expliquer qu'en supposant une connivence de la part du requérant. Il convient également de noter que d'autres témoins avaient relaté certaines affirmations de X, à savoir que les collines entourant la propriété du requérant abritaient des grottes et des prisons pour les victimes d'enlèvements (paragraphe 28 ci-dessus). Enfin, un agent de police et des bergers qui ne se sont pas soustraits aux questions de la défense, avaient précisé qu'il était nécessaire de passer par un rond point situé sur le terrain du requérant et que celui-ci était le seul à fréquenter la vallée L. au cours de l'été (paragraphes 18 et 19 ci-dessus). Il n'appartient pas à la Cour de substituer sa propre	No hay vulneración

TEDH	CASO	FUNDAMENTO	FALLO
Asunto W c. Finlandia 24 de abril de 2007 (Demanda núm. 14151/02)	Abuso sexual a menor	The Court observes that the applicant was never given an opportunity to have questions put to the children. Before the close of the pre-trial investigation, and having watched the video recordings of the children's statements, the applicant requested that the siblings be interviewed again and that his questions be put to them. This request was however refused. As to the proceedings in the District Court and the Court of Appeal, it should first be noted that the applicant did not request the attendance of the children. Before the Court the applicant stated that he had refrained from requesting that they give evidence in person during the hearings as, in line with long-standing practice, any such request would have been refused. In view of the apparent absence of cases where counsel for the defence has successfully requested the cross examination of a child complainant of a similar age as those in the present case, the Court accepts that the applicant could not have obtained the appearance of any of the children in person before the courts. The children's statements as recorded on videotape during the pre-trial investigation and played back in the District Court and the Court of Appeal constituted virtually the sole evidence on which the courts' findings of guilt were based. The witnesses heard by the courts, the parents, had made no observations on the alleged acts and gave evidence only in respect of the perceived changes in the children's personality and on their reliability. The psychologist testified only about the reliability of the children's statements. In contrast to the case of S.N. v. Sweden, in the present case the applicant and his counsel had at no point been afforded an opportunity to have questions put to the children. In these circumstances, the use of this evidence involved such limitations on the rights of the defense that the applicant cannot be said to have received a fair trial.	Hay vulneración del artículo 6.1 y 6.3 CEDH

TEDH	CASO	FUNDAMENTO	FALLO
Asunto A.H. c. Finlandia, 10 de mayo de 2007 (Demanda núm. 46602/99)	Abuso sexual a menor	The Court observes that the applicant was never given an opportunity to have questions put to the child. Before the close of the pretrial investigation and having contested the allegation that he had improperly touched the child, he noted that the videotape and the written opinion of S. were indirect evidence, which in the light of the Convention had to be treated with extreme care. He stated that leading questions may have been put to T. and that T. would have to be heard in court, should charges be brought. He did not request an additional investigation. As to the proceedings in the District Court and the Court of Appeal, it should first be noted that the applicant did not request T.'s attendance. In view of the apparent absence of cases where counsel for the defense had successfully requested the cross-examination of a child complainant of the same age as the child in the present case, the Court accepts that the applicant could not have obtained T.'s appearance in person before the courts. T.'s statements as recorded on videotape in the Family Advice Centre, attached to the pre-trial investigation record and played back in the District Court and the Court of Appeal, constituted the only direct evidence implicating the applicant. The witnesses heard by the courts had made no observations on the alleged acts (see paragraph 15 above). In contrast to the case of S.N. v. Sweden (no. 34209/96, ECHR 2002-V) in the present case neither the applicant nor his counsel had at any stage been afforded an opportunity to have questions put to the child. An examination of the case file does not disclose any circumstances which would have prevented this. In these circumstances, the use of this evidence involved such limitations on the rights of the defense that the applicant cannot be said to have received a fair trial	Hay vulneración del artículo 6.1 y 6.3 CEDH

TEDH	CASO	FUNDAMENTO	FALLO
Asunto Z. c. Letonia, 24 de enero de 2008 (Demanda núm. 14755/03)	Violación a menor de edad	The Court reiterates that the guarantees in paragraph 3 of Article 6 of the Convention represent aspects of the concept of a fair trial contained in Article 6 § 1 (Doorson v. the Netherlands, judgment of 26 March 1996, Reports of Judgments and Decisions 1996-II, § 66). The Court further recalls that the admissibility of evidence is primarily governed by the rules of domestic law and that, as a rule, it is for the national courts to assess the evidence before them. It is also normally for the domestic courts to decide whether it is necessary or advisable to hear a witness since Article 6 does not grant the accused an unlimited right to secure the appearance of the witnesses in the court (see S.N., cited above, § 44). The task of the Court is to ascertain whether the proceedings in their entirety, including the way in which evidence was taken, were fair (see Doorson, cited above, § 67 and Gossa v. Poland, no. 47986/99, § 52, 9 January 2007). All evidence must normally be produced in the presence of the accused at a public hearing with a view to adversarial argument. However, the use in evidence of statements obtained at the stage of the police inquiry and the judicial investigation is not in itself inconsistent with paragraphs 1 and 3 (d) of Article 6, provided that the rights of the defence have been respected. As a rule, these rights require that the defendant be given an adequate and proper opportunity to challenge and question a witness against him either when he was making his statements or at a later stage of the proceedings (see Asch v. Austria, judgment of 26 April 1991, Series A no. 203, § 27, and more recently, Klimentyev v. Russia, no. 46503/99, § 124, 16 November 2006). Where a conviction is based solely or to a decisive degree on statements that have been made by a person whom the accused has had no opportunity to examine or have examined, whether during the investigation or at the trial, the rights of the defence are restricted to an extent that is incompatible with the guarantees provided by Article 6 (see Saïdi v. France, judgment of 20 September 1993, Series A no. 261-C, pp. 56-57, §§ 43-44; Lucà v. Italy, no. 33354/96, § 40, ECHR 2001-II and Solakov v. the Former Yugoslav Republic of Macedonia, no. 47023/99, § 57, ECHR 2001-X). With respect to statements of witnesses who proved to be unavailable for questioning in the presence of the defendant or his counsel, the Court recalls that paragraph 1 of Article 6 taken together with paragraph 3 requires the Contracting States to take positive steps so as to enable the accused to examine or have examined witnesses against him (see, Sadak and Others v. Turkey, nos. 29900/96, 29901/96, 29902/96 and 29903/96, § 67, ECHR 2001-VIII) and – in the event that the impossibility of examining witnesses or having them examined is due to the fact that they are missing – the authorities must take reasonable efforts to secure their presence (see Rachdad v. France, no. 71846/01, § 25, 13 November 2003, and Bonev v. Bulgaria, no. 60018/00, § 43, 8 June 2006). However, impossibilium nulla obligatio.	No hay vulneración

TEDH	CASO	FUNDAMENTO	FALLO
Asunto A. L. c. Finlandia; 27 de enero de 2009 (Demanda núm. 23220/04)	Abuso sexual a menor de edad	Turning to the present case, the Court observes that the courts based their decisions on the witness testimonies of R.'s mother and medical expert H., who had interviewed R. twice after the alleged incident, and on the video-recording of those interviews. The said two testimonies were, however, only indirect evidence, as neither the mother nor H. had witnessed the alleged acts. Both of those witnesses were only able to give an account of what R. had told them and of their observation of her behaviour. H. had also testified on the methods used in conducting the interview and the credibility of R.'s account. (...) In the present case, unlike in the cases of S.N. v. Sweden (no. 34209/96, § 49-50, ECHR 2002-V) and B. v. Finland (no. 17122/02, § 44, 24 April 2007), the applicant was not afforded an opportunity to put questions to R. at any stage of the proceedings. His request to hear R. before the Court of Appeal was refused. His further request to hear R. before a court, or by some other means, was to no avail, as the Supreme Court refused leave to appeal.	Hay vulneración del artículo 6.1 y 6.3 CEDH
Asunto D. c. Finlandia, 7 de julio de 2009 (Demanda núm. 30542/04)	Abuso sexual a menor de edad	Although the Court is satisfied that, in the present case, the Court of Appeal made a careful assessment of the evidence as a whole, the fact remains that the applicant was never afforded an effective opportunity to contest E.'s account (...) The Court appreciates that organising criminal proceedings in such a way as to protect the interests of very young victims, in particular in cases involving sexual offences, is a relevant consideration to be taken into account for the purposes of Article 6 (see Bocos-Cuesta v. the Netherlands, cited above, § 72). In the circumstances of this case, however, the use of the child's videotaped account as essential evidence, without an adequate and timely opportunity to put questions to the child on the basis of sufficient background information, involved such limitations on the rights of the defence that the applicant cannot be said to have received a fair trial.	Hay vulneración del artículo 6.1 CEDH

TEDH	CASO	FUNDAMENTO	FALLO
Asunto A.S. c. Finlandia, 28 de septiembre de 2010 (Demanda núm. 40156/07)	Abuso sexual a menor de edad	The Court finds no reason to believe that the applicant, assisted by counsel throughout the court proceedings, did not understand that by consenting to the viewing of A.'s video-taped account he also allowed the trial courts to make a full assessment of that piece of evidence, in the context of the evidence produced to the courts in its totality. The applicant thus took an advised decision in favour of the courts' free assessment of evidence, even though it was not in his power to limit the courts' findings to only those observations which were favourable to his defence. As it turned out, the trial courts came to different conclusions based on that same evidence. Having said that, the Court finds, however, that merely by consenting to the viewing of the video-recording in the above-described manner the applicant cannot be understood as having waived of his own free will, either expressly or tacitly, his right to put questions to A. On the contrary, the applicant consistently argued that the proceedings were flawed in that he had not been afforded an opportunity to do so, and he requested the courts to take that into account in assessing the admissibility of evidence. As it was clear that A. could not be heard again, the applicant chose to invoke the video-recording on his behalf in a situation where the remaining evidence produced to the courts was of an indirect nature. The Court cannot conclude that the applicant had, in those circumstances, unequivocally waived his entitlement to the guarantees of a fair trial.	Hay vulneración del artículo 6.1 y 6.3 CEDH

TEDH	CASO	FUNDAMENTO	FALLO
Asunto Gani c. España, 19 de febrero de 2013 (Demanda núm. 61800/08)	Lesiones, secuestro y violación	El TEDH señala, sin embargo, que al demandante se le ha dado la oportunidad de plantear preguntas a N. durante la fase de investigación del procedimiento, pero su Abogado no asistió a la comparecencia (ver párrafo 9 más arriba). En esas circunstancias, el interés de la justicia estaba, obviamente, en admitir las declaraciones de N. como prueba. El TEDH hace observar que esas declaraciones fueron leídas en la Audiencia Provincial y que al demandante se le dio la oportunidad de efectuar un careo, aportando su propia versión de los hechos, lo cual hizo debidamente. El TEDH hace además observar, que los Tribunales internos han cotejado cuidadosamente ambas versiones de los hechos que coinciden parcialmente, particularmente en aquellos aspectos que no implicaban la comisión de algún delito criminal o que tuvieran menores implicaciones criminales. Juzgaron la versión del demandante débil e inconsistente, y la de N. lógica y suficientemente detallada para eliminar cualquier sospecha de simulación o venganza. El TEDH señala a este respecto que los Tribunales internos también han tomado en cuenta la declaración efectuada por N. en la vista, la cual, aún incompleta, sirvió para corroborar sus declaraciones durante las diligencias (ver párrafo 11 más arriba). La fiabilidad de las declaraciones de N. estaba, además, sostenida por pruebas indirectas tales como que había sido secuestrada de su apartamento por el demandante y que, cuando fue liberada por el demandante, vestía diferentes prendas de ropa pertenecientes a este último, así como por las opiniones médicas y los informes confirmando que sus lesiones y estado psicológico eran acordes con su versión de los hechos (ver párrafo 15 más arriba). Ciertamente, la utilización de todas esas pruebas corroborativas condujo al Tribunal Supremo a resolver que la Audiencia Provincial actuó con la suficiente cautela en el tratamiento de las declaraciones de N.	No hay vulneración

V. Tribunal de Justicia de la Unión Europea

TJUE	CASO	CUESTIÓN PREJUDICIAL	FUNDAMENTOS Y FALLO
STJUE de 16 de junio de 2005, Asunto C-105/03	Múltiples delitos de abuso de medidas disciplinarias y lesiones agravadas	Proceso equitativo	Según la normativa controvertida en el litigio principal, la declaración prestada durante la instrucción debe generalmente reiterarse en la audiencia pública para adquirir el valor de prueba en toda su extensión. No obstante, está permitido en determinados casos prestar dicha declaración una sola vez, durante la instrucción, con el mismo valor probatorio, pero según formas distintas de las exigidas en el juicio oral. [...] A la luz de las consideraciones anteriores, procede responder a la cuestión prejudicial planteada que los artículos 2, 3 y 8, apartado 4, de la Decisión marco deben interpretarse en el sentido de que el órgano jurisdiccional nacional debe poder autorizar que niños de corta edad que, como en el asunto principal, alegan haber sido víctimas de malos tratos presten declaración según unas formas que garanticen a dichos niños un nivel adecuado de protección, por ejemplo, fuera de la audiencia pública y antes de la celebración de ésta. El órgano jurisdiccional nacional está obligado a tomar en consideración todas las normas del Derecho nacional y a interpretarlas, en todo lo posible, a la luz de la letra y de la finalidad de dicha Decisión marco. [...] El órgano jurisdiccional nacional está obligado a tomar en consideración todas las normas del Derecho nacional y a interpretarlas, en todo lo posible, a la luz de la letra y de la finalidad de dicha Decisión marco.
STJUE de 21 de diciembre de 2011, Asunto C-507/10	Abusos sexuales a hija menor de 5 años de edad	Tutela judicial efectiva	Si bien la Decisión marco no define el concepto de vulnerabilidad de la víctima, a efectos de sus artículos 2, apartado 2, y 8, apartado 4, no cabe negar que cuando, como en el asunto principal, un niño de corta edad afirma haber sido víctima, de manera reiterada, de actos de naturaleza sexual por parte de su padre, dicho niño puede ser objeto manifiestamente de tal calificación habida cuenta, en particular, de su edad, así como de la naturaleza, gravedad y consecuencias de las infracciones de las que considera haber sido víctima, a fin de disfrutar de la protección específica exigida en las disposiciones anteriormente citadas de la Decisión marco (véase, en este sentido, la sentencia de 16 de junio 2005, Pupino, C-105/03, Rec. p. I-5285, apartado 53). [...] Los artículos 2, 3 y 8, apartado 4, de la Decisión marco deben interpretarse en el sentido de que no se oponen a disposiciones nacionales, como las de los artículos 392, apartado 1 *bis*, 398, apartado 5 *bis*, y 394 del CPP, que, por una parte, no imponen al Ministerio Fiscal la obligación de solicitar al órgano jurisdiccional competente para resolver el asunto que permita que a la víctima especialmente vulnerable se la oiga y se le tome declaración mediante incidente probatorio en la fase de instrucción del proceso penal y, por otra parte, no autorizan a la citada víctima a interponer un recurso ante el juez contra la decisión del Ministerio Fiscal que desestima su solicitud de ser oída y de que se le tome declaración mediante el mencionado incidente.

Made in United States
Orlando, FL
04 November 2026

90218357R00127